Kind in Hannover
& UMGEBUNG

COMPANIES

1.000 Tipps & Adressen
für drinnen und draußen.
Der kreative Stadt- und Freizeitführer
für Eltern, Großeltern,
Onkel, Tanten, Lehrer ...

Der Oscar steht für
besonders empfehlenswerte Adressen

VORWORT

Liebe Leserin, lieber Leser,

an dieser Stelle möchten wir uns bei Ihnen bedanken. Wofür? Nun, mit diesem Buch halten Sie eine Ausgabe der umfangreichsten und beliebtesten Reihe von Kinderfreizeitführern in Deutschland in Ihren Händen. „Kind in ..." erscheint nun schon 16 Jahre und hat es auf über 20 Regionalausgaben mit insgesamt 44.800 Seiten gebracht, die regelmäßig von unseren Autoren aktualisiert werden. „Den umfassendsten Ratgeber für Kinder bis zwölf Jahren in Deutschland" nannte die Frankfurter Neue Presse unser Kinder-Kompendium. Und diesen Erfolg, liebe Leserin, lieber Leser, haben wir Ihnen zu verdanken!

Sie kennen „Kind in Hannover" bisher als einen Schwarz-Weiß-Ratgeber, der vor allem durch seinen fundiert recherchierten Inhalt überzeugte. Wir haben uns gedacht, dass auch ein Klassiker verbessert werden kann und der kompletten Buchreihe ein neues Aussehen verpasst: „Kind in Hannover" erscheint 2007 zum ersten Mal komplett in Farbe. So kommen die vielen Informationen ab sofort wesentlich unterhaltsamer daher.

Inhaltlich setzen wir weiterhin auf die gewohnte Qualität. Das Buch versorgt Sie auch in diesem Jahr mit Ideen und allen wichtigen Informationen, die Ihnen helfen, die Freizeit mit (Ihren) Kindern so erfüllt wie möglich zu gestalten.

Übrigens, unsere Autoren sind nach wie vor engagierte Eltern und Journalisten: Sie stellen Angebote nicht nur vor, sondern prüfen sie auch immer wieder neu auf Kindertauglichkeit – unterstützt von jungen „Rechercheuren". Und sollten Sie selbst Anmerkungen zu einer Adresse haben: Schreiben Sie uns bitte. Ihre Anregungen werden garantiert in der nächsten Auflage berücksichtigt! Auch dies eine Tradition, die wir weiterhin pflegen möchten.

Wir wünschen Ihnen eine schöne Zeit mit den Kindern, die Sie lieben!

Die Redaktion des Companions-Verlages

INHALT

Kind in Hannover: auf einen Blick!

Unterwegs an der frischen Luft 23
Parks & Erlebnisparks 25
Freizeitparks außerhalb (25)
Grüne Parks im Stadtgebiet (32)
Märchental (36)
Tiere 37
Aquarium (37)
Otter (38)
Ponys & Pferde (38)
Schlangen (40)
Tier- & Wildparks (40)
Vögel (44)
Zoo (47)
Natur & Erlebnis 48
Freilichtbühnen (48)
Freilichtmuseen (50)
Lehrpfade (53)
Mühlen und Schlösser (54)
Steinbruch und Höhlen (56)
Wälder (58)
Stadt & Umgebung 59
Ausblicke (59)
Flohmarkt & Kunst (60)
Rathäuser (62)
Schützenfest (64)
Stadtrallye (66)
Stadbesichtigung (70)
Flüsse, Seen & Kanäle 72
Bootsverleih (72)
Dampfer & Schiff (73)
Kanutouren (74)
Seen und Wasserräder (75)
Ausflugtipps 77
Fahrradtouren (77)

Spaß unter Dächern 81
Museen 82
Bergbaumuseum (82)
Comic- und Karikaturen-Museum (82)
Historische Museen (83)
Völkerkunde-Museen (84)
Kunstmuseen (86)
Landeskundliches Museum (88)
Spezielle Mussen (88)
Technische Museen (93)
Theatermuseum (96)

Das Autoren-Team:

André Buron (39) ist Chefredakteur des Stadtmagazins „Schädelspalter". Er lebt mit seinen drei Kindern in der Oststadt. Karen Roske (41) und Katja Eggers (35) arbeiten als Journalistinnen für Tageszeitungen, Kultur- und Fachzeitschriften und sind Autorinnen von Buchveröffentlichungen.

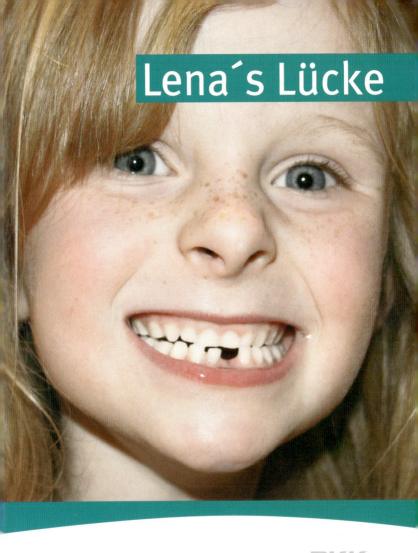

INHALT

Bühne, Leinwand & Manege 97
Kinderkino (97)
Kindertheater & Künstler (98)
Erlebnis Technik 105
Auto-Erlebnispark (105)
Buchdruck-Museum (105)
Cola-Abfüllfabrik (105)
Computer-Museum (106)
Experimentierlandschaft (106)
Flughafen (107)
Mülldeponie (107)
Sonne, Mond & Sterne (109)
Strom & Wasser (110)
Straßenbahnmuseum (110)

Sport, Spiel & Badespaß 111
Spielplätze 112
Spielplätze im Stadtgebiet (112)
Mobile Spielplätze (113)
Spielmobile (115)
Spielplätze mit Betreuung (115)
Indoor-Spielparks (116)
Outdoor-Spielparks (118)
Badefreuden 119
Erlebnisbäder (119)
Freibäder (122)
Hallenbäder (123)
Schwimmkurse (124)
Seen & Naturbäder (124)
Thermen (126)
Freizeitsport 127
Bowling (127)
Inlineskating & Skateboard (129)
Karting (130)
Klettern (130)
Minigolf (132)
Schneeballschlacht (132)
Segelschulen (134)
Sommerrodeln (135)
Sport im Verein (136)
Tennis, Squash, Badminton (137)
Wintersport (138)

Kreatives Lernen & Spielen 141
Kunst & Kultur 142
Veranstaltungstipps (142)
Projekt für Jugendliche (143)
Kindertheater-Workshops (143)
Kunst- & Malschulen (144)
Musik (146)
Radio zum Mitmachen (147)
Fernsehen zum Mitmachen (147)
Büchereien & Lesungen (148)
Tanzschulen (149)
Zirkus, Akrobatik, Zauberei (152)
Kinderkarneval (153)

Was gibt's noch?
Als besonderen Service finden Sie in der Buchmitte das bunte „XXS-Magazin". Der Ratgeber rund um Kind und Familie nennt z.B. Highlights für den Familienurlaub in Oberbayern, stellt spannende Internet-Portale für junge Surfer vor und diskutiert, ob Kinder eine Fremdsprache schon vor der Einschulung lernen sollten.

INHALT

Erziehung & Bildung 154
Computerschulen (154)
Familienbildung (154)
Fremdsprachen (155)
Hochbegabtenförderung (156)
Nachhilfe (157)
Kinderuni (158)
Umweltaktionsprogramme (159)
Verkehrserziehung (160)
Kinder- & Jugendgruppen 162
Christliche Gruppen (162)
Jugendorganisationen (162)
Jugendzentren (164)
Pfadfinder (165)
Stadtteilzentren (165)
Umweltgruppen (166)

Ferien 168
Ferien in der Stadt 168
FerienCard (168)
Feriencamp (168)
Veranstaltungen (169)
Zirkus (171)
Ferien außerhalb 172
Eltern-Kind-Reisen (172)
Kinder- und Jugendreisen (174)
Reisemesse (175)
Sprachcamps (175)
Urlaub auf dem Bauernhof (176)

Tipps & Adressen 177
Einkaufen & Dienstleister 178
Bücher (178)
Friseure (179)
Holzmöbel (179)
Kinderfahrräder (180)
Leckere Sachen (181)
Puppenklinik (182)
Spielzeug (183)
Kleidung & Schuhe (185)
Versteigerung (188)
Weihnachtsmänner (188)
Betreuung 189
Ambulante Krankenpflege (189)
Au-pair-Vermittlung (190)
Babysitter (190)
Einkaufen (191)
Initiativen (191)
Kindergärten (192)
Kinderhaus (192)
Tagesmütter & Co. (193)

Index 194
Impressum 200

Wie finde ich mich zurecht?

„Kind in Hannover" enthält so viele Informationen – da muss man erst mal einen Überblick bekommen. Kennen Sie die tollsten Kinderattraktionen Ihrer Region? Die Hits für Kids sind als Einstieg ideal – und helfen u.a. bei der Planung einer wirklich unvergesslichen Kindergeburtstagsparty. Und wenn Sie wissen wollen, ob es in Ihrer Nähe eine Malschule oder einen Waldspielplatz für Ihre Jüngsten gibt, dann werfen Sie doch einfach einen Blick ins Inhaltsverzeichnis.

KINDIN.DE

Kind in.de

Der größte Familien-Freizeitführer Deutschlands jetzt auch online!

Sie wohnen in Hannover und wollen mit Ihren Kindern Freunde in Freiburg, den Opa in Osnabrück oder die Tante in Travemünde besuchen? Und Sie möchten wissen, was Sie unterwegs oder am Ziel mit Ihren Lütten unternehmen können? Die Antwort gibt's im Internet unter **www.kind-in.de** Auf der neuen Familien-Website finden Sie 1.000 Tipps, Ideen und tolle Adressen rund um die Freizeit und den Alltag mit Kindern – für acht Regionen in ganz Deutschland!

Und das Beste: Jeder kann mitschreiben!

IM ÜBERBLICK

Kind in Hannover: die ganze Region

Unsere Karte zeigt Ihnen die wichtigsten Städte und Gebiete der Region im Überblick: Hier liegen die meisten „Kind in Hannover"-Adressen aus diesem Buch. Natürlich ist die Karte nicht vollständig, aber sie soll ja nur eine kleine Orientierungshilfe sein.

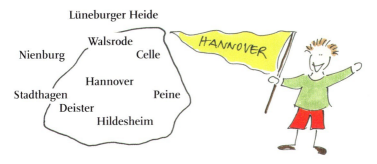

Unterwegs mit Bus und Bahn

Sie wohnen in Hannover-Herrenhausen und möchten am Wochenende im Altwarmbüchener See baden? Oder im Tiergarten Hannover den Nachwuchs besuchen?

Kein Problem: Unter der Telefonnummer 01803-19 44 9 (9 ct/Minute) verrät Ihnen der „Großraum-Verkehr Hannover (GVH)" montags bis samstags 4-24 Uhr und sonntags 7-24 Uhr, wie Sie Ihr Ziel schnell und bequem mit öffentlichen Verkehrsmitteln erreichen. Sie müssen lediglich Ihren Start- und Zielort angeben sowie die gewünschte Abfahrts- oder Ankunftszeit, und in Sekundenschnelle erfahren Sie, wann Sie in welches Verkehrsmittel steigen müssen. Der Service ist auch im Internet unter www.gvh.de rund um die Uhr abrufbar.

HITS FÜR KIDS

Hannover für Einsteiger

Wilhelm-Busch-Museum
Heute noch nicht gelacht? Dann wird es Zeit für das Karikaturen-Museum im Georgengarten. Lustige Ausstellungen erhellen jeden trüben Tag. Auch der alte Wilhelm Busch hätte hier seinen Spaß.
S. 82

Roter Faden
Immer an der Wand lang? Von wegen! Folgen Sie lieber dem roten Faden durch die Innenstadt und lernen Sie bei dieser ungewöhnlich Führung ganz nebenbei Hannovers Geschichte kennen.
S. 71

Zoo Hannover
Ein echtes Highlight in Norddeutschland: Dschungelpalast, Gorillaberg, Sambesi, Meyers Hof – der Zoo bietet viele außergewöhnliche Attraktionen. Kinder freuen sich immer auf den tollen Abenteuerspielplatz. **S. 47**

Berggarten
Früher erntete der Herzog im Küchengarten seine Tomaten. Heute blühen hier tausend Orchideen und verströmen betörende Düfte. Mit der Botanikerin Lili Löwenmaul gehen Kinder auf Entdeckungsreise. **S. 32**

HANNOVER FÜR EINSTEIGER

Nanas
Alles ändert sich: In den 70er Jahren lösten sie einen Kunstskandal aus, heute haben alle Hannoveraner die drei netten Damen zum Knuddeln gern. Die prallen Nanas am Leineufer sind das witzigste Wahrzeichen der Stadt. **S. 51**

Straßenbahn-Museum
Willkommen in der guten alten Zeit: Hölzerne Straßenbahnen zuckeln durch das Ländchen. Der Schaffner verkauft Fahrkarten aus seinem Bauchladen. Und Großeltern erinnern sich an ihre Kindertage. **S. 110**

Flohmarkt
Verkaufe Playmobil-Feuerwehr, suche Harry-Potter-Hörbuch: Im bunten Getümmel am Leineufer treffen sich jeden Samstag Familien, Studenten und Schnäppchenjäger. Nachwuchshändler bessern hier ihr Taschengeld auf. **S. 60**

Herrenhäuser Gärten
Einmal im Leben sollte man sich im Irrgarten verlaufen. Wer nicht mehr herausfindet, braucht nur auf den Herbst zu warten, dann wird zwischen den kahlen Büschen der Ausgang sichtbar. Verpflegung nicht vergessen! **S. 34**

Eilenriede
Wasserplantscher vom Wakitu treffen flitzende Inline-Skater. In diesem Wald zum Wohlfühlen ist das kein Problem, denn im größten Stadtpark Europas gibt es genügend Platz für alle. **S. 47**

Pferdeomnibus
Haben diese Pferde einen englischen Doppeldeckerbus entführt? Keineswegs! Am Mäntelhaus Kaiser können Sie einfach zu einer Stadtrundfahrt der etwas anderen Art aufbrechen. **S. 70**

HITS FÜR KIDS

Hinter den Kulissen

Neues Rathaus
Hinter schweren Türen tagt der Stadtrat. Vielleicht trifft Ihr Nachwuchs ja den Bürgermeister auf seinem Weg zum schiefen Fahrstuhl oder entdeckt das eigene Haus im Stadtmodell. **S. 63**

Flughafen
Woher „weiß" der Koffer, dass er nach Italien soll und nicht nach New York? Nach der Flughafenführung hat jedes Kind den Durchblick und träumt von den knallroten Feuerwehrautos. **S. 106**

Müllabfuhr
Wohin bringen die großen Wagen von der Müllabfuhr Schokoladenpapier, zerknautschte Milchtüten und anderen Abfall? Und was geschieht mit dem ganzen Müll? Antworten gibt's bei einer Führung über die Deponie. **S. 107**

Kindertheater-Workshop der Oper
Vorne spielt die prächtige „Zauberflöte" und hinter den Kulissen riecht es nach Staub und nach alten Geschichten. Hier können kleine Bühnenfans schon mal selbst jene Bretter betreten, die die Welt bedeuten. **S. 143**

Zirkus Giovanni
Trägt der Clown auch noch eine rote Nase, wenn er Feierabend hat? Die Kinder vom Zirkus Giovanni wissen genau Bescheid, denn sie stehen regelmäßig mit den Profis in der Manege. **S. 152**

Fotos: Corel, Medienserver Hannover

HITS FÜR KIDS

Picknicken in Hannover

Georgengarten
Multikulti im Park an der Uni: Hier wehen unzählige kulinarische Düfte über die Wiese und lassen Kinder und Erwachsene unter schattigen Bäumen von fernen Ländern träumen. Wozu noch in Urlaub fahren? **S. 33**

Sommerrodelbahn
Im Sommer rodeln und gleich danach Schneewittchen besuchen – das geht! Auf der Sommerrodelbahn in Ibbenbüren braucht keiner verzweifelt auf Schnee zu warten, hier gleitet der Schlitten rasant auch auf sandigem Grund bergab. **S. 135**

Wisentgehege
In diesem beschaulichen Park am Deister fühlen sich nicht nur die Wildschweine wohl: Auf hungrige Ausflügler wartet hier eine echte Köhlerhütte. 80 Würstchen passen auf den Riesengrill – das müsste reichen! **S. 43**

Paddeltour
Parken Sie am idyllischen Ufer des Heideflüsschens das Paddelboot, packen Sie die mitgebrachten Köstlichkeiten aus dem Korb, und lassen Sie die Beine im Wasser baumeln. **S. 74**

Ricklinger Kiesteiche
Badevergnügen in der Natur: Ausgelassene und laute Tobereien sind an den Teichen hinter dem Maschsee kein Problem. Auch ausgiebiges Grillen ist hier möglich, ohne andere zu stören. **S. 124**

Fotos: Goodshoot, Medienserver Hannover

HITS FÜR KIDS

Spaß zum Nulltarif

Rattenfänger Freilichtspiele
Im Mittelalter kam ein Rattenfänger nach Hameln und nahm alle Kinder mit. Über 80 Laienschauspieler spielen die Geschichte bei den Freilichtspielen nach. Umsonst und draußen. **S. 49**

Tiergarten
Eine 300 Jahre alte Oase für Rehe und Wildschweine: Der Tiergarten liegt mitten in der Stadt und ist die Heimat vieler Waldbewohner. Im Oktober feiern hier Familien ein großes Herbstfest. **S. 42**

Kinder-Radio
Bei Radio Floh sind Kinder die Programmchefs. Eine Stunde wöchentlich gehen sie auf Sendung und erzählen Geschichten oder führen Live-Interviews. **S. 146**

Schöne Aussicht
Hannover hat leider keinen Eiffelturm, die Waterloosäule ist baufällig und der Telemax nicht mehr begehbar. Schöne Aussichten zum Nulltarif gibt's trotzdem: bei Karstadt und im Conti-Hochhaus. **S. 59**

Maschseefest
Seit 20 Jahren eine schöne Tradition: Im Sommer wird rund um den Maschsee drei Wochen lang gefeiert. Überall finden Aktionen für Kinder statt: Kletterwand, Live-Musik, Zirkus-Auftritte oder Streetdance-Shows. **S. 169**

ANZEIGE

Auftanken, PartyTiger!

Das Spielen und Toben mit Freunden kann kleine Partytiger ganz schön ins Schwitzen bringen. Toll, wenn es dann zum „Auftanken" eine selbst gemachte Bowle gibt, die richtig gut schmeckt und Spaß macht.

FruchtTiger Durstlöscher-Bowle für aktive Kids

Zutaten (für ca. 10 Gläser):
1 l FruchtTiger Multivitamin
1 l FruchtTiger Magic Orange
2 Pfirsiche, 1 Ananas, 1 Banane,
1 Kiwi

Zubereitung:
FruchtTiger Multivitamin und FruchtTiger Magic Orange in das Bowleglas füllen. Die Früchte klein schneiden und hinzugeben. Ein bis zwei Stunden im Kühlschrank ziehen lassen.

Die Frucht-Tiger-Bowle schmeckt erfrischend und löscht den großen Durst der Kleinen auf gesunde Weise.

HITS FÜR KIDS

Hannover für Geburtstagskinder

burtstagsgesellschaften bietet das Indoor-Spielparadies acht verschiedene Programme an. Torte inklusive. **S. 116**

Deister Freilichtbühne
Geburtstagskinder bekommen in diesem fantastischen Theater ohne Dach eine kleine Extra-Überraschung geboten. Wenn die Musik mitten im Wald ertönt, werden die kleine Partygäste verzaubert. **S. 48**

Tropicana
Ein Hauch der Karibik in Stadthagen: Im Topicana toben Geburtstagskinder im warmen Wellenbad oder sausen über die Riesenrutsche. Hinterher gibt's ein Party-Menu mit Hamburgern und Pommes. **S. 121**

Campo Aktiv Arena
Auf die Plätze, fertig, los: Bewegungshungrige Kids sind in der Campo Aktiv Arena in Laatzen an der richtigen Adresse. Für Ge-

Stars and Fun Center
Hier feierte sogar schon DJ Bobo: Für die Bowling-Partys im Stars and Fun Center werden die Bahnen bunt geschmückt, es gibt ein Geburtstagsessen und kleine Preise für die Sieger. **S. 127**

Luftfahrt-Museum
Die Geburtstagstruppe wird durch dieses erhebende Museum geführt und darf sogar in einem echten Hubschrauber Platz nehmen. Hinterher schwärmen alle vom Flug durch die Wolken. **S. 95**

Foto: Medienserver Hannover

HITS FÜR KIDS

Lernen & Wissen

Lesen lernen
Nicht erst die Pisa-Studie hat es gezeigt: In Büchern zu schmökern ist leider nicht bei allen Kindern beliebt. Der Verein Mentor e.V. will das ändern, indem er Schülern dabei hilft, besser lesen und schreiben zu lernen. **S. 158**

Kinder-Uni
So schlau sind Hannovers Kids: Sechs Hochschulen veranstalten jeden Monat Vorlesungen für Acht- bis Zwölfjährige. Dabei geht es um spannende Fragen wie „Der Helm, mein Kopf und ich. Wer schützt wen beim Sturz?" **S. 158**

Naturschule
Zwischen April und Oktober treffen sich Naturfreunde jeden Sonntag im Schulbiologiezentrum. Führungen, Experimente und Mitmachaktionen – der Wald hat viele Überraschungen zu bieten. **S. 159**

Puppenbühne
Seit über 15 Jahren ist die Polizei mit dem Verkehrskaspar und seinen Freunden Robert Rot und Gregor Grün unterwegs. Lustiger können Verkehrsregeln nicht erklärt werden. **S. 160**

Kinderwald
Kein Traum, sondern Realität: Der „Kinderwald" gehört dem Nachwuchs. Amphitheater, Baumstammschlagzeug, Wasserburg, Bobbahn – die Kreativität kennt kaum Grenzen. **S. 160**

Fotos: PhotoDisc

UNTERWEGS AN DER FRISCHEN LUFT

PARKS & ERLEBNIS- PARKS

Freizeitparks außerhalb

Erse-Park Uetze

Abbeile 2, 31311 Uetze, Tel. 05173-352, www.erse-park.de, E-Mail: info@erse-park.de. Anfahrt: A2 H-Berlin, Abf. Braunschweig West, Ri. Celle.
„Einmal bezahlen und fahren, sooft man will" – das ist das Geheimnis des Erse-Parks. Und Karussells gibt es dort reichlich: Eine schnelle, abenteuerliche Fahrt in der Achterbahn, im Wikingerschiff, mit der Hochbahn oder im Riesenrad – das müssen Familien erlebt haben. Alle, die keine Angst vor dem nassen Element haben, sollten die Wasserrutsche „Harakiri" ausprobieren. Kleine Racker lieben das Toben in der großen Hüpfburg. Die neueste Attraktion im Park ist die 300 Meter lange Kartbahn mit acht Bobs, die von Nachwuchsrennfahrern ab acht Jahren gesteuert werden dürfen. Urzeit-Fans bewundern die gigantischen Dino-Nachbildungen oder besuchen die Lagerstätten der Neandertaler. Ausgeruht wird sich anschließend bei einer romantischen Bootsfahrt durchs idyllische Parkgelände oder bei einer ruhigen Kugel auf dem Minigolf-Platz. Öffnungszeiten: April-Okt tägl. 10-18 Uhr. Eintritt: Kinder (ab 2 Jahre) € 12, Erw. € 14.

Dinosaurierpark Münchehagen

Alte Zollstr. 5, 31547 Rehburg-Loccum, Tel. 05037-20 73, www.dino-park.de, E-Mail: dino-park@t-online.de. Anfahrt: A2 H-Dortmund, Abf. Wunstorf-Luthe, B441 nach Münchehagen.
Vor 130 Millionen Jahren gab es die Welt schon – allerdings ohne Menschen! So gemütlich wäre das auch nicht gewesen, denn damals wimmelten Saurier und andere erstaunliche Lebewesen über den Globus. Erst 1987 wurden vor den Toren Hannovers eine große An-

UNTERWEGS AN DER FRISCHEN LUFT

Zwei Urwaldriesen im Dino-Park Münchehagen

zahl von Fußabdrücken der gigantischen Urzeitriesen entdeckt, die hier durch sumpfiges Gelände stapften. Schnell baute man eine große Glashalle um die Spuren herum und legte einen „Dino-Pfad" an. Auf 2,5 Kilometern begleiten ungeheuerlich echt aussehende Dinosaurier die Fährte, welche die Entwicklung der Riesenechsen bis zu ihrem Untergang darstellt. Am Ende des Pfades gibt es dann noch eine spannende Ausstellung. Erkundigen Sie sich unbedingt nach den Mitmach-Aktivitäten! Die Kids können hier nämlich u.a. ein 25 Meter großes Dino-Skelett ausgraben, ein Riesen-Dino-Puzzle legen oder einen Saurier basteln. Außerdem: ein Bergcafé, ein Restaurant, Picknickplätze und zwei Spielplätze.
Öffnungszeiten: Feb-Okt tägl. 10-18 Uhr. Eintritt: Kinder (bis 12 Jahre) € 8, Erwachsene € 9,50.

Familienpark Sottrum
Ziegeleistr. 28, 31188 Holle/Sottrum, Tel. 05062-88 60, www.familienpark-sottrum.de, E-Mail: mail@familienpark-sottrum.de. Anfahrt: A7 H-Kassel, Abf. Derneburg, Ri. Holle-Sottrum.
Der Familienpark Sottrum ist ein echter Geheimtipp, in dem es we-

PARKS & ERLEBNISPARKS

der Mega-Fahrattraktionen noch sensationelle Elektrowelten gibt. Ein eher leiser Charme bestimmt diesen etwa 30 Autominuten von Hannover entfernten Familienpark. Die Phantasie und Geschicklichkeit der Kinder wird angeregt, und Tiere dürfen auch gestreichelt werden. Hier leben Pferde, Schafe, Ziegen und Kamele. Mit dem Floß oder der Fähre können tiefblaue Teiche überquert und Attraktionen wie Kinderbauernhof, Ungezieferzoo, Schimpfwortweg oder Seiltänzerschule entdeckt werden. Zwischendurch wird Leckeres im Backhaus gebacken (vorher anmelden!) und verspeist, um sich für eine Tour im Riesenrad zu stärken. Dieses Rad dreht sich nämlich nur, wenn die Fahrgäste in die Pedale treten. Lehrer, die mit ihrer Klasse einen Ausflug machen, sollten sich vor der Lehrerverhaumaschine in Acht nehmen!
Öffnungszeiten: April-Okt, tägl. 10-18 Uhr; Eintritt: Kinder (2-14 Jahre) € 6, Erwachsene € 7.

Magic Park Verden
Heideweg 3-7, 27283 Verden/Aller, Tel. 04231-66 11 10, www.magicpark-verden.de, E-Mail: info@magicpark-verden.de. Anfahrt: A7 H-Hamburg, Abf. Walsroder Dreieck, A27 Abf. Verden-Ost.

Im Familienpark Sottrum sind Geschicklichkeit und Mut gefragt

UNTERWEGS AN DER FRISCHEN LUFT

Harry Potter hätte hier seine helle Freude: Der Magic Park Verden ist Deutschlands einziger Freizeitpark, der die Zauberei zum Mittelpunkt seiner Attraktionen gemacht hat. Neben Magiern, die überall im Park ihre Tricks vorführen, begeistert kleine Besucher besonders die Magic Show mit spektakulären Großillusionen. In der Zauberschule lernen Kids dann, wie sie ihre Eltern selbst mit Kunststücken verblüffen können. Jenseits aller Magie hat der Park noch einiges zu bieten: Im idyllischen Märchenwald warten Hänsel und Gretel, Dornröschen und andere bekannte Figuren. Der Streichelzoo und viele bunte Karussells sind weitere Höhepunkt für die Kleinsten. Zum Austoben gibt es Achterbahnen, Rutschen, Hüpfburgen und einen großen Abenteuerspielplatz mit Trampolinanlagen.
Geöffnet: April-Okt tägl. 9.30-18 Uhr. Eintritt: Kinder (3-12 Jahre) € 12, Erwachsene € 14.

Heide-Park Soltau

29614 Soltau, Tel. 01805-91 91 01, www.heide-park.de, E-Mail: info@heide-park.de. Anfahrt: A7 H-Hamburg, Abf. Soltau-Ost.
Haben Sie schon mal einem Papagei beim Zeitunglesen im Liegestuhl zugesehen? Nein? Dann sollten Sie auf keinen Fall die Show im Park der Superlative versäumen. In dieser riesigen Spaß-Welt kommen alle voll auf ihre Kosten, die spannende Action, Nervenkitzel und große Dimensionen lieben. Es gibt über 50 Fahrattraktio-

Im Magic Park Verden werden Besucher verzaubert

PARKS & ERLEBNISPARKS

Das Maskottchen des Heide Parks begrüßt kleine Besucher

nen, darunter auch ruhige Bahnen für kleinere Kinder. Richtig nett ist eine Fahrt auf dem imposanten Mississippi-Dampfer. Auf dem weißen Schiff schippert man über den See und sogar an der Freiheitsstatue vorbei. Während der gemütlichen Reise kann Kraft getankt werden für weitere Stationen wie Mountain Rafting, Loopingbahn, Bobbahn, Enterprise und natürlich die beiden Höhepunkte: „Colossos", die größte Holzachterbahn der Welt, und den 103 Meter hohen „Gyro-Drop-Tower". Öffnungszeiten: Ende März bis Anfang Nov tägl. 9-18, Kassenschluss 16 Uhr. Eintrittspreise: Kinder (4-11 Jahre) € 23, Erwachsene € 27.

UNTERWEGS AN DER FRISCHEN LUFT

Potts Park
Bergkirchener Str. 99, 32429 Minden-West/Dützen, Tel. 0571-510 88, www.pottspark-minden.de, E-Mail: info@pottspark-minden.de. Anfahrt: A2 H-Do., Abf. Bad Eilsen/Minden.
Die Nase reicht nicht bis zur Tischkante, der Sessel ist kaum zu erklimmen und eine Tasse hat die Größe eines Autoreifens: Im Potts Park wird man zurückversetzt in diese Welt des Kindes. Zu witzig sieht es aus, wenn ausgewachsene Männer in der Riesenwohnung knapp unter dem Küchentisch hervorlugen. Aber auch sonst sind in Minden viele ungewöhnliche Dinge zu finden. Wer hat schon einmal Purzelbäume in luftiger Höhe geschlagen, ist durch den Spiegeldom geschwebt oder hat im „Sauladen" eingekauft? Außerdem sehenswert: das Knopfmuseum, die phantasievolle Modelleisenbahn und das unvergleichliche Toilettenhaus „Up'n Pott". Öffnungszeiten: März-Sept 10-18, Okt 10-17.30 Uhr, Ruhetage stehen im Internet. Eintritt: Kinder (ab 3 Jahre) und Senioren ab 60 Jahre € 13,50, Kinder (ab 12 Jahre) u. Erwachsene € 15,50.

Rasti-Land
31020 Salzhemmendorf/Benstorf, Tel. 05153-940 70, www.rasti-land.de, E-Mail: info@rasti-land.de. Anfahrt: E4 H-Hildesheim, Abf. Hildesheim, B1 Ri. Elze nach Salzhemmendorf.
Luft anhalten, Augen auf, und los!

Im Potts Park werden alltägliche Dimensionen verschoben

PARKS & ERLEBNISPARKS

Nasses Vergnügen beim Wildwasser-Rafting im Rasti-Land

Über Berg und Tal rast man auf der Wasserrutsche Richtung Erde, und der Nervenkitzel ist im Preis sogar inbegriffen. Neben dem Wasserparadies warten auf rasante Kids Abenteuertouren auf der Achterbahn, im Go-Kart, in der Riesenschiffsschaukel, in der Western- und Dampfeisenbahn, auf der Truck- und Bobbahn, im Autoscooter und, und, und. Wer's beschaulicher mag, schlendert über den historischen Jahrmarkt mit dem romantischen Pferdekarussell. Besonders beliebt sind die Piratenstadt und ein ganz erstaunliches Ballonkarussell. Bei schlechtem Wetter lohnt ein Ausflug trotzdem: Die „Kids-Dinoworld" liegt gleich neben dem Rasti-Land und bietet in einer 2.500 Quadratmeter großen Halle genug Wasser-Attraktionen für einen ganzen Tag. Öffnungszeiten: Ende März-Okt tägl. 10-18 bzw. 10-17 Uhr, Ruhetage stehen im Internet. Eintrittspreise: Kinder (3-11 Jahre) € 14,50, Erwachsene € 16,50.

UNTERWEGS AN DER FRISCHEN LUFT

Grüne Parks im Stadtgebiet

Berggarten
Herrenhäuser Str. 4, 30419 Hannover, Tel. 168-475 76, www.berggarten-hannover.de, E-Mail: info@gaerten-zeit.de.
Vor gut 300 Jahren sollte dieser Garten eigentlich nur die fürstlichen Bäuche mit heimischem Obst und Gemüse füllen. Doch den edlen Leuten gelüstete es nach exotischeren Früchten. Gewächshäuser wurden gebaut und der Berggarten entwickelte sich zum Labor für Botaniker.
Es entstanden ungewöhnliche Züchtungen und Sammlungen, die heute noch zu bewundern sind. Hier gedeihen 1.000 Orchideen, die zu den prachtvollsten in ganz Europa zählen. Aber Vorsicht, im Glashaus mit Treibhaustemperatur duften die Blüten so stark, dass einem ganz schwindelig werden kann. Baumhohe, aber auch ganz kleine Kakteen stehen in drei Häusern und piksen mit Vorliebe übermütige Besucher. Unter freiem Himmel erblühen Gebirgsblumen, und im Irisgarten sprießen über 200 Arten von Schwertlilien. Außerdem: ein Wüstengarten und ein Rhododendronhain.
Seit der Saison 2007 geht die flippige Botanikerin Lili Löwenmaul mit Kindern zwischen sieben und zwölf Jahren regelmäßig auf ein-

Der Georgengarten ist der ideale Platz zum Boule-Spielen

PARKS & ERLEBNISPARKS

stündige Streifzüge durch die Pflanzenwelt im Berggarten. Infos unter Tel. 228 14 71 oder per E-Mail.
Öffnungszeiten: tägl. ab 9 Uhr, wechselnde Schließzeiten. Eintritt: Kinder bis 14 Jahre kostenlos, Erwachsene € 2.

Georgengarten
Jägerstr., 30161 Hannover.
Ein Team aus Sri Lanka spielt Baseball, afrikanische Jungs kicken, türkische Grilldüfte schweben durch die Luft, spanische Großfamilien unterhalten sich im Schatten, und ein paar Bäume weiter werfen ältere Herren ein paar französische Boule-Kugeln. Im Georgengarten können Kinder internationales Flair erleben. Der Park ist ein idealer Ort zum Entspannen, Picknicken, aber auch zum Skaten, Spielen (→ S. 112) Radfahren oder Joggen. Obwohl es hier sehr lebhaft zugeht, findet man garantiert irgendwo auch ein ruhiges Plätzchen. Die Ufer der kleinen Teiche, die ein wenig versteckt im ganzen Georgengarten verteilt sind, laden zum Verzehr mitgebrachter Leckereien ein – hungrige Enten inklusive! Zum beliebten Treffpunkt wird in den Sommermonaten der Leibniztempel im Herzen der Anlage. Romantisch ist die Fahrt durch den Park: Vor dem Milchhäuschen bei den Herrenhäuser Gärten stehen prächtige Holzkutschen bereit. Ungefähr 30 Minuten ziehen die Pferde das Gespann über alle Wege. Termine (nur bei gutem Wetter): Sa, So und in den Ferien 10-18 Uhr (April-Okt). Kosten: € 15 pro Kutsche, fünf Erwachsene passen hinein.

Hermann-Löns-Park
Stadtteile Kleefeld und Kirchrode.
„Wohin mit der alten Mühle?" fragte man sich vor 70 Jahren. Am Aegi sollte sie nicht mehr bleiben, und so wurde sie nach einigen Irrwegen in den Hermann-Löns-Park verfrachtet. Jetzt thront sie auf einem Hügel in einer kleinen norddeutschen Landschaft mit Obstwiesen, Weiden, Wäldern, Seen und Bauernhäusern. Auch Wiesenschaumkraut, Schafgarbe und Margeriten blühen in diesem 86 Hektar großen Landschaftspark, der den Tiergarten (→ S. 42) mit der Eilenriede (→ S. 58) verbindet. Am Annateich tummeln sich die Kinder auf den großen Rasenflächen, man vergnügt sich beim Minigolf oder hängt auch mal eine Angel in den Teich. Tatsächlich beißt auch manchmal ein Fisch an, und dann ist das Staunen der Kleinen groß. Niemand kann sich mehr vorstellen, dass diese satten Wiesen, Auen und Wälder nicht schon immer da waren. Dennoch war dieses Areal noch 1930 ein Sumpfgebiet, in dem man nichts als nasse Füße bekam. Am Rande des Annateiches stehen zwei alte niedersächsische Bauernhäuser, die ein exquisites Restaurant und ein Café beherbergen, in dem Eis und Kuchen zu haben sind.

Foto: Medienserver Hannover

UNTERWEGS AN DER FRISCHEN LUFT

Herrenhäuser Gärten
Herrenhäuser Str., 30419 Hannover, Tel. 168-475 76.
Vor einigen hundert Jahren puderte man sich Nase und Haare und lustwandelte in Samt und Seide durch die prächtigen Herrenhäuser Gärten. „Wie mit dem Lineal gezogen", denken bestimmt viele bei dem überwältigenden Anblick der strengen Formen und Kunstgebilde. Die wenigsten wissen, wie nahe sie damit der Wahrheit sind. Denn Kurfürst Ernst August überwachte mit Zirkel und Lineal das Wachstum der Pflanzen. Richtiges Kopfzerbrechen bereitete den Baumeistern die große Fontäne mitten im Garten. Erst als der berühmte Mathematiker Leibniz half, begann sie zu sprudeln. Über 82 Meter hoch ist der Wasserstrahl, dem Kinder auch heute nicht widerstehen können. Kichernd laufen sie immer wieder um das Rondell und versuchen, den Strahl zu erhaschen. Etwas durchgeweicht suchen sie dann den zweitbesten Ort im Garten auf: den Irrgarten. Kleiner Tipp für Orientierungslose: Im Winter kann man durch die Büsche schauen. So findet jeder den richtigen Weg – aber spannend ist es dann natürlich nicht mehr. Die neueste Attraktion ist die nach den Plänen der Künstlerin Niki de Saint Phalle farbenprächtig umgestaltete historische Grotte.
In den Herrenhäuser Gärten wird übrigens auch gefeiert: Der Internationale Feuerwerkswettbewerb findet von Mai-September statt, und in den drei letzten Wochen im Juli steigt „Das kleine Fest im Großen Garten". Jeder, der eine der raren Eintrittskarten ergattert, erlebt einen verzauberten Garten im Abendlicht. Überall sieht man Gaukler und Künstler ungewöhnliche Programme aufführen. Kinder und Eltern lieben dieses poetische Spektakel.
Öffnungszeiten: tägl. 9-16.30 (Winter) u. 9-20 Uhr (Sommer), Schließzeiten variieren. Eintritt: Erwachsene € 3, Kinder bis 14 Jahre frei, im Winter freier Eintritt zum Großen Garten. Kleines Fest im Großen Garten: Kinder über 1,11 Meter € 14, Erwachsene € 24.

Maschpark
Am Maschpark, 30159 Hannover.
An sonnigen Tagen spiegelt sich das Rathaus im See dieses Parks. Golden leuchtet dann die Kuppel, und man könnte meinen, das im-

PARKS & ERLEBNISPARKS

Im Sommer findet jeder ein schattiges Plätzchen im Maschpark

posante Gemäuer hätte einen Zwilling bekommen. Viele Hannoveraner hüpfen kurz von der City herüber und legen sich ins Grün des Maschparks. Auch Kinder sind gerne hier, denn am See finden sie erstaunlich zahme Enten, einen Spielplatz und genug Platz zum Schleudern von Frisbees oder zum Toben.

Am Wochenende werden an der Treppe hinter dem Rathaus Modellboote zu Wasser gelassen. Kinder und Erwachsene haben gegen ein interessiertes Publikum nichts einzuwenden, wenn sie ihre schwimmenden Miniaturen über den See kurven lassen.

Im Winter ist der Maschteich eines der ersten Gewässer im Stadtgebiet, das zufriert. Wenn das Eis dick genug ist, drehen viele Hannoveraner hier gerne kunstvolle bis abenteuerliche Pirouetten und der sportliche Nachwuchs lässt beim Eishockey den Puck über die spiegelglatte Fläche sausen. Besonders schön ist es übrigens, auf Schlittschuhen unter der romantischen Brücke durchzufahren, auf der man im Sommer den Teich überquert. Probieren Sie es aus!

UNTERWEGS AN DER FRISCHEN LUFT

Stadtpark
Clausewitzstraße, 30175 Hannover.
Auf den ersten Blick wirkt der Stadtpark eher klein und ordentlich mit seinen akkuraten Wasserbecken und Blumenbeeten. Aber Augen auf: Der Park ist viel größer als viele denken. Hinter der hohen Hecke duftet der Rosengarten, und mitten im Idyll steht das original japanische Teehaus. Ganz leise muss man hier sein, damit man die Gäste nicht stört, die an einer japanischen Teezeremonie teilnehmen. Haben Sie Lust, diese interessante Prozedur selbst einmal mitzumachen? Wenden Sie sich einfach an die japanische Gesellschaft Chado-Kai, Tel. 458 13 28. Lebhafter geht es auf den Wiesen zu. Es gibt große Schachfiguren, viele Bänke zum Ausruhen und überall Blumen.

In den Sommerferien lädt die Neue Presse (Tel. 510 10) donnerstags und sonntags zum generationsübergreifenden Rendezvous im Stadtpark ein. Kinderaktionen, Live-Musik, Essen und Trinken warten bei dieser großen Umsonst-und-draußen-Party auf alle Besucher.
Öffnungszeiten Stadtpark: Okt-Feb 8-19, März-Sept 8-21 Uhr.

Märchental

Sagen- und Märchental Bad Grund
Harzhochstr., 37539 Bad Grund, Tel. 05327-82 96 03.
Anfahrt: A7 H-Kassel, Abfahrt Seesen, direkt an der B242.
Unterhalb der Harzhochstraße bohren emsige hölzerne Bergleute Löcher ins Gestein und schippen Erz auf Loren. Die kleinen geschnitzten Arbeiter werkeln im Sagen- und Märchenwald von Bad Grund, denn hier befindet sich ein detailgetreuer Querschnitt durch ein Bergwerk. Im Sagenwald kommen jedoch nicht nur kleine Fans von Arbeit und Technik auf ihre Kosten. In jeweils fünf beweglichen Bildern einer Drehbühne sind vier Märchen zu sehen, darunter „Dornröschen" und „Hänsel und Gretel". Neben den bekannten Geschichten werden in Bad Grund in mehreren Häusern Harzer Sagen erzählt, wie etwa die vom skurrilen Monarchen König Hübich.
Geöffnet: Ende März-Okt tägl. 10-18.30 Uhr. Eintritt: Kinder ab drei Jahre € 1, Erwachsene € 1,50.

TIERE

Aquarium

Sea Life
Herrenhäuser Str. 4a, 30419 Hannover, Tel. 123 300, www.sealife-hannover.com, E-Mail: info@sealife-hannover.com.
Das ehemalige Regenwaldhaus hat sich in eine bunte Unterwasserwelt verwandelt. Seit Frühjahr 2007 tummeln sich im Sea Life mehr als 5.000 Wasserlebewesen aus der heimischen Leine, dem karibische Meer oder aus dem Amazonas-Gebiet. Besucher passieren auf ihrem Weg durch das Aquarium über 30 Becken mit Süß- und Salzwasserfischen, Krebsen oder Seepferdchen. Mittelpunkt der Anlage ist das 300.000 Liter fassende Tiefseebecken, das in einem Glastunnel durchquert werden kann. Haie und Meeresschildkröten kommen den Menschen an dieser Stelle ziemlich nah. Für Schulklassen und Gruppen werden Führungen angeboten, im kleinen Kino laufen spannende Filme rund um das Leben in den Meeren.
Geöffnet: tägl. 10-18, letzter Einlass 17 Uhr; Eintritt: Kinder (3-13 Jahre) € 9, Schüler ab 14 Jahre u. Studenten € 10, Erwachsene € 11.

Im Sea Life machen kleine Unterwasserforscher ganz große Augen

UNTERWEGS AN DER FRISCHEN LUFT

Otter

Otter-Zentrum Hankensbüttel
29386 Hankensbüttel, Tel. 05832-980 80, www.otterzentrum.de, E-Mail: afs@otterzentrum.de.
Anfahrt: B244, Ri. Celle.
Ottmar der Otter ist glücklich. Er lebt zufrieden mit seinen Kumpeln Dachs, Marder und Iltis in einer schönen Landschaft. Manchmal schaut der Otterhund vorbei, und dann ist die Otterwelt schwer in Ordnung. 60.000 Quadratmeter groß ist das Freigelände am idyllischen Isenhagener See, für dessen Besuch Sie sich mindestens einen halben Tag Zeit nehmen sollten. Über 20 Fütterungen pro Tag garantieren lebhaftes Treiben. Die engagierte Crew führt u.a. einen zweistündigen Naturerlebnisrundgang (€ 3 pro Person) für Gruppen und Schulklassen durch, die besondere Spiele und Aktionen mitmachen wollen (unbedingt vorher anmelden!). Übrigens: Zum Otterzentrum gehört auch ein großer Wasserspielplatz. In unmittelbarer Nähe befindet sich ein beheiztes Waldschwimmbad, ein Waldspielplatz und eine komfortable Grillhütte (Voranmeldung bei der Gemeinde Hankensbüttel, Tel. 05832-830).
Öffnungszeiten: Winter 9.30-17, Sommer 9.30-18 Uhr, Dez und Jan geschlossen. Eintritt: Kinder (4-14 Jahre) € 4, Erwachsene € 6,50.

Süßer Otternachwuchs

Ponys & Pferde

Hannoverscher Rennverein Neue Bult
Theodor-Heuss-Str. 41, 30853 Langenhagen, Tel. 72 59 59-0, www.neuebult.com, E-Mail: info@neuebult.com.
Auf der Pferderennbahn in Hannover zwingen einen die vornehmen Konventionen nicht dazu, einen riesigen Hut aufzusetzen. Hier tummeln sich viele Familien mit Kindern, die sich vor Spannung zitternd die entscheidende Frage stellen: Wer wird die Nase vorn haben? Don Presto, Saluto oder Moonlight Star? Klangvolle Namen für wunderschöne Pferde! Neben dem Rennspaß bietet die

TIERE

Auf dem Pferdemarkt kann man weiche Pferdenasen streicheln

Neue Bult einen Spielplatz vor den Tribünen und an verschiedenen Renntagen auch ein besonderes Kinderprogramm. Die Kinder dürfen dann z.B. auf Ponys reiten oder sich kreativ im Malzelt austoben. Zehn Renntage gibt es von Ostern bis Anfang November, Termine und Anfangszeiten Finden Sie auf der Homepage.
Eintritt: Erwachsene € 6-8, Kinder bis 14 Jahre frei.

Pferdemarkt
Pferdemarktplatz am Kleinen Brückendamm, an der B188, 31303 Burgdorf, Tel. 05136-18 62. Kontakt: Herr Bleich. Anfahrt: B3, Ri. Celle, Abf. Burgdorf.

In andere Zeiten zurückversetzt fühlt man sich, wenn man auf dem Pferdemarkt steht. Wie vor hundert Jahren wechseln die Tiere immer noch per Handschlag den Besitzer. Hier fachsimpeln, handeln und plaudern über 10.000 Aussteller aus ganz Deutschland, die nichts gegen neugierige Zuschauer einzuwenden haben. Die vielen Ponys und Pferde dürfen sogar gestreichelt werden. Wer ein Haustier sucht, kann zwischen Ziegen, Kaninchen, Vögeln oder Fischen wählen. Die Stimmung auf dem Pferdemarkt ist so unschlagbar wie seine Duftmischung. Eine zusätzliche Attraktion ist das Rahmenprogramm.

UNTERWEGS AN DER FRISCHEN LUFT

Zauberer, Clowns, Liedermacher und Schminkkünstler unterhalten das Publikum. Reitvorführungen und alte Handwerkskünste passen genau auf diesen nostalgischen Viehmarkt, und auch Ponyreiten und Kutschfahrten sind möglich. Termine: jeden 3. Sa im Monat (April-Sept).

Schlangen

Schlangenfarm Schladen
Postfach 5, 38313 Schladen/Harz, Tel. 05335-17 30, www.schlangen farm.de, E-Mail: info@schlangen farm.de. Anfahrt: A7 H-Kassel, Ausfahrt Derneburg, B6 nach Liebenburg, Richtung Schladen.
Seit wann ist denn die Kobra weiß? Erstaunt blicken alle Besucher in das Terrarium. Da hilft kein Augenreiben: Die drei weißen Schlangen sind ein Wunder der Natur. Die Schlangenfarm besitzt diese unglaublichen Geschöpfe, und jeder darf sie anschauen. Außerdem leben hier über 1.300 weitere Exoten wie Leguane, Echsen oder Krokodile. Manche sind gefährlich und giftig, andere sind riesig, z.B. der 1,5 Meter lange Waran oder die sechs Meter lange Würgeschlange. Praktischer sind da die Schlangen, die nicht größer als Streichhölzer sind. Auf gar keinen Fall sollte man sich die Fütterungen entgehen lassen. Um 15 Uhr werden am Sonntag die Krokodile und die Piranhas gefüttert und um 16 Uhr die Großechsen.

Öffnungszeiten: Nov-Feb. 9-16, März u. Okt 9-17, April-Sep 9-18 Uhr. Eintritt: Kinder (5-13 Jahre) € 4,50, Erwachsene € 6,50.

Tier- & Wildparks

Hollywood- und Safaripark
Mittweg 16, 33758 Schloss Holte-Stukenbrock, Tel. 05207-952 425, www.safaripark-stukenbrock.de, E-Mail: info@safaripark-stuken brock.de. Anfahrt: A2 H-Bielefeld, Abf. Paderborn.
Im Hollywoodpark wird den wilden Tieren die Sicht nicht durch Gitterstäbe versperrt. Ganz frei laufen Tiger, Löwen, Elefanten, Giraffen, Zebras, Nashörner oder Affen herum. Es sind die Menschen, die in ihren kleinen Käfigen auf Rädern – ihren Autos – von den Tieren neugierig beäugt werden. Im Affenzug sitzen die Gäste dann wirklich hinter Gittern und zuckeln durch das riesige Affengehege. Zu Hollywood gehören natürlich auch Sensationen und Shows. Für den Nervenkitzel gibt es deshalb über 20 Attraktionen, z.B. den Super-Tornado, die Loopingbahn oder die Wasserbahnen. Wer die langsamere Gangart bevorzugt, kann sich im Dampfkarussell drehen, auf dem Kanal in einer Gondel treiben oder im Oldtimer fahren. Für die Picknickpause zur Stärkung für das nächste Abenteuer bietet sich das Ufer des Sees an. Das Highlight des Parks darf natürlich an dieser Stelle

TIERE

nicht verschwiegen werden: Es sind die weißen Tiger und Löwen. Wenn Sie Glück haben, sind sogar Tigerbabys da!
Geöffnet: Ende März-Juni, Sept u. Okt tägl. 9-18, Juli und Aug 9-19 Uhr. Eintritt: Kinder (4-14 Jahre) € 18,50, Erwachsene € 22,50.

Serengeti Safaripark Hodenhagen
Am Safaripark 1, 29693 Hodenhagen, Tel. 05164-531, www.serengeti-park.de, E-Mail: info@serengeti-park.de. Anfahrt: A7 H-Hamburg, Abf. Westenholz nach Hodenhagen.

Auf nach Afrika! Dazu brauchen Sie nicht extra ins Flugzeug zu steigen. Eine halbe Autostunde von Hannover entfernt liegt der Serengeti Park. Wie auf einer echten Safari fährt man mit einem Auto oder Bus durch die afrikanisch anmutende Landschaft und kann über 1.500 frei herumlaufende wilde Tiere beobachten. Das ist ganz ungefährlich und dennoch sehr spannend. Neben dem Tierland und dem Affenland gibt es das Freizeitland mit Achterbahn, Riesenrad und Kinderspielplätzen. Spritzig, rasant und atemberau-

Nachwuchs bei den weißen Löwen im Hollywood- und Safaripark

UNTERWEGS AN DER FRISCHEN LUFT

Im Serengeti Safaripark Hodenhagen sind die Giraffen neugierig

bend ist das Wasserland mit Wildwasserbahn oder Drachenflug. Die Kleinsten vergnügen sich im Kinderparadies auf der Hüpfburg oder in Märchenkarussells. Neueste Attraktion ist seit der Saison 2006 der Hochseilgarten, der schon für Kinder ab drei Jahre geeignet ist. Öffnungszeiten: Ende März-Anfang November tägl. 10-18 Uhr, Feiertage und Sommerferien 9.30-18.30 Uhr. Eintritt: Kinder (3-12 Jahre) € 18, Erwachsene € 22. Das Umsteigen in den Bus kostet € 3 pro Person extra.

Tiergarten Hannover
Tiergartenstr. 149, 30559 Hannover, Tel. 52 66 53.
Sind menschliche Modestandards auf Wildschweine übertragbar? Der Nachwuchs der borstigen Waldbewohner jedenfalls ist längsgestreift. Ob die properen Frischlinge deshalb schlank wirken, können Sie fast das ganze Jahr vor Ort beurteilen: Die Säue werfen immerhin zweimal pro Jahr jeweils fünf Babys. Der Tiergarten ist eine über 300 Jahre alte Oase mitten in der Stadt. Die Bäume sind prächtig, und überall huschen grazile Rehe durch den Park, an die man sich sogar erstaunlich nah heranpirschen kann. Diese Augen – faszinierend! Immer am zweiten Sonnabend im Oktober ziehen sich alle Tiere dezent ins Unterholz zurück, denn dann startet das große Tiergartenfest. Hunderte von Kindern und Eltern feiern, spielen und amüsieren sich z.B. beim Kinderzirkus oder beim Bauen von Vogelhäuschen. Am nächs-

TIERE

ten Morgen kommen die Tiere aus den Verstecken heraus und haben „ihren" Park wieder für sich! Öffnungszeiten: ganzjährig 8 Uhr bis zum Einbruch der Dunkelheit. Eintritt frei.

Tierpark Essehof
Am Tierpark 3, 38165 Lehre, Tel. 05309-88 62, www.tierpark-essehof.de, E-Mail: info@tierpark-essehof.de. Anfahrt: A2 H-Berlin, Abf. Lehre (bei Braunschweig).
Was blinzelt denn da aus dem Beutel des Kängurus hervor? Wer Glück hat, erspäht das Kängurubaby und wird diesen Anblick bestimmt nicht so schnell vergessen. Im Tierpark Essehof leben aber nicht nur die witzigen Hopser aus Australien. In großzügigen Gehegen und Freianlagen trifft man Emus, Zebras, Antilopen und auch bekannte Haustiere. Natürlich schließen die Kinder besonders die pfiffigen Affen ins Herz. Wenn die haarigen Klettermaxe beginnen, ihre Späßchen zu machen, freut sich die ganze Familie. Ausruhen können sich dann alle – natürlich ohne Affen – auf den Terrassen oder in der Cafeteria. Sollten die Kids noch fit sein – was sie ja irgendwie immer sind – toben sie sich auf dem großen Spielplatz mit Autoscooter und Trampolin müde. Nicht nur der Park, auch die Preise sind besonders familienfreundlich. Öffnungszeiten: Sommer 9-19, Winter 10-18 Uhr. Eintritt: € 3, Erwachsene € 4,50.

Wisentgehege im Saupark Springe
31832 Springe, Tel. 05041-58 28, www.wisentgehege-springe.de, E-Mail: info@wisentgehege-springe.de. Anfahrt: B217 H-Springe.
Erhaben schreitet der Luchs durch sein Revier. Plötzlich ist er nicht mehr zu sehen. Ganz leise muss man sein und viel Geduld mitbringen, um die prächtigen Raubtiere wieder zu sichten. In Springe leben die pinselohrigen Wildkatzen nämlich in natürlichen Gehegen, in denen sie viele Rückzugsmöglichkeiten und Verstecke finden. Zum Glück lassen sich die Luchse gerne von kleinen Nachwuchsbiologen bewundern und bestaunen. Das Wisentgehege ist eher ein

Bewohner des Saupark Springe

UNTERWEGS AN DER FRISCHEN LUFT

Wildpark, in dem auch Elche, Wildpferde und Wölfe leben. Am besten folgt man dem markierten Rundgang, auf dem die Tiere oft ohne Zäune zu beobachten sind. Keine Angst, die Wölfe laufen natürlich nicht frei herum. Besonders beliebt sind die tapsigen Fohlen und die knuddeligen Otter. Kleine Kinder staunen auch über Gänse, Schwäne und Kormorane. Wer möchte, kann sich die Köhlerhütte inkl. Riesengrill mieten, auf den 80 Würstchen passen! Außerdem: viele Bänke und Tische zum Schmausen und ein Spielplatz zum Austoben.
Öffnungszeiten: ganzjährig ab 8.30 Uhr, Kassenschluss wechselnd, am besten telefonisch oder per E-Mail erfragen. Eintritt: Kinder (3-14 Jahre) € 4,50, Schüler ab 15 Jahre € 5, Studenten und Auszubildende € 6, Erwachsene € 8.

Vögel

Adlerwarte Berlebeck
Adlerweg 13-15, 32760 Detmold, Tel. 05231-471 71, Kontakt: Herr Weiß, www.adlerwarte-berlebeck.de, E-Mail: info@adlerwarte-berlebeck.de. Anfahrt: A2, H-Dortmund, Abf. Bielefeld.
Majestätisch gleiten die Greifvögel durch die Luft und stürzen plötzlich aus 1.000 Meter Höhe herab. Im Fallen sind die Falken fast 300 Kilometer pro Stunde schnell und greifen doch ganz präzise das vom Falkner gehaltene Federspiel. In diesem Moment halten kleine und große Zuschauer gebannt den Atem an. Die täglich stattfindenden Freiflugvorführungen (11 u. 15 Uhr, Mai-Sept auch 16.30 Uhr) sind abenteuerliche Erlebnisse, die durch die spannenden Erzählungen des Falkners noch gewürzt werden.
Die Adlerwarte präsentiert eine Vielzahl an heimischen und exotischen Greifvögeln – nicht nur in Volieren, sondern auch im Freigelände. Hier werden außerdem verletzte oder verwaiste Tiere aufgenommen und gesund gepflegt. Im Lehr- und Informationszentrum erfährt man auch bei schlechtem Wetter viel Wissenswertes über Adler, Falken oder Geier. Die Adlerwarte besteht schon seit 1939 und ist die älteste Greifvogelwarte Europas. Weltweites Renommee erlangte die Anlage durch die schwierige Zucht von aussterbenden Greifvogelarten. Der Besuch lässt sich prima mit einem Spaziergang im Teutoburger Wald verbinden.
Öffnungszeiten: Mitte Feb-Mitte Nov 9.30-17.30 Uhr. Eintritt: Kinder 3-14 Jahre € 3, Erwachsene € 4.

Vogelpark Heiligenkirchen
Ostertalstr. 1, 32760 Detmold-Heiligenkirchen, Tel. 05231-474 39, www.vogelpark-heiligenkirchen.de, E-Mail: info@vogelpark-heiligenkirchen.de. Anfahrt: A2 H-Dortmund, Abf. Bad Salzuflen.
Wie sieht wohl das kleinste Huhn der Welt aus? Die Küken dieses

TIERE

Ein zutraulicher Papagei im Vogelpark Heiligenkirchen

Mini-Federviehs sind nur so groß wie eine Hummel und können in diesem Park bestaunt werden. „Wir sind per du mit Sittich und Kakadu", krächzt der Papagei. Das ist auch das Motto dieses Blumen- und Vogelparks, in dem 1.200 heimische und exotische Vögel, Affen und andere Tiere aus 300 Arten leben. In den schillerndsten Farben präsentieren sich Pelikane, Flamingos, Pfauen, Aras oder Strauße. Das üppige Blütenmeer ist ein prachtvoller Hintergrund für diese gefiederten Exoten. Einige Vögel, z.B. der Kakadu, sind kein bisschen kamerascheu. Sie räkeln sich, zeigen ihr buntes Gefieder und strahlen förmlich in die Linse. Bei so idealen Fotomodellen gelingt selbst dem knipsenden Nachwuchs jede Fotosafari. Auch kleinere Kinder kommen im Vogelpark nicht zu kurz, denn es gibt auch einen attraktiven Abenteuerspielplatz. Für Gruppen oder Schulklassen werden pädagogische Führungen durch die Zooschule angeboten. Im Mittelpunkt steht hier der Gang durch den Park, bei dem die Kinder viele Eindrücke gewinnen, die sie mit den Infos des Tiergartenbiologen noch ausbauen können. Eine Besonderheit in diesem Park sind die speziellen Blindenführungen.

Öffnungszeiten: 15. März-Anfang Nov tägl. 9-18 Uhr. Eintritt: Kinder (ab 3 Jahre) € 2,50, Erwachsene € 4,50.

UNTERWEGS AN DER FRISCHEN LUFT

Kleiner Zoo am Krater
Stadthagener Str. 4, 31542 Bad Nenndorf, Tel. 05723-38 18. Kontakt: Herr Schulz. Anfahrt: A2 H-Kassel, Abf. Bad Nenndorf.
Der Familie Schulz haben es alle Vogelliebhaber zu verdanken, dass sie in diesem idyllischen und bewaldeten Areal von mehr als 600 Vögeln fröhlich umzwitschert werden. Dieser liebenswerte kleine Park ist nämlich in Privatbesitz und kostet nicht einmal Eintritt. Viele der Tiere leben hier ganz ohne die sonst üblichen Volieren, einige Vögel sind in großzügigen Gehegen zu bewundern. Um die Raben, Kraniche, Flamingos und Greifvögel auch zukünftig angemessen pflegen zu können, freut sich die Familie Schulz über eine kleine Spende der Besucher. Öffnungszeiten: ganzjährig tägl. von 9 bis 18 Uhr.

Komischer Vogel aus Walsrode

Vogelpark Walsrode
Am Rieselbach, 29664 Walsrode, Tel. 05161-60 44-0, www.vogelpark-walsrode.de, E-Mail: office@vogelpark-walsrode.de. Anfahrt: A7 H-Hamburg, Abf. Fallingbostel.
Alle Vögel sind schon da: Für 4.000 kleine und große Piepmätze aus allen Kontinenten gehört der Vogelpark zum erweiterten Wohlfühlbereich. Ornithologisch interessierte Besucher werden von dem Geträller 700 verschiedener Vogelarten begrüßt. Nach dem melodischen Empfang kann die Reise durch die bunte Vogelwelt starten: In 300-400 Quadratmeter großen Flughallen wandelt man unter den frei fliegenden Tieren umher. In einem Urwald mit Palmen und Bananenstauden oder auch am Meeresstrand lassen sich die Vögel in eindrucksvoller Umgebung bewundern. Und wenn man vom vielen Staunen ein bisschen müde geworden ist, findet sich schnell ein romantisches Plätzchen an einem der vielen Seen, Bäche oder Wasserfälle. Der große Abenteuerspielplatz mit Seilbahn, Trampolin, Autoscooter und Netztürmen wird von den Kindern übrigens heiß geliebt. Öffnungszeiten: Ende März-Okt tägl. 9-19, Nov-März 10-16 Uhr.

TIERE

Eintritt: Kinder (4-17 Jahre) € 9, Erwachsene € 13 (Mo-Fr inkl. € 5 Verzehrgutschein).

Waldstation Eilenriede
Kleestr. 81, 30625 Hannover, Tel. 533 11 81, Kontakt: Frau von Drachenfels.
Wenn es dämmert in der Eilenriede und der Wald langsam zur Ruhe kommt, sieht man die geheimnisvollen Fledermäuse aus den Baumwipfeln hervorkommen. Im Winter beziehen viele von ihnen ein kuscheliges Quartier in der Waldstation Eilenriede. Bei diesem Gelände handelt es sich um einen kleinen Wald im Wald, in dem nicht nur die fliegenden Säugetiere Unterschlupf finden. Auch kranke und schwache Vögel werden hier gepflegt und geschützt. 20 Erlebnis-Stationen bringen Kindern und Erwachsenen die Tier- und Pflanzenwelt der Eilenriede auf spannende und sehr unterhaltsame Weise näher. Dabei geht es unter anderem um Ameisenberge, Bienen oder Bioabfall. Im Herzen der Anlage steht das neue Werkstattgebäude. Hier haben Kindern die Möglichkeit, mit Holz zu arbeiten, zu basteln oder zu malen. Für Schulklassen und andere Gruppen werden Führungen veranstaltet.
Öffnungszeiten: Anfang März bis Ende Okt Mo-Do 8.30-16.30, So 10-18, sonst Di-Do 10-15 Uhr. Eintritt frei, Führungen: ab € 2 pro Kind, Erwachsene ab € 3.

Zoo

Zoo Hannover
Adenaueralle 3, 30175 Hannover, Tel. 28 07 41 63, www.zoo-hannover.de, E-Mail: info@zoo-hannover.de.
Die Meerschweinchen auf Schloss „Neuschweinstein" empfangen alle Besucher schon vor dem Haupteingang zum Zoo mit kräftigem Gequieke. In den letzten zehn Jahren ist aus dem ehemals etwas grauen Tierpark ein Erlebniszoo mit vielen außergewöhnlichen Attraktionen geworden. Sehr gelungen ist der Gorillaberg mit Wasserfall, Bächen, Brücken und Evolutionspfad. Im Dschungelpalast fühlt man sich wie in einem indischen Märchen mit Elefanten, Tigern und Palastgarten. Kinder beobachten besonders gerne Nashörner oder Antilopen während einer Bootsfahrt auf dem kleinen Fluss Sambesi, der durch die Afrika-Landschaft fließt. Keine Angst, Krokodile gibt es in diesem Gewässer nicht. Für Meyers Hof wurden sieben niedersächsische Fachwerkhäuser aufgebaut. Hier beggenen

Foto: Vogelpark Walsrode

UNTERWEGS AN DER FRISCHEN LUFT

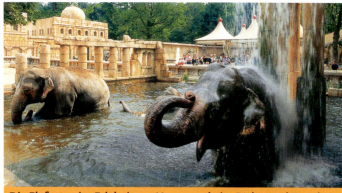

Die Elefanten im Erlebniszoo Hannover beim Baden und Duschen

Besucher seltenen heimischen Tierarten wie etwa den Husumer Protestschweinen oder den Pommerschen Landschafen. Pinguine und Robben sollen ab 2009 ein neues Zuhause in der Alaska-Landschaft Yukon Bay erhalten. Die kleinsten Gäste kommen in den Zoo, um auf dem Abenteuerspielplatz zu toben oder im gerade erweiterten Streichelland Ziegen und Schafe zu füttern. Am Ostersonntag trifft sich im Tierpark halb Hannover zum Eiersuchen. Von Anfang Dezember bis Mitte Januar locken Eisfläche, Rodelberg und der Weihnachtsmann in den Winterzoo (→ S. 139).
Geöffnet: März bis Okt 9-18, Nov-Feb 10-16 Uhr. Eintritt im Winter: Kinder (3-17 Jahre) € 9,50, Erwachsene € 11; im Sommer: € 12,80 bzw. € 18,80, Familien-Jahreskarte € 145. Die Termine der Tierfütterungen finden Sie auf der Website.

NATUR & ERLEBNIS

Freilichtbühnen

Deister Freilichtbühne
Otto-Bachhaus-Straße, 30890 Barsinghausen, Tel. 05105-93 08, Kontakt: Frau Tadje, E-Mail: info@deister-freilichtbuehne.de, www.deister-freilichtbuehne.de. Anfahrt: A2, H-Dortmund.
Braucht ein Theater ein Dach? Eigentlich nicht, schließlich spielten schon die alten Römer unter freien Himmel. Ein bisschen südländisch fühlt man sich schon, wenn man im Freilichttheater mitten im Deister sitzt. Wenn es dämmert und die romantische Beleuchtung der Abendvorstellungen erstrahlt, warten kleine und große Bühnen-

NATUR & ERLEBNIS

fans gespannt auf den Beginn der Vorstellung. Zugegeben, die Darsteller sind nur Amateure, und nicht jeder Ton klingt glockenrein, aber gerade die fehlende Perfektion verleiht den Vorstellungen einen ganz besonderen Charme. Auch Kinder fühlen sich wohl, denn sie dürfen mit den Füßen scharren und laut auflachen. Jedes Jahr werden zwei neue Stücke aufgeführt. Viele Geburtstagskinder besuchen mit ihren Gästen die Märchenvorstellung, denn jedes Geburtstagskind darf sich eine Überraschung an der Kasse abholen. Spielzeit: Mai-Sep. Eintritt: Kinder € 4-6, Erwachsene € 7-8.

Rattenfänger Freilichtspiele

Hochzeitshaus, Osterstraße, 31785 Hameln, Tel. 05151-95 78 23 (Hameln Marketing).
Anfahrt: B217, Ri. Hameln.

Vor vielen hundert Jahren tauchte ein Fremder in Hameln auf und versprach, für viele Golddukaten die Stadt von einer Rattenplage zu befreien. Als die Stadtväter ihm nach gelungener Arbeit den Lohn verweigerten, führte er alle Kinder mit seiner Flöte zur Stadt hinaus, und man sah keines von ihnen jemals wieder.
So erzählt man sich die berühmte Sage vom Rattenfänger, und bis

Märchenstunde auf der Freilichtbühne Deister

UNTERWEGS AN DER FRISCHEN LUFT

Der Rattenfänger fängt heute zum Glück keine Kinder mehr

heute weiß keiner, ob sie wahr ist oder nicht. Alljährlich wird, soviel steht fest, ein prächtiges Spektakel in historischen Kostümen in der Altstadt aufgeführt. Über 80 Laienschauspieler geben alles, um den vielen Zuschauern von nah und fern die Geschichte zu erzählen. Die Kinder, als Ratten verkleidet, sind zwar eher niedlich als bedrohlich, aber das stört keinen. Die 30-minütigen Vorstellungen finden von Mitte Mai-Mitte Sept am So um 12 Uhr statt. Eintritt frei. In den letzten Jahren hat auch das 40-minütige Musical „Rats" (mittwochs 16.30 Uhr) die alte Geschichte mit neuem Schwung versehen. Sehr erfolgreich: Im Jahr 2006 wollten über 50.000 Besucher die 21 ebenfalls kostenlosen Shows sehen. Nach den Aufführungen bietet sich ein Bummel durch die hübsche Altstadt an. Man kann auch eine Stadtführung buchen. Eine gute Stunde in Begleitung des Rattenfängers kostet für eine Gruppe bis 30 Personen € 100 (telefonisch anmelden!).

Freilichtmuseen

Erste Museumseisenbahn Deutschlands
Bahnhof 1, 27300 Bruchhausen-Vilsen, Tel. 04252-93 00 50, www.museumseisenbahn.de, E-Mail: info@museumseisenbahn.de. Anfahrt: A7 H-Hamburg, Abf. Walsrode, A27, Ri. Bremen.
In einer historischen Eisenbahn zu sitzen, die schnauft, keucht und richtig dampft – das ist spannend. Ungewöhnlich ist, dass die historischen Dampfloks nicht in Hallen versteckt wurden. Das Museum in Bruchhausen-Vilsen ist das erste und einzige Freilichtmuseum für Eisenbahnen. Munter fahren die alten Züge durchs Ländchen, als gäbe es noch keinen ICE. Alle dürfen mitfahren und können ein Gefühl dafür entwi-

NATUR & ERLEBNIS

ckeln, wie gemütlich und stilvoll das Reisen in der Vergangenheit war. Wer möchte, kann sich auch einen eigenen Sonderzug mieten. Dabei hat man die Wahl zwischen Triebwagen oder Dampfzug (Kosten € 428 bis € 1.600). Ergänzt wird der normale Fahrbetrieb durch Sonderfahrten, z.B. durch die Nikolausfahrt oder die Schlemmerexpresse. Fahrpreise: Kinder (4-11 Jahre) € 3,50, Erwachsene € 7, Fahrzeiten vom 1. Mai bis zum 3. Okt., Sa/So und an Feiertagen.

Museumsdorf Hösseringen

Am Landtagsplatz, 29556 Suderburg-Hösseringen, Tel. 05826-17 74, www.museumsdorf-hoesseringen.de, E-Mail: info@museumsdorf-hoesseringen.de. Anfahrt: B3, Ri. Celle, dann B191 Richtung Uelzen.

„Lisa besaß nur eine Puppe. Die hatte einen Leib aus einem Strumpftuch, das mit Stroh ausgestopft war. Arme, Beine und Kopf waren aus Großmutters Strumpf. Weil Großmutter immer schwarze Strümpfe trug, war es eine Mohrenpuppe". Um diese Mohrenpuppe stehen jetzt viele Kinder herum und staunen. Im Freilichtmuseumsdorf in der Lüneburger Heide gibt es eine Menge Spielzeug, von dem viele Besucher noch nie etwas gehört haben. Einige wertvolle Stücke, z.B. die Porzellanpuppen, liegen in Glasvitrinen. Andere Spielzeuge dürfen sogar angefasst und ausprobiert werden (Steckreiter, Rassel, Kreisel). Auf dem 10.000 Quadratmeter großen Gelände lernen moderne Kids viel über das Leben auf dem Land. Im

Im Museumsdorf Hösseringen gibt's Geschichte zum Anfassen

UNTERWEGS AN DER FRISCHEN LUFT

Kötnerhaus z.B. ist die Atmosphäre mit allen Sinnen zu erleben: In das Knistern und den Rauch des offenen Herdfeuers mischen sich der Stallgeruch und das Gegacker der Hühner. Das Dorf wird stetig erweitert, in den letzten Jahren sind u.a. ein Schmiedehaus und eine Stellmacherei hinzugekommen.
Öffnungszeiten: 15. März-31. Okt 10.30-17.30 Uhr, Mo geschlossen.
Eintritt: Kinder 6-16 Jahre € 1, Erwachsene € 4. Gruppenführungen ganzjährig nach Absprache.

Winser Museumshof
*Brauckmanns Kerkstieg,
29308 Winsen, Tel. 05143-81 40,
www.winser-heimatverein.de, E-Mail:
info@winser-heimatverein.de.
Anfahrt: B3 Ri. Celle.*

In diesem Dorf scheint die Zeit stehen geblieben zu sein. Wer durch das alte Tor tritt, befindet sich plötzlich in einem vergangenen Jahrhundert. Man schlendert gemächlich durch Höfe, steht in uralten Zimmern und bekommt einen intensiven Eindruck vom ehemaligen bäuerlichen Leben. Die kleinen Besucher schauen in jeden Topf und hinter jede Tür und finden dieses Bauernleben durchaus aufregend. Das Museumsdorf besteht aus einem Bauernhaus, zwei Scheunen, einem Treppenspeicher, einem Backhaus und einem Schweinestall. Die Gebäude wurden an anderer Stelle Stein für Stein abgetragen und in Winsen originalgetreu wieder aufgebaut. Was für eine Arbeit! Alle historischen Gebäude sind kom-

Auf dem Winser Museumshof leben alte Kinderspiele wieder auf

NATUR & ERLEBNIS

plett eingerichtet. Die Möbel und Arbeitsgeräte stammen überwiegend aus dem 19. Jahrhundert. Außerdem können im Dorf ein Brunnen, ein Bienenstock und ein Kräutergarten begutachtet werden. Das seit 2006 bestehende museumspädagogische Angebot soll noch weiter ausgebaut werden. Gruppenführungen finden nach telefonischer Vereinbarung statt. Öffnungszeiten: Ostern-Okt Mi u. Sa 15-18, So 11-18, Juni-Okt auch Fr 15-18 Uhr. Eintritt: Kinder bis 12 Jahre frei, Jugendliche € 1, Erwachsene € 3.

Lehrpfade

Naturerlebnispfad

Walderseestr. 100, 30177 Hannover, Tel. 168-409 49. Kontakt: Frau Sonneck.

Wie schließt man blind Bekanntschaft mit einem Baum und findet diesen dann mit offenen Augen wieder? Und wie funktioniert ein Baumtelefon? Die Antworten sind auf dem Naturerlebnispfad zu erfahren. Alle, die den Erlebnispfad betreten, sollten die Schuhe ausziehen. So habe sie die Chance, ein unvergessliches Tasterlebnis und eine tolle Massage zu erleben. Jeder ist eingeladen, ein Stück Natur in der Eilenriede (→ S. 58) zu erfühlen. Augen auf, so einfach ist der Pfad ohne Hilfe nicht zu entdecken. Hinter dem Biergarten fängt er an. Am besten ist es, vorher die Broschüre aus dem Lister Turm zu holen, dann steht dem Ausflug in das Reich der Sinne nichts mehr im Weg.

Für Gruppen, Kindergärten und Schulen bietet das Freizeitheim Lister Turm außerdem Waldführungen und Spaziergänge an. Bitte telefonisch anmelden bei Frau Sonneck.

Der Naturerlebnispfad ist kostenlos zu betreten, die Anleitungsbroschüre kostet € 1,50, Führungen ab € 42.

Wasser-Lehrpfad

Leineaue, 30880 Laatzen, Tel. 430-26 07 (Stadtwerke Hannover), www.enercity.de, E-Mail: matthias.faflik@enercity.de.

Wo kommt unser Trinkwasser her, und wo fließt es hin? Auf dem Wasser-Lehrpfad in der Leineaue findet man alle Antworten auf diese Fragen. Hier steht niemand vor langweiligen Schautafeln in kargen Räumen. Ganz im Gegenteil. Mitten in der Natur, auf Wiesen, Auen und Feldwegen lernt man den Lauf des Wassers kennen. Man sollte Zeit mitbringen, wenn man den vier Kilometer langen Pfad ganz abgehen möchte. Gemütlich wandert man fernab von Straßenlärm auf schmalen Wegen und lernt im Vorbeigehen dazu. Vom Beobachtungsturm aus eröffnet sich ein Blick auf die unberührte Landschaft der Laatzener Teiche. Das Naturschutzgebiet ist der ideale Lebensraum für die Vogelwelt und überall stößt man auf seltene Pflanzenarten. Von März

Foto: Wriser Museumshof

UNTERWEGS AN DER FRISCHEN LUFT

bis September wohnt sogar ein Storchenpaar auf dem Wassergewinnungsgelände. Im Winter fliegt das Pärchen dann nach Afrika. Auch wenn man nichts dazulernen möchte, lohnt ein Besuch. Man atmet einfach ein bisschen Auenduft ein und lässt die Stadt hinter sich. Die Kinder können hier Drachen steigen lassen oder über die Wiesen purzeln. Ein angenehmes Fleckchen Erde – vor allem im Sommer!

Mühlen und Schlösser

Wind- und Wassermühlenmuseum
Bromer Str. 2, 38518 Gifhorn, Tel. 05371-554 66, www.muehlenmuseum.de, E-Mail: office@muehlenmuseum.de. Anfahrt: A2 H-Berlin, A391 Richtung B4 Gifhorn.
Was macht eine griechische Windmühle in Deutschland? Handelt es sich etwa um die Fehlkonstruktion eines geographisch verwirrten Baumeisters? Nicht ganz. Im Wind- und Wassermühlenmuseum gibt es 15 Mühlen aus aller Welt zu bewundern. Majestätisch steht hier jede Mühle in einer passend gestalteten Landschaft. Die Flügel drehen sich im Wind, und man lernt viel über die Funktion und Arbeitsweise einer der ältesten Maschinen der Welt. Auf einem kleinen Hügel thront als beeindruckendes Extra eine wunderschöne russisch-orthodoxe Holzkirche. Sehr interessant ist auch die 800 Quadratmeter große Ausstellungshalle, in der über 45 Mini-Windmühlen aufgebaut sind. Jedes Modell ist ein kleines Kunstwerk. Und wie gut das Brot duftet! Wer dem leckeren Geruch nachgeht, findet bald die Bäcker im Brothaus. Man darf ihnen ruhig über die Schulter schauen. Kaum ein Gast verabschiedet sich hier, ohne eines dieser köstlich frischen Brote gekauft zu haben.
Öffnungszeiten: 15. März-Okt tägl. 10-18, Nov nur Sa u. So 10-16 Uhr. Eintritt: Kinder € 3,50, Schüler ab 16 Jahre € 6, Erwachsene € 8.

Schloss Bückeburg
Schlossplatz 1, 31675 Bückeburg, Tel. 05722-50 39, www.schloss-bueckeburg.de, E-Mail: info@schloss-bueckeburg.de. Anfahrt: A2 H-Dortmund, Abf. Bad Eilsen.
In Schloss Bückeburg residiert immer noch der Adel. In diesem Schloss wohnt Alexander zu Schaumburg-Lippe. Der Fürst hat nichts dagegen, wenn bürgerliche Menschen Teile seiner Residenz besichtigen. Sein Badezimmer ist

NATUR & ERLEBNIS

allerdings tabu! Es werden Führungen durch die kostbar ausgestatteten Räume angeboten. Auf den 45-minütigen Rundgängen sind wertvolle Möbel, Wandteppiche, Gemälde und Jagdwaffen zu sehen. Highlights sind der Goldene Saal mit seiner berühmten Götterpforte, der Weiße Saal mit seiner Stuckdecke und die Schlosskapelle. Imposant ist auch das Mausoleum auf dem Gelände. Es hat die größte Goldmosaikkuppel Europas.
Geöffnet: Apr-Sept tägl. 9.30-18, im Winter bis 17 Uhr. Eintritt: Kinder bis 16 Jahre € 3, Erwachsene € 5, Mausoleum: Kinder bis 15 Jahre € 1,50, Erwachsene € 2,50.

Schloss Celle
Schlossplatz 1, 29221 Celle, Tel. 05141-123 73, www.fuehrungen-celle.de, E-Mail: fuehrung@region-celle.de. Anfahrt: B3 Ri. Celle.
Otto der Strenge baute sich dieses Schloss im 13. Jahrhundert. Nach ihm wohnten hier noch viele vornehme Menschen. Jeder baute irgendetwas an, z.B. ein Theater, Türme und eine Kapelle. So wurde das Schloss mit der Zeit immer größer und prächtiger. Heute lebt niemand mehr hier, nur das gemeine Fußvolk wandert durch die herrschaftlichen Räume und schwelgt im Luxus vergangener Tage. Nach der Besichtigung lohnt ein Spaziergang durch den Schlossgarten mit den alten Bäumen, Seen und großzügigen Rasenflächen.

Ein unvergessliches Erlebnis ist auch eine Aufführung im Schlosstheater. Im ältesten Barocktheater Deutschlands spielt heute wieder ein eigenes Ensemble, und diese herrschaftliche Atmosphäre beeindruckt auch moderne Kinder.
Geöffnet: Di-So 10-17 Uhr. Eintritt: Kinder € 2, Erwachsene € 3.

Schloss Hämelschenburg
Schlossstr. 1, 31860 Emmerthal, Tel. 05155-95 16 90, www.schloss-haemelschenburg.de, E-Mail: kontakt@schloss-haemelschenburg.de. Anfahrt: B1 Hameln-Paderborn, Abf. Bad Pyrmont.
Es sieht schon witzig aus, wenn Hannoveraner und Touristen in Jeans und T-Shirts vorbei an den altertümlichen Kostbarkeiten im Renaissanceschloss wandern. Das Interieur aus alten Teppichen, erlesenen Möbeln und kostbaren Bildern wurde hier so belassen wie vor fünfhundert Jahren. Eigentlich sollte man sich in Ballkleid und Frack hüllen, um das wertvolle Ambiente angemessen zu würdigen. Kinder staunen über die Pracht und so manch eines wird nachts träumen, als Prinz oder Prinzessin durch das Schloss zu düsen. Das Bauwerk liegt in einer reizvollen Landschaft, und mit wenigen Schritten kann man von hier aus zur Wassermühle oder zur Grabpyramide flanieren – ganz so, wie es die Herrschaften des Schlosses früher auch taten. Zum Abschluss des Besuches lädt das Schloss-Café zu Kaffee, Ku-

UNTERWEGS AN DER FRISCHEN LUFT

chen und Eis ein.
Öffnungszeiten April-Okt 10-18 Uhr außer Mo. Besichtigungen nur mit Führung.

Schloss Marienburg
30982 Pattensen, Tel. 05069-407, www.schloss-marienburg.com, E-Mail: museum@schlossmarienburg.com. Anfahrt: Messeschnellweg Ri. Pattensen.
Ausflügler können die Marienburg kaum verfehlen: Hoch oben am Südwesthang des Marienbergs im Leinetal liegt das Schloss 20 Kilometer südlich von Hannover. Es ist der offizielle Wohnsitz der Welfenprinzen von Hannover. Im Herbst 2005 versteigerte das Auktionshaus Sotheby's im Auftrag von Prinz Ernst August viele Möbelstücke und Gemälde. 37 Millionen Euro kamen zusammen und flossen in eine Stiftung, die den Erhalt eines der bedeutendsten neugotischen Baudenkmäler Deutschlands sichern soll. Besucher finden im Inneren des Schlosses aber immer noch eine beeindruckende Sammlung von Uniformen, Ritterrüstungen und vielen anderen historischen Gegenständen, die besonders Kinder faszinieren und einen schönen Eindruck vom höfischen Leben im 19. Jahrhundert vermitteln. Die Besichtigung ist nur im Rahmen einer Führung möglich (alle 40 Minuten). Öffnungszeiten: April-Okt 10-18 Uhr; Eintritt: Kinder 4-6 Jahre € 3,50, Jugendliche bis 16 Jahre € 4,50, Erwachsene € 6.

Steinbruch und Höhlen

Erlebniswelt Steinzeichen Steinbergen
Arensburger Str.4, 31737 Rinteln-Steinbergen, Tel. 05751-91 75 90, www.steinzeichen.de, E-Mail: info@steinzeichen.de. Anfahrt: A2 H-Dortmund, Abfahrt Bad Eilsen-Ost/Obernkirchen, links L443.
Der Aufstieg lohnt sich: 156 Stufen führen auf den 250 Meter hohen Turm in der Erlebniswelt Steinzeichen Steinbergen. Oben auf dem „Jahrtausendblick" ist die Aussicht auf den darunter gelegenen Steinbruch und das Weserbergland fantastisch. Daneben sind im Stein-Themenpark bei Bad Eilsen 300 Jahre alte versteinerte Farne, ein zehn Meter langer versteinerter Fischsaurier und Mineralien aller Art zu sehen. In einem Tunnel zeigen 3D-Diashows Ausbrüche und Lavaströme des Ätna

NATUR & ERLEBNIS

und hawaiianischer Vulkane. Kinder können auf eine zwei- bis dreistündige Steinzeichen-Rallye gehen und so den Park auf spannende Weise entdecken. Außerdem gibt es noch viele kostenfreie Mach-mit-Angebote, wie etwa die 20 Meter hohe Kletterwand, den Streichelzoo oder die Uhu-Beobachtungsstation.
Öffnungszeiten: April-Oktober Di-So 10-20 Uhr, außerhalb der Ferien Mo Ruhetag; Eintritt: Kinder 3-14 Jahre € 5, Erwachsene € 8.

Iberger Tropfsteinhöhle

Am Rohland 4, 37539 Bad Grund, Tel. 05327-82 93 91, E-Mail: iberger@landkreis-osterode.de, www.ibergertropfsteinhoehle.de. Anfahrt: A7 H-Kassel, Abfahrt Seesen.
Tief unter der Erde liegt die geheimnisvolle Welt der Stalagmiten und Stalaktiten. Hier sieht man deutlich, was etwas Licht in der Höhle bewirken kann. Es ist, als ob man in eine andere Welt abgetaucht ist. Im „Hübich-Saal" begegnet man einer „versteinerten Fledermaus" und „der Madonna auf der Kanzel".
Plötzlich ertönen Klänge aus der „Zwergenorgel", und in dieser Tiefe hallen die Töne unwirklich und wundersam nach. Nicht verpassen sollte man den Blick in den „Zwergenbackofen" und das unglaubliche Naturschaubild des versteinerten Wasserfalls. Hat er nicht eben noch geplätschert? Er wirkt so echt, dass sich die Besucher nie ganz sicher sind. Ein Ausflug in diese bizarre Höhle ist ein aufregendes Erlebnis. Achtung: Die Höhle ist immer ziemlich kühl. Auch wenn man es sich an heißen Sommertagen nicht vorstellen kann, sollte man einen warmen Pullover mitnehmen!
Öffnungszeiten: April-Okt tägl. 9-16.30 Uhr, im Winter reduzierte Öffnungszeiten. Eintritt: Kinder ab 4 Jahre € 3,50, Jugendliche ab 16 Jahre u. Erwachsene € 3,50.

Den Besuch der Tropfsteinhöhle sollten Sie mit einem Spaziergang über den spannenden Waldquizpfad auf dem Iberg verbinden. Vom Parkplatz an der Iberger Tropfsteinhöhle führt dieser Pfad einen Kilometer steil nach oben. Das Quizbüchlein ist gegen € 0,50 in der Waldgaststätte „Am Albertturm" erhältlich (freitags geschlossen). An zwölf Stationen auf 1,4 Kilometer Länge dürfen nun alle Wanderer nicht nur ihr Wissen in Bezug auf den Wald und seine Bewohner testen, sondern sogar ihre Geschicklichkeit unter Beweis stellen. Bogenschießen, Speerwerfen und Holzsägen gehören nämlich unter anderem zu den Aufgaben. Die Geräte dafür gibt's übrigens auch beim Turmwirt. An jeder Station werden die erreichten Punktzahlen aufgeschrieben. Manche knifflige Fragen sind schon von Fünfjährigen zu beantworten, an anderen knacken selbst die Erwachsenen herum, etwa wenn es um Gesteins- oder Holzarten geht.

UNTERWEGS AN DER FRISCHEN LUFT

Wälder

Eilenriede

Die beiden Schwestern Eilers sollen dem größten Stadtpark Europas (650 Hektar) seinen Namen geschenkt haben. Damals, vor über 600 Jahren, hausten hier Schweine und Rinder, doch diese Zeiten sind vorbei. Heute gehört der Wald ganz und gar den Hannoveranern. Inline-Skater, Fahrradfahrer, Jogger, Sonnenanbeter, Kinder und Senioren – alle finden ihr Plätzchen in diesem bewaldeten Park, der sich weder hinter dem Bois de Bologne in Paris noch hinter dem Berliner Grunewald zu verstecken braucht.

Man kann durch die Eilenriede spazieren und völlig vergessen, dass man sich eigentlich mitten in der Stadt befindet. Vogelgezwitscher, tiefe Wälder, Unterholz und kleine Bächlein lassen das städtische Leben unwirklich erscheinen. Zwischendurch erblickt man immer wieder Lichtungen mit großen Rasenflächen. Im Sommer ziehen hier die Städter ihre Socken aus und lassen sich ins Gras sinken. Sie tanken Sonne und Waldluft und genießen die fröhliche Stimmung. Dem Zoo gegenüber erstreckt sich noch immer der legendäre Trimm-dich-Pfad mit seinen obligatorischen himmelblauen Schildern. Hier sind so manche Erwachsene schon im Kindesalter durchs Unterholz getrabt. So bleibt auch die Eilenriede stets ein Wald zum Wohlfühlen.

Und hinter dem Biergarten fängt der Naturerlebnispfad an (→ S. 53). Übrigens, nehmen Sie sich einen gutgefüllten Picknickkorb für einen Ausflug mit, denn im Stadtwald gibt es nur wenige Kioske! Der beste der insgesamt 16 Spielplätze in der Eilenriede ist sicher der „Wakitu" (→ S. 113).

Misburger Wald

Buchholzer Str., 30629 Hannover, Tel. 58 05 37 (Naturfreundehaus).
Der Misburger Wald ist – erstaunlich, aber wahr – genauso schön wie der Stadtwald Eilenriede. Er hat sogar einen großen Vorteil: Die wenigsten kennen ihn. Diesen Wald hat man an manchen Nachmittagen fast für sich allein. Kleine Bäche unterbrechen die ruhigen Wege, Tannengruppen wechseln sich mit dichtem Baumbestand ab. Große Farne kitzeln im Gesicht, und kuschelige Mooslichtungen laden zum gemütlichen Nickerchen ein. Wer etwas mehr Trubel mag, biegt vom Parkplatz am Blauen See nicht links in den Wald ab, sondern wendet sich gleich nach rechts in Richtung See, an dem immer einige Spaziergänger unterwegs sind. Am idyllischen Blauen See haben die Naturfreunde nämlich ein überaus empfehlenswertes Ausflugslokal aufgebaut. Man sitzt direkt am Wasser auf einfachen Holzbänken und kann den frisch gebackenen Kuchen genießen, der unter freiem Himmel doppelt lecker schmeckt.

STADT & UMGEBUNG

Oft nutzen auch Reiter das Lokal, um ein wenig zu verschnaufen. Zur großen Freude der Kinder stehen dann prächtige Pferde am Wasser und warten geduldig auf ihre Besitzer. Hier geht es sehr ungezwungen und freundlich zu, fast familiär. Mit Kuchen, Eis oder Bratwurst im Bauch kann zum Abschluss eine Runde um den See spaziert werden. In weniger als 15 Minuten kommt man wieder am Parkplatz an.

STADT & UMGEBUNG

Ausblicke

Aussichtstürme

Es ist traurig, aber wahr: Hannover hat keinen Eiffelturm. Der einzige Aussichtsturm – die 47 Meter hohe Waterloosäule – ist wegen Baufälligkeit für die Öffentlichkeit nicht mehr begehbar. Die Telekom hat den Tag der offenen Tür, an dem die Besteigung des Telemax-Fernsehturms im Stadtteil Roderbruch möglich war, leider abgeschafft. Und ihren neuen Glaspalast am Aegi wollen die Banker von der Nord/LB lieber ganz für sich haben. Ein paar Möglichkeiten, Hannover von oben zu sehen, gibt es aber doch:
▶ *Rathaus, Trammplatz, 30159 Hannover, Tel. 168-453 33.*
Klassisch gute Aussichten bietet das Rathaus. Mit dem Schrägaufzug fährt man 80 Meter nach oben und kann hernach über den Deister blicken. Die Ausblicke sind nur in den lieblicheren Monaten möglich, von Nov bis März ist der Fahrstuhl geschlossen. Kosten: Kinder € 2, Erwachsene € 3.
▶ *Karstadt-Fahrstuhl, Georgstraße (Innenstadt).*
Am Karstadtgebäude zieht ein gläserner Fahrstuhl die Besucher in die Höhe. Auf der Fahrt und vom Restaurant im Obergeschoss hat

Bei Karstadt geht's hoch hinaus

UNTERWEGS AN DER FRISCHEN LUFT

man einen guten Blick über die City von Hannover und braucht dafür noch nicht mal Eintritt zu zahlen.
▶ *Conti-Hochhaus, Königsworther Platz.*
Der hannoversche Reifenhersteller Continental hat sein ehemaliges Hauptgebäude vor ein paar Jahren an die Universität Hannover abgegeben. Im 14. Stock werden in der Cafeteria preisgünstig Mittagessen und Kaffee serviert. Die fantastische Aussicht gibt es gratis dazu.

Flohmarkt & Kunst

 Flohmarkt am Leineufer
Am hohen Ufer, 30159 Hannover, Tel. 12 34 51 11.
Wo liegt Asterix aus dem Überraschungsei neben einem fast echten Perlencollier? Auf dem Flohmarkt! Schon in der Nacht zum Samstag bauen viele Händler ihre Verkaufsstände auf. Der Flohmarkt am Leineufer ist eben eine Institution. Wenn die Sonne über das Hohe Ufer blitzt und die Nanas so richtig leuchten, scheint sich hier ganz Hannover zu treffen. Die Atmosphäre ist himmlisch. Hier findet man gebrauchte Playmobil-Autos, vergriffene Bücher, Spielzeug und, und, und. Natürlich muss gehandelt werden, auch wenn die Puppe nur € 3 kostet. Seien wir ehrlich: Oft kauft man auf dem Flohmarkt unvernünftige Dinge. Das macht aber nichts, wenn Sie auf dem nächsten Flohmarkt zum Händler werden, schlagen Sie die Teile garantiert wieder los! Standgebühr ab € 3. Öffnungszeiten: Sa 7-16 Uhr.

Weitere regelmäßige Flohmärkte:
▶ *Pferderennbahn Neue Bult, 30853 Hannover-Langenhagen, Tel. 05264-65 54 55, Sa 8-16 Uhr.*
▶ *Messegelände, 30521 Hannover, Tel. 05264-65 54 55, Sa 8-16 Uhr.*

Designer Haltestellen Stiftung Niedersachsen
1994 ging ein Aufschrei durch Hannover: „Igitt, wie häßlich!" Die Stadt hatte wieder einmal ein neues Gesprächsthema. Die neuen, designten Bushaltestellen, die überall in der Stadt aufgestellt wurden, waren ähnlich umstritten wie einst die „Nanas" (→ siehe rechts). Neun künstlerische Haltestellen zieren seitdem die Stadt. Wie Busstopps sehen einige der schrillen Gebilde allerdings nicht aus. Auf mancher Haltestelle wachsen sogar Blumen. Am unkonventionellsten sind sicher die beiden Haltestellen am Steintor – schauen Sie selbst!
Mittlerweile haben die Hannovera-

STADT & UMGEBUNG

ner gelernt, dass man auch unter einem U-Boot auf den Bus warten kann. Wenn der Wind zu stark bläst, wird man zwar etwas nass, aber dafür erstrahlt das Gebilde nachts in einem umwerfend bläulichen Schimmer. Vor allem Kinder sind ganz begeistert von den ungewöhnlichen Haltestellen in ihrer Stadt.

Hier finden Sie die flotten Stopps:
▶ *Kurt-Schwitters-Platz – Bus 24*
▶ *Aegi/Prinzenstraße – Bus 21-24*
▶ *Königsworther Platz – Bus 23*
▶ *Braunschweiger Platz – Bus 21, 39*
▶ *Steintor – Stadtbahn 10, 16*
▶ *Friedrichswall – Bus 22, 23*
▶ *Nieschlagstraße – Stadtbahn 9, Bus 23*
▶ *Congress Centrum – Stadtbahn 6, 16*
▶ *Leinaustraße – Stadtbahn 10*

Nanas
Am Hohen Ufer, 30159 Hannover.
Als die drei Nanas von Niki de Saint Phalle nach Hannover kamen, brach ein Tumult in der Bevölkerung aus. Wie konnte man nur diese drei drallen und entsetzlich bunten Figuren kaufen? Für viel Geld! Doch als die Damen am Hohen Ufer, dem altehrwürdigen „hon overe", welchem Hannover seinen Namen verdankt, Platz genommen hatten, begann die Empörung langsam zu verklingen. Im Gewimmel des samstäglichen Flohmarktes sah man die Kunstwerke sowieso nicht, und irgendwie vergaßen die Hannoveraner dann, worüber sie sich eigentlich so aufgeregt hatten. Heute sind besonders die jungen Bürger immer wieder von den Nanas entzückt. Die glatten, robusten Figu-

Die bunten Nanas sind mittlerweile sehr beliebt in Hannover

UNTERWEGS AN DER FRISCHEN LUFT

Das Alte Rathaus erstrahlt in neuem Glanz

ren lassen sich einfach prima erklettern. Das ist Kunst zum Anfassen – und Kunst zum Gernhaben. Jetzt stehen die Nanas schon 25 Jahre am Hohen Ufer und haben sich zum knalligen und allseits beliebten Farbtupfer im Stadtbild entwickelt. Sie sind eben das auffälligste und lustigste Wahrzeichen, das Hannover zu bieten hat.

Rathäuser

Altes Rathaus
Marktplatz, 30159 Hannover.
Eine Steinfratze „ziert" das Alte Rathaus. Zwei Hände reißen den Mund auf, und zwischen den Zähnen ist die Zunge weit herausgestreckt. Ein frecher Schuljunge hat hier, glaubt man der Legende, den würdigen Ratsherren oft und gerne seine Zunge gezeigt. Eines Tages wurde sein Gesicht dann zu Stein. Diese fürchterliche Strafe sollte anderen bösen Buben als Warnung dienen.
Heute wird diese Warnung von den Kids nicht mehr ernst genommen. Die Fratze inspiriert die jungen Besucher vielmehr dazu, ihre Gesichter in wilde Falten zu legen und es dem steinernen Schuljungen gleichzutun. Das Alte Rathaus wurde liebevoll restauriert und ist eines der schönsten und ältesten Gebäude der Stadt. Besonders

STADT & UMGEBUNG

kostbar sind die prachtvollen Giebel und der Tonfries, auf dem Fürsten, Wappen und – zur Freude der Kinder – das „Ludenziehen" abgebildet sind. Heute würde man diesen Sport als deftiges Fingerhakeln bezeichnen. Im Alten Rathaus wird übrigens nicht mehr getagt, sondern getraut. Besonders in den wärmeren Monaten scheint sich hier halb Hannover zu verheiraten. Bei diesen Anlässen sind Kutschen, prächtige Autos und schön gewandete Bräute zu sehen.

 Neues Rathaus
*Trammplatz,
30159 Hannover, Tel. 168-453 33.*
„Am besten gefällt mir am Rathaus, dass es kein Hannoveraner gebaut hat", lästerte bissig Hermann Löns. Ziemlich frech! Das Wahrzeichen der Stadt wird bewacht von zwei steinernen Löwen, auf denen Kinder mit Vorliebe herumklettern. Wenn die Löwen passiert sind, gelangt man in eine riesige Halle. Hier sollten Sie den Kopf in den Nacken legen und die gewaltige Kuppel mit der vergoldeten Spitze auf sich wirken lassen. Wenn Sie sich wieder der Erde zuwenden, entdecken Sie vier große Stadtmodelle. Viele suchen hier „ihre" Straße und sind begeistert, wenn sie die finden. Im ersten Stock befinden sich große Säle mit herrlichen Gemälden. Früher wur-

Ein Schatz am Ende des Regenbogens – das Neue Rathaus

UNTERWEGS AN DER FRISCHEN LUFT

den hier rauschende Feste gefeiert, heute wird in den prunkvollen Räumen getagt. Last but not least – das Beste von allem: Die Fahrt hinauf zur Rathauskuppel. Der eigenartige Schrägaufzug zieht den Fahrstuhl tatsächlich schief in die Höhe. Oben angekommen hat man bei gutem Wetter eine unvergleichliche Sicht über Hannover bis zum Harz!
Öffnungszeiten: ganzjährig, Turmfahrt nur von April-Okt, Mo-Fr 9.30-18, Sa, So 10-18 Uhr; Eintritt: Rathausführung mit Turmauffahrt: Kinder € 2,50, Erwachsene € 3,50, Rathausführung oder Turmauffahrt: Kinder € 2 , Erwachsene € 2,50.

Schützenfest

Schützenfest Hannover

Schützenplatz, 30169 Hannover.
Wo findet man im Sommer glückliche Kinder mit klebrigen Händen? Auf dem Schützenfest, denn hier gibt es bauschige Berge aus Zuckerwatte. Es mag zwar verblüffen, dass ausgerechnet das kleine Hannover das größte Schützenfest der Welt feiert, doch es ist wahr. Wenn der Juni endet und der Juli beginnt, wird zehn volle Tage auf dem riesigen Festplatz mitten in der Stadt ein Spektakel der Superlative zelebriert. Aufgebaut werden dann das größte Riesenrad, die schnellste Loopingbahn und das nervenkitzeligste Karussell. Ein Geruchscocktail, in den sich der Duft von Schmalzgebäck, Pizza, gebrannten Mandeln und Würstchen mischt, umweht das bunte Treiben.

Es empfiehlt sich, erst einmal die große Runde über den Festplatz zu ziehen, um in Ruhe abzuwägen, welche Fahrten unternommen werden sollen. Die Entscheidung fällt schwer, besonders wenn eine Horde Kinder mit unterschiedlichen Vorlieben unterwegs ist. Das Spektrum reicht von modernsten Racing-Attraktionen bis zu gemütlichen Karussellfahrten oder Ponyreiten. Ein Bummel über den Rummel macht müde. Zum Glück stehen gemütliche, große Festzelte bereit. „Lüttge Lage" heißt hier das merkwürdige Getränk der Großen. Die Lage besteht aus einem Glas Korn und einem Glas Bier, die man irgendwie mit einer Hand in den Mund kippen muss. Das gelingt oft nicht einmal den Einheimischen. Sonntags erreicht das Schützenfest seinen Höhepunkt, wenn sich 10.000 Schützen in ihre Gewänder werfen, um ihre Vereine und deren Könige und Königinnen auf einem gewaltigen Schützenaufmarsch zu präsentieren. Da kommt keine Love-Parade mit! Ganz Hannover ist auf den Beinen und schaut dem gewaltigen Marsch zu. Die Stimmung ist ausgelassen, laut und oft feuchtfröhlich. Mittwochs ist übrigens Familientag, an dem alle Fahrten nur die Hälfte kosten. Termine: Ende Juni bis Anfang Juli.

STADT & UMGEBUNG

Ein Riesenrad, das seinem Namen wirklich gerecht wird

UNTERWEGS AN DER FRISCHEN LUFT

Stadtrallye

Vor dem Hauptbahnhof beginnt die Rallye durch die City von Hannover. Je nach Tempo sollten alle Teilnehmer dafür zwischen zwei und drei Sunden Zeit einplanen. „Unterm Schwanz" treffen sich viele Leute auf dem Bahnhofsvorplatz. Gemeint ist damit das edle Ross eines berühmten Landesvaters, dem „sein treues Volk" hier ein Denkmal gesetzt hat. **(1) Wie heißt der König von Hannover?**
Die nächste Station befindet sich im Zentrum der Innenstadt. Einfach immer geradeaus bis zum Kröpcke gehen. Auch die Uhr zwischen dem Mövenpick-Café, der Buchhandlung Schmorl und von Seefeld und dem sanierungsbedürftigen Kröpcke Center ist ein beliebter Treff für Verabredungen. **(2) Was schmückt die Außenfassade der Kröpcke-Uhr auf jeder Seite?**
Weiter geht's auf der Georgstraße Richtung Steintor, abbiegen in die Große Packhofstraße, vorbei an den vielen Schuhgeschäften geradeaus durch die Seilwinderstraße Richtung Altstadt. Die mächtige Marktkirche am Hanns-Lilje-Platz fehlt auf keiner Stadtansicht von Hannover. **(3) Wann wurde sie erbaut?** Tipp: In der Nähe des Haupteingangs suchen.

Der letzte Turm der Stadtmauer – der Beginenturm

STADTRALLYE

Von hier aus ein kurzes Stück hinein in die Knochenhauerstraße Richtung Ballhof. Auf dem Weg liegt eine große Tafel, die der Fotograf Siegfried Neuenhausen 1987 zu Ehren eines berühmten Hannoveraners in den Boden eingelassen hat. Viele seiner Werke sind übrigens auch im Sprengel Museum (→ S. 87) zu sehen. **(4) Wer ist der große Künstler, der Anna Blume so gern hatte?**
Jetzt einfach wieder umdrehen und in die Kramerstraße einbiegen. Sie führt zu einem prächtigen Bürgerhaus, das im 15./16. Jahrhundert errichtet worden ist. Ein sehr bekannter Universalgelehrter, nach dem sich vor ein paar Jahren die Universität Hannover benannt hat, wohnte darin viele Jahre. **(5) Wie ist sein Name und wann hat er hier gelebt?**
Ganz in der Nähe fließt die Leine. Am Hohen Ufer steht ein Turm, der in den Aufzeichnungen der Stadt das erste Mal bereits 1357 erwähnt wird. **(6) Wie heißt er?**
Leider gehen die Bürger der Stadt mit ihren Gewässern nicht gerade vorbildlich um. Um darauf aufmerksam zu machen, was so alles im Fluss entsorgt wird, gab es mehrere Entrümpelungsaktionen. Dabei wurden Staubsauger, Teppiche, Fahrräder, Bücher, Matratzen, eine Spielzeuggeige, Autofelgen, Kochtöpfe und vieles mehr aus dem Wasser gefischt und von dem Künstler János Nádasdy zu einer Plastik verarbeitet. **(7) Wer das Kunstwerk findet, weiß schnell, in welchen Jahren die Aktionen stattgefunden haben.**
Sollte die Rallye an einem Samstag stattfinden, lohnt sich jetzt ein Bummel über den schönen Flohmarkt, der bereits seit 1968 am Leineufer veranstaltet wird. Jeder Besucher kommt bei einem Rundgang an drei knallbunten Skulpturen vorbei, die Mitte der 70er Jahre in der Stadt für eine kontroverse Diskussion über Straßenkunst geführt hatten. Das ist lange her. Die „Nanas" gehören inzwischen zu Hannovers Aushängeschildern. Ihre Schöpferin Niki de Saint Phalle wurde im Jahr 2000 sogar zur Ehrenbürgerin der Stadt ernannt. **(8) Welche Namen haben die drei prallen Damen am Leibnizufer?**

Auf dem Flohmarkt

Fotos: Medienserver hannover

67

UNTERWEGS AN DER FRISCHEN LUFT

Das Leineschloss

Von der Schlossstraße geht's weiter in die Leinstraße. Auf der rechten Seite steht das Leineschloss, die ehemalige Residenz der Könige von Hannover. Der bekannte Architekt Georg Friedrich Ludwig Laves baute das Schloss zwischen 1816 und 1844 völlig um. Nach der Zerstörung im Zweiten Weltkrieg wurde es Ende der 50er Jahre wieder aufgebaut. Heute tagt hier der Niedersächsische Landtag. **(9) In welchen Jahren regierte ein späterer Bundeskanzler vor hier aus als Ministerpräsident das Land Niedersachsen und wie heißt er?**
Wenn die Abgeordneten Hunger haben, gehen sie oft ins Restaurant im Leineschloss. Auf dem Platz davor, schräg gegenüber der Markthalle, befindet sich eine Skulptur mit sieben Figuren. Sie erinnert an die Professoren, die 1837 gegen die Aufhebung der Verfassung im damaligen Königreich Hannover protestierten und deswegen entlassen und des Landes verwiesen wurden. **(10) Aus welcher Stadt kamen die mutigen Gelehrten?**
Noch ein letzter Blick auf die Leine, dann geht es auf der anderen Seite des stark befahrenen Friedrichswall weiter. Von dort aus hat man einen guten Blick auf eine 47 Meter hohe Säule, die leider nicht bestiegen werden darf. Sie erinnert an eine Schlacht, in der ein französischer Herrscher mit Hilfe hannoverscher Truppen geschlagen wurde und daraufhin abdanken musste. **(11) Wer war der Besiegte? Und wann und wo fand die Schlacht statt?**
Auf dem Fußweg parallel zum Friedrichswall geht es direkt zum Neuen Rathaus. Schnelle Ratefüchse werfen hier noch einen Blick auf die Stadtmodelle im Inneren oder schauen für eine halbe Stunde ins Kestner Museum. Der Bürgermeister und die Ratsmitglieder arbeiten in einem Gebäude, das auf Pfählen errichtet wurde. **(12) Wie viele sind es und welches Holz wurde verwendet?**
Durch den Maschpark geht's weiter zum Maschsee. Hier treffen sich Familien, Jugendliche, Sportler, Senioren – einfach die ganze Stadt. Vor hundert Jahren sah es an dieser Stelle allerdings noch ganz anders aus, bevor der künstliche See erbaut wurde, um die

STADTRALLYE

ständige Hochwassergefahr in der Stadt zu reduzieren. **(13) In welchem Jahr begannen die Arbeiten?**

Das Nordufer schmückt eine auffällige rote Stahlskulptur des amerikanischen Künstlers Alexander Calder. Sie gehört zu den in der ganzen Stadt verteilten modernen Straßenkunstwerken aus den 70er Jahren, von denen sich leider einige in schlechtem Zustand befinden. **(14) Welchen Namen trägt die Skulptur?** Tipp: Einfach mal im Sprengel Museum gegenüber nachfragen.

Fast geschafft. Das Landesmuseum liegt auf dem Rückweg in die Innenstadt an der Willy-Brandt-Allee. Hier gibt es viel Wissenswertes über die heimatliche Tier- und Pflanzenwelt sowie die Urzeit zu entdecken. **(15) Welches ist der größte Dinosaurier, der hier zu sehen ist?** Das war's auch schon. Na, alles gewusst?

Antworten:
(1) Ernst August; (2) Die zwölf Sternzeichen; (3) 1340-1360; (4) Kurt Schwitters; (5) Gottfried Wilhelm Leibniz wohnte hier von 1698-1716; (6) Beginenturm; (7) 1980, 1987 und 1990; (8) Sophie, Charlotte und Caroline; (9) Gerhard Schröder regierte hier von 1990-1998; (10) Göttingen; (11) Napoleon Bonaparte erlitt die Niederlage am 18. Juni 1815 bei Waterloo; (12) Das Rathaus steht auf 6026 Buchenpfählen; (13) 1934; (14) Der Hellebardier; (15) Iguanodon.

Blick vom Leineufer auf das Neue Rathaus

UNTERWEGS AN DER FRISCHEN LUFT

Stadtbesichtigung

Große Stadtrundfahrt
Hannover Tourist Information, 30159 Hannover, Tel. 12 34 51 11, www.hannovertouristinfo.de, E-Mail: info@hannovertourist.de.
Klassisch und bequem ist eine Stadtrundfahrt im komfortablen Reisebus. Zweieinhalb Stunden lässt man sich herumkutschieren und kann die Sehenswürdigkeiten an der Leine genießen: das Alte und das Neue Rathaus (→S. 62, 63) das Leineschloss, die Marktkirche und das Opernhaus. Prächtige Garten- und Parkanlagen wechseln sich ab mit liebevoll restaurierten Bürgerhäusern. Man kommt an Museen, Einkaufszentren und am Maschsee (→ S. 75) Vorbei. Ein Besuch in den Herrenhäuser Gärten (→ S. 34) darf auf einer perfekten Hannover-Rundfahrt nicht fehlen. Nach der Busfahrt hat man alle Highlights der Stadt gestreift und kann damit beginnen, sein eigenes Hannover zu entdecken. Treffpunkt ist am Ernst-August-Platz vor der Tourist Information. Kommen weniger als fünf Personen, fällt die Rundfahrt leider aus.
Termine: April-Okt tägl., Nov-März nur Sa, immer 13.30 Uhr. Preise: Kinder bis 14 Jahre € 10, Erwachsene € 15, Familienkarte € 40.

Pferdeomnibus
Osterstr./Karmarschstraße, 30159 Hannover, Tel. 05027-83 49. Kontakt: Herr Meier.
Befinden wir uns plötzlich in England? Haben Pferde den Doppeldeckerbus entführt? Beide Annahmen sind falsch. Wir befinden uns immer noch in Hannover, stehen vor dem Mäntelhaus Kaiser und warten auf den einzigartigen Doppeldecker-Pferdeomnibus. Wenn die volle Stunde schlägt, kommen die beiden stolzen Pferde um die Ecke gebogen. Kräftig, wie sie sind, macht es ihnen überhaupt nichts aus, den blauen Bus voller Menschen zu ziehen. Bis zu 28 Personen passen in das schrille Fahrzeug, in dem man gemütlich durch die Altstadt zuckelt. Im „Oberdeck" befinden sich die besten Plätze, denn hier behalten selbst kleine Fahrgäste den Überblick. Nach einer halben Stunde kommen die Pferde wieder artig zum Ausgangspunkt zurück und laden sofort die nächsten Touristen zur Pferdestadtfahrt ein.
Termine: Mai-Sept tägl. 11-16 Uhr, Mo Ruhetag. Fahrpreise: Kinder € 3,60, Erwachsene € 6,20. Der Doppeldecker-Pferdeomnibus kann auch privat, z.B. für Geburtstagspartys, gechartert werden. Kosten: € 190 erste Stunde, € 170 zweite und dritte Stunde, € 60 jede weitere Stunde.

STADT & UMGEBUNG

Der rote Faden weist den Weg

Der rote Faden
Ernst-August-Platz 8, 30159 Hannover, Tel. 12 34 51 11.
Wer hat denn hier rote Farbe verkippt? Nicht schimpfen – der Strich macht hier Sinn! Es handelt sich nämlich nicht um Vandalismus sondern um einen gezielt gepinselten touristischen Leitfaden, der sich wie eine Schlange durch die ganze Stadt zieht. Die Verfolgung des Fadens beginnt an der Tourist Information am Bahnhof und führt findige Fährtenleser auf 4,2 Kilometern vorbei an 36 Sehenswürdigkeiten. Um die Spurensuche zu erleichtern, gibt es die kleine Broschüre „Der rote Faden" (€ 2), die beim Tourismus Service erhältlich ist. Mit dem Fuß auf dem Faden und der Nase in dem kleinen Heftchen liest man nun nach, wo man gerade steht. Kleine Geschichten begleiten den Weg durch die Einkaufsmeile, in die Altstadt, zum Rathaus und wieder zurück zum Bahnhof. Auf diesem Rundgang bestimmen Sie das Tempo! Kein Wunder, dass der „Der rote Faden" Begeisterung ausgelöst hat und sich selbst die Pariser Stadtväter bereits nach dem Copyright erkundigten. Kleiner Tipp: Vor lauter Auf-den-Boden-Schauen sollten Sie nicht den Blick für die Sehenswürdigkeiten verlieren. Angst vorm Verlaufen braucht niemand zu haben, der rote Faden ist dick und auffällig und an jeder Ecke wiederzufinden. Selbst alteingesessenen Hannoveranern ist so ein Stadtspaziergang zu empfehlen, auf dem sich neue Perspektiven ihrer Stadt eröffnen. Öffnungszeiten der Tourist Information: Mo-Fr 9-18, Sa 9-14, im Winter 11-16.30 Uhr

Stattreisen Hannover
Hausmannstr. 9-10, 30159 Hannover, Tel. 169 41 66, www.stattreisen-hannover.de, E-Mail: info@stattreisen-hannover.de.
Mit Gewürzen, Kräutern, edlen Stoffen, Murmeln und fantastischen Geschichten machen sich die Kinder mit Stattreisen Hannover auf die Reise in vergangene Jahrhunderte. „Zwischen Hafergrütze und Murmelspiel" heißt der Rundgang durch Hannover,

UNTERWEGS AN DER FRISCHEN LUFT

auf dem die Kinder sicher nicht an verstaubten Geschichtsunterricht denken werden. Denn hier wird die Stadt der Vergangenheit vor Ort erlebt. Die kleinen Rundgänger schnuppern am Hohen Ufer an seltsamen Gewürzen, befühlen alte Stoffe und stellen sich vor, wer wohl vor 500 Jahren so ein Gewand getragen haben mag. Durch altertümliches Spielzeug bekommen sie eine Ahnung davon, wie die Kindheit einst ausgesehen haben mag. Im Vorbeigehen kommen die Nachwuchshistoriker Dingen auf die Spur, die sich nicht nur in der Vergangenheit, sondern auch in der Gegenwart bewährt haben. So weiß man nach dem Rundgang z.B., welchen Ursprung die Ausdrücke „Spießer" und „sein blaues Wunder erleben" haben.

Diese Wanderung kann ein ungewöhnlicher historischer Ausflug im Rahmen des Schulunterrichtes oder auch eine besondere Art sein, den nächsten Kindergeburtstag zu begehen. Die engagierte Crew von Stattreisen Hannover veranstaltet außerdem Stadtspiele und auch Stadterkundungen für Kinder und Jugendliche verschiedenster Altersgruppen.

Kosten für eine zweistündige Führung: € 80 für eine Schulklasse bis 20 Kinder, € 100 für eine Kindergeburtstagsgruppe bis 20 Kinder.

FLÜSSE, SEEN & KANÄLE

Bootsverleih

Bootsverleih am Maschsee

Wettfahrten mit Enten, Maschseedampfern und Profiseglern gefällig? Kein Problem! Ob Tret-, Paddelboot oder Segeljolle – am Ufer des Maschsees (→ S. 75) können schwimmende Untersätze für jeden Geschmack entliehen werden. Hier zwei Adressen, bei denen Ihr Nachwuchs auch richtig ist, wenn er Segeln lernen möchte.
▶ *Yachtschule Hannover, Rudolf von Bennigsen Ufer 51, 30173 Hannover, Tel. 88 23 14, www.yachtschule-hannover.de, E-Mail: info@yachtschule-hannover.de.*
Kosten für jeweils eine Stunde: Tretboot € 10, Ruderboot € 8, Segelboot € 15. Die Yachtschule verleiht die verschiedensten Boote für einen Ausflug auf dem Maschsee.
▶ *Segel- und Yachtschule, Am Sprengel Museum, 30519 Hannover-Südstadt, Tel. 88 49 40, www.segelschulehannover.de, E-Mail: info@maschseenord-segelschulehannover.de.*
Neben Segelbooten werden Paddel- und Tretboote verliehen. Kosten für jeweils eine Stunde: Tretboot € 10, Ruderboot € 8, Segelboot € 15.

FLÜSSE, SEEN & KANÄLE

Dampfer & Schiff

Auf Ausflugsschiffen können kleine und große Süßwassermatrosen die Stadt vom Wasser aus entdecken. Geschippert wird auf der Ihme, auf der Leine oder auf den Kanälen. Da sich der Wellengang auf den hannoverschen Binnengewässern erheblich von dem der Weltmeere unterscheidet, braucht Seekrankheit auf diesen gemütlichen Fahrten nicht gefürchtet zu werden. Geentert werden die Boote an der Ihmebrücke am Schwarzen Bär oder am Hannover-Nordhafen. Man kann zwischen verschiedenen Touren wählen, auch eine „Grillfahrt", eine „Nikolausfahrt" und ein Ausflug zum Schokoladenmuseum nach Peine (→ S. 92) sind im Programm. Dazu gibt es Angebote für Klassenfahrten. Die Schiffe fahren von April-Dez, die Preise variieren. Informationen gibt es bei diesen Veranstaltern:
▶ *Hannoversche Personenschifffahrt Betriebs GmbH, Gustav-Bratke-Allee 7, 30169 Hannover, Tel. 140 64, www.ihme-schifffahrt.de, E-Mail: office@ihme-schifffahrt.de.*
▶ *Fahrgastschiff „Leineschloss", Werftstr. 6f, 30926 Seelze-Lohnde, Tel. 388 87 97, www.leineschloss-hannover.de, E-Mail: info@leineschloss-hannover.de.*
▶ *Harms Schiffahrt, Hansastr. 16, 30419 Hannover, Tel. 0175-526 43 41, www.harms-schiffahrt.de, E-Mail: post@harms-schiffahrt.de.*

Maschseedampfer
Südstadt/Zentrum.
Wenn die Sonne scheint, laden vier moderne Schiffe zu echten Kreuzfahrten auf dem Maschsee (→ S. 75) ein. Zugegeben, das Mittelmeer ist vielleicht etwas größer, aber dafür verliert hier niemand das Ufer aus den Augen. Gemütlich sind vor allem die an Sonntagen ab 14.30 Uhr startenden Kaffeefahrten, auf denen an Deck Eis und Torte serviert werden.
Die Boote können auch komplett gemietet werden – z.B. für den nächsten Kindergeburtstag. Man darf sich dafür sogar das Schiff aussuchen. Soll es die „MS Niedersachsen" oder doch lieber der solarbetriebene Katamaran „MS Europa-enercity" sein? Am besten, Sie machen zunächst eine kleine Fahrt und inspizieren das Schiff dabei genau. Die Über- und Rundfahrten starten bei akzeptablem

Unterwegs auf dem Maschsee

Foto: Medienserver Hannover

UNTERWEGS AN DER FRISCHEN LUFT

Wetter in der Saison tägl. an jeder der sechs Anlegestellen.
Saison: Karfreitag-15. Mai Mo-Fr 11-17, Sa, So 11-18, 16. Mai-Aug 10-18, Sept-Okt Mo-Sa 11-17, So 11-18 Uhr. Fahrpreise: Kinder € 1,50, Erwachsene € 3 (Überfahrt), Kinder € 3, Erwachsene € 6 (Rundfahrt). Die Partyschiffe können für Gruppen bis 45 Personen tägl. von 8-24 Uhr ab € 115 gemietet werden bei: Üstra-Reisen, Nordmannpassage 6, 30159 Hannover, Tel. 70 09 50, www.uestra-reisen.de, E-Mail: kontakt@uestra-reisen.de.

Kanutouren

Can e.V.
Brunnenbergstr. 16 A, 30165 Hannover, Tel. 05105-80 99 46, www.can-ev.de, E-Mail: kontakt@can-ev.de.
Morgens, wenn die Vögel laut zwitschern, kommt man an den Fluss. Dort warten schon die bunten Kanus, und die Reise kann beginnen. Ganz anders sieht die Stadt jetzt aus. Vom Fluss aus betrachtet wirkt Hannover wie ein Dorf in weiter Ferne. Mit der Strömung lässt man sich durch einen schönen Sonnentag gleiten. Mittags hält man an einer Wiese und grillt mitgebrachte Leckereien. Satt und zufrieden fährt man dann in die Abenddämmerung hinein und lässt den Tag langsam ausklingen. Die Kanus und die komplette Ausrüstung werden gestellt. Die Kinder sollten schwimmen können, wenn sie an der Tour von Döhren nach Limmer teilnehmen möchten. Radler können bequem zum Einstiegsort Döhren fahren. Can e.V. bringt dann die Räder zum Zielort Limmer. Die Touren werden für Schulklassen oder andere Gruppen bis 32 Personen angeboten und finden im allg. an den Wochenenden zwischen 10 u. 17 Uhr statt. Genaue Termine und Kosten auf Anfrage bei Can e.V.

Natur-Aktiv
De-Haen-Platz 13, 30163 Hannover, Tel. 66 72 41, www.natur-aktiv.org, E-Mail: kanutouren@natur-aktiv.org, Kontakt: Herr Runge.
„Sitzt da etwa eine Libelle auf der Bootsspitze?", fragen sich die Kinder und starren gebannt nach vorn. Auf kleinen Heideflüsschen paddelt die ganze Familie entweder in Canadiern – das sind sichere Boote für zwei bis drei Personen – oder in Kajaks. Diese unverwüstlichen „Tupperdosen" auf dem Wasser sind optimale Spielboote für Kinder.
Gerade Familien nehmen gerne an den geführten Tagestouren teil. Die Strecken sind nicht zu lang und es werden mehrere Pausen gemacht. Den Kindern bleibt so Zeit zum Spielen, und sie bekommen ganz nebenbei eine gute Einführung in die Welt des Paddelns. Zum festen Programm gehört auch ein Picknick auf der Wiese. Neben den Tagestouren können auch längere Fahrten gebucht werden, die sich für Anfänger und Fa-

FLÜSSE, SEEN & KANÄLE

Ein Picknick in der Natur macht der ganzen Familie Spaß

milien besonders gut eignen. Für die Kids sind dann die Übernachtungen in Indianerzelten der ganz große Hit. Abends entfacht man ein Lagerfeuer und röstet über der Glut Stockbrot.
Boote und Ausrüstung werden auf den Touren gestellt, auf Wunsch übernimmt der Veranstalter auch die Organisation von Zelten, Verpflegung und Anfahrt.
Kosten: Tagestouren Erwachsene ab € 18, Kinder ab € 12,50, Kinder unter 14 Jahren paddeln kostenlos mit, wenn sie kein eigenes Kanu brauchen.

Seen und Wasserräder

Maschsee
Ein See mitten in der Stadt? Das ist wirklich Luxus. Das Strandbad verlangt inzwischen zwar Eintritt (Kinder ab 6 Jahre € 1, Erwachsene € 2), aber die Hannoveraner wissen die Vorzüge trotzdem zu schätzen. Besonders Familien mit Kindern tummeln sich im Nass. Im Sommer bietet sich der bewachte Strand mit flachem Wasser gerade für kleine Kinder an. Sie planschen gemütlich im Wasser, bauen Burgen und freuen sich auf das nächste Eis. Hier kann man es wirklich aushalten!
Prächtig ist der Maschsee, tiefblau, groß und immer von einer leichten Brise umweht. Die Boote dümpeln auf dem Wasser, Schwäne, Enten und natürlich die Maschseedampfer (→ S. 73) runden das idyllische Ambiente ab. Kein Wunder, dass der Maschsee eines der beliebtesten Ausflugsziele nicht nur für Hannoveraner ist. Die etwa sieben Kilometer lange Runde um den See eignet sich vorzüglich für einen Sonntagsspaziergang, für eine kleine Radtour –

UNTERWEGS AN DER FRISCHEN LUFT

Bei einem Ausflug an den Maschsee kann man Schwäne füttern

und zum Inline-Skaten. Lauschige Rasenstücke oder versteckte Bänke laden zum Ausruhen ein, und in den Restaurants am See ist auch fast immer ein freies Plätzchen zu finden. Und im August wird auf dem Maschseefest (→ S. 169) kräftig gefeiert.

Deister Wasserräder
Bei Wennigsen (Deister), www.wennigsen.de. Anfahrt: vom Parkplatz Waldkater in Wennigsen (Deister) oder vom Parkplatz Wennigser Mark.
War hier vielleicht ein Zauberer am Werk? Das könnten Besucher meinen, wenn sie die Wasserräder am Bach entdecken. Die kleinen rotierenden Meisterwerke wurden jedoch von Menschenhand geschaffen. Zauberhaft sind sie dennoch. Ein Zirkus, eine Windmühle, ein Bahnhof, eine Seilbahn, ein Hammerwerk, die Sesamstraße – Szenarien wie diese werden vom Wasser der Feldbergquelle bewegt. Besonders kleine Kinder sind von den etwa 20 Wasserrädern schwer begeistert. Erreichen kann man sie per pedes auf einem Deisterspaziergang. Wer es lieber romantisch mag, bestellt beim Kutschunternehmen Lieker in Degersen eine Pferdekutsche (Tel. 05103-84 20, Preis Verhandlungssache) und lässt sich am Bach entlang kutschieren.
Die Wasserräder können kostenlos bestaunt werden, wer möchte, kann eine Spende in die Sammelbüchse an der Quelle stecken. Das Geld wird dann für Reparaturen verwendet.
Öffnungszeiten: Ende April bis September.

AUSFLUGSTIPPS

Fahrradtouren

Für Neulinge auf dem Sattel: die Zehn-Kilometer-Tour

Ausflüge mit dem Fahrrad stehen beim Nachwuchs nach wie vor hoch im Kurs. Damit den kleinsten Speichenfans nicht vorzeitig die Luft ausgeht, sollte die Radelkarriere auf kurzen Touren ohne großes Gefälle gestartet werden. In Hannover ist eine Fahrt entlang der Ihme dafür ideal. Die Strecke ist keine zehn Kilometer lang und kann jederzeit an einladenden Picknick-Spots unterbrochen werden.

Ihr Team startet am Schwarzen Bären. Einfach das Fahrrad runter zur Ihme schieben, die Nase Richtung Ihme-Zentrum strecken und ihr dann immer hinterherfahren. Der Fahrradweg ist gut ausgebaut, und man muss ihn auch nicht mit Fußgängern teilen. Die Spaziergänger haben nämlich ihren eigenen Weg. Kleine Radler, die vielleicht noch ab und an ins Schlingern geraten, müssen hier also keine Zusammenstöße fürchten. Der erste Stopp ist am Fährmannsufer. Bevor man an der Fährmannsbrücke die Flussseite wechselt, kann auf den großen Wiesen am Flussufer eine Spielpause eingelegt oder die Picknickdecke ausgebreitet werden. Wer Verpflegung und Decke vergessen hat, bestellt im Sommercafé „Strandleben" eine Bionade und versucht, einen der heiß begehrten Plätze am aufgeschütteten Sandstrand zu ergattern. Genug geruht? Dann geht's auf der anderen Seite des Flusses weiter, an der Dornröschenbrücke vorbei und immer geradeaus. Sind die lieben Kleinen noch fit, oder dürsten sie nach einer Erfrischung? Abkühlung erwartet Ihre Familie im idyllischen, alten Biergarten „Dornröschen", in dem Sie neben den üblichen Durstlöschern u.a. leckere Frikadellen und Schokoküsse erstehen können.

Jetzt muss sich Ihr Team entscheiden: Geht's zurück oder noch ein Stückchen weiter bis zur Schleuse? Wer für die Schleuse stimmt, muss noch ein bisschen fahren, bis der Fluss sich teilt. Jetzt biegen Sie rechts ab und überqueren die Ihme ein letztes Mal. Keine Angst, Sie sind noch immer auf dem richtigen Weg. Lassen Sie sich nicht davon irritieren, dass Sie den Fluss kurzzeitig aus den Augen verlieren, und radeln Sie weiter geradeaus. Der Weg macht nämlich nur einen Bogen um das Wasser. Nach ein paar Metern führt der Radweg links in die richtige Richtung am Sportplatz vorbei, und dann ist man am Ziel. Auf der Parkbank direkt am Wasser kann man die Schiffe bei der Fahrt durch die Schleuse sehr schön beobachten.

UNTERWEGS AN DER FRISCHEN LUFT

Um wieder an den Start zu gelangen, fahren Sie einfach den beschriebenen Weg zurück. Ein hübscher Zwischenstopp ist übrigens das malerische Bauerndorf kurz vor den Wasserspielen. Diese kleine Ansammlung von pittoresken Häuschen mit duftendem Stallmist scheint aus einer anderen Zeit zu stammen und ist absolut sehenswert!

**Für Hobby-Radler:
die 20-Kilometer-Tour**
Die schönste Radtour im Norden Hannovers führt durch die Wietzeniederung. Von der Stadtbahn-Endhaltestelle 7 am Fasanenkrug sind es etwa 20 abwechslungsreiche Kilometer bis nach Bissendorf – dem Ziel der Tour. Alleen, Wälder, satte Wiesen und Getreidefelder: das sind die landschaftlichen Reize dieser Route abseits lärmender Straßen.
Der Weg beginnt gleich hinter der Wendeschleife Fasanenkrug. Man überquert den Nordteil des Waldgebietes Große Heide und den Südzipfel des Nobelwohngebietes Isernhagen-Süd. Vielleicht erspähen Sie ja sogar Mitglieder der Hardrockband Scorpions, die hier zuhause sind. Der Weg führt nun entlang der Wietze am Rand des Truppenübungsplatzes bis zur Pferderennbahn Neue Bult (→ S. 38). Nachdem Sie einige Brücken hinter sich gelassen haben, folgen Sie weiter der Markierung auf dem Wegweiser und radeln nach Norden. Der Wietzesee lädt zur Badepause. Stürzen Sie sich ins Nass, und ruhen Sie sich hinterher unter einem der schattigen Bäume aus. Körperlich erfrischt folgen die Radler dem Weg nach Hainhaus. Wer am Wegepilz beim großen Gehöft nach rechts abbiegt, erlebt einen überraschenden Szenenwechsel: den Edel-Golfplatz von Hannover. Im Vorbeifahren lassen sich die Schläge der Spieler in den skurrilen karierten Hosen gut beobachten.
Ihr Team sollte sich jedoch nicht ablenken lassen und einfach der Straße folgen – lassen Sie auch die verlockende Abfahrt nach Maspe links liegen. Nach drei Kilometern kommt die Belohnung: der „Waldkater", ein sehr kinderfreundliches Ausflugslokal. Das Gelände ist riesig, und die Kinder können sich auf dem Spielplatz oder bei den Pferden stundenlang vergnügen. Der große Biergarten lockt mit kühlen Getränken, Eis und kindgerechten Speisen.
Ist der Bauch gefüllt, schwingen Sie sich wieder auf den Sattel.

AUSFLUGSTIPPS

Nach dem Passieren der evangelischen Jugendburg überqueren Sie die Autobahnverbindung. Nun ist es nicht mehr weit bis Bissendorf mit seiner alten Kirche und den schönen Fachwerkbauten.
Wer jetzt nicht mehr in die Pedale treten mag, fährt einfach ab Bahnhof Bissendorf mit dem Zug nach Hannover oder Langenhagen zurück. Nicht vergessen: Für jedes Rad ist eine Fahrkarte zu lösen, sonst fährt es schwarz mit!

**Für radelnde Cracks:
die 33-Kilometer-Tour**
Wer mag den Wald, hat einen verkehrstauglichen Drahtesel, gut trainierte Oberschenkel und jede Menge Puste? Wer diese Fragen mit einem lauten „Ich" beantwortet, ist genau richtig auf dem 33 Kilometer langen Rundkurs, der am Maschsee (→ S. 75) startet und über die Eilenriede (→ S. 58) zum Kronsberg und zurück zum Maschsee führt. Die Strecke verläuft fast ausschließlich durch waldiges Terrain, ist detailliert beschrieben und eignet sich deshalb auch für Radler, die sich noch nicht so gut in Hannover auskennen.
Von der Ostseite des Sees geht es auf glattem Asphalt gen Süden. Am Strandbad überqueren Sie die Straße und tauchen ab in den Wald. Fahren Sie bis zum Döhrener Turm geradeaus. Dort ist die Hildesheimerstraße zu überqueren, und schon sind Sie in der ruhigen grünen Eilenriede. Mit leichter Linkstendenz führt der Weg durch den Wald in Richtung

Sattelfeste Familie auf der Tour um den Maschsee

UNTERWEGS AN DER FRISCHEN LUFT

Kleefeld. Nach etwa 800 Metern überqueren Sie die Mainzer Straße. Weiter geht's links auf der Wolfstraße. Nach der Eisenbahnunterführung wird gleich wieder links in den Stadtwald abgebogen. Nach ca. einem Kilometer fahren Sie unter dem Messeschnellweg durch, vorbei an der Waldwirtschaft Bischofshol. Hinter der Rampenauffahrt biegen Sie rechts ab und überqueren die Bemeroder Straße, um erneut im Wald zu landen.

Nach etwa 300 Metern ist der mit einem „Laubbaum" gekennzeichnete Weg in Richtung Norden erreicht. Am Wegweiser geht es rechts ab Richtung Kirchrode, und nun folgen Sie der Tiergarten-Route, die mit dem „Elchgeweih" markiert ist. Am Kirchröderturm kreuzen Sie die Tiergartenstraße und radeln in den idyllischen Hermann-Löns-Park (→ S. 33). Der asphaltierte Radweg schwenkt nach rechts ab und führt unter der Eisenbahnunterführung nach links Richtung Anderten. Nach einem Kilometer erreichen Sie den betonierten Eisteichweg. Verkehrsarme Straßen führen hinein nach Anderten. Links in den Wipperweg abbiegen, der nach 300 Metern endet. An der Eisdiele verlassen Sie dann die Tiergarten-Route – natürlich mit einem köstlichen Eis in der Hand. Über die Oisseler Straße kommen Sie auf die Straße am Tiergarten. Durch die Krumme Straße geht es weiter zur Ostergrube. Jetzt liegt der Mittellandkanal direkt vor Ihnen. Am Kanal entlang führt die Straße „An der Schleuse" in südliche Richtung. Fahren Sie dem Symbol „Anker" hinterher, bis Sie an die Weggabelung hinter der Unterführung kommen. Jetzt links zum Kanal abbiegen. Hinter der Schiffswendestelle führt rechts ein Wegweiser mit dem Symbol „Berg mit Baum" zur Kronsberg-Route. Am Gaim wird rechts, dann wieder links in den Wald abgebogen. Nach 500 Metern führt der Weg nach rechts, nach weiteren 400 Metern nach links. Jetzt muss nur noch der Kronsberg bezwungen werden – manch einer wird das Rad lieber schieben. An der Wasseler Straße biegen Sie rechts ab und folgen dem „Eichenblatt". Der Weg führt auf die Wülferoder Straße. Vor dem Annastift biegen Sie rechts in Richtung Seelhorst ab und erreichen nach 600 Metern den Wald. Nach weiteren 100 Metern und einem Linksschwenk ist der Hauptweg erreicht. Die Brücke führt über den Schnellweg. Auf der anderen Seite biegen Sie rechts ab und touren in nördlicher Richtung entlang des Waldes. Am Ende nach links und 50 Meter weiter nach rechts fahren. Automatisch werden alle Ausflügler zur Brücke über den Südschnellweg geführt, die Sie dann überqueren. Auf dem Lensberg geht es nach 700 Metern wieder in die Eilenriede. Das gute alte „Laubbaum-Symbol" begleitet Sie dann bis zum Ziel – dem Maschsee!

Tolle Ankerplätze für Netzpiraten

Welche Internetseiten versprechen reiche Beutezüge für junge Surfer? Wir stellen sieben lohnenswerte Angebote vor.

Toggolino Club & Toggo-CleverClub

Im (kostenpflichtigen) Toggolino Club können Drei- bis Sechsjährige über 100 Lernspiele nutzen. Mit „Bob der Baumeister", „Thomas & seine Freunde", oder „Caillou" treffen sich hier die jüngsten Surfer. Ob beim Wasserrohrverlegen oder Weichenstellen — es wird logisches Denken geschult. Beim Kofferpacken ist Konzentration gefragt, und die Tiere auf Alfy's Insel lassen sich nur mit Geschick und Schnelligkeit retten. Erste Englischvokabeln sowie kleine Lese- oder Recheneinheiten machen die Kinder fit für den Schulstart. Entspannung liefern Geschichten und Hörspiele. Praktisch: Dem Alter der Kinder entsprechend können Eltern den Schwierigkeitsgrad im „Eltern-Kontrollcenter" auswählen. Der Toggo-CleverClub bietet über 70 Lernspiele für Sieben- bis Zehnjährige. Dabei vermitteln Toggo-Stars wie „Typisch Andy!" und „Die Drachenjäger" spielerisch wichtige Inhalte aus Mathe, Deutsch oder Englisch und sorgen für maximale Motivation beim Lernen. In den Kategorien „Finger Tips" und „WOW! Die Entdeckerzone" gibt es kreative Bastelideen und aufschlussreiche Experimente. Einige Spiele sind frei zu nutzen, wer regelmäßig mit den kostenpflichtigen Angeboten spielen möchte, schließt für € 1 einen Probemonat ab. Ein Jahres-Abo kostet pro Club € 69.
www.toggolino.de
www.toggo-cleverclub.de

Think online

Wer Lust hat, seine mentale Fitness zu trainieren, ist bei „Think", der Ravensburger Spieleserie, richtig. Unter dem Menüpunkt „Portale"

und „Think online" können Internet-Schlaumeier ihre grauen Zellen auf Trab bringen. Sieben verschiedene Denksportaufgaben erwarten den User, z.B. der „Paternoster". Ruft man dieses Spiel auf, erscheint auf dem Monitor ein klappriger Aufzug, in dem sich äußerst vergessliche Menschen befinden. Es gilt herauszufinden, in welcher Kabine der Programmierer steckt, der seine Maus vermisst oder die tüchtige Geschäftsfrau, die ihr Handy sucht! Es ist gar nicht so einfach, sich beim ständigen Auf und Ab des Paternosters die ganzen schusseligen Menschen zu merken. Weitere interessante Herausforderungen finden smarte Kids unter dem Menüpunkt „Kinderwelt". Hier gibt es die Möglichkeit, Online-Spiele wie „Das Labyrinth" oder das „GEOlino"-Reporter-Spiel auszuprobieren.
www.ravensburger.de

Online-Zeitung für Kinder

Was „logo" im Fernsehen ist, ist „Sowieso" im Internet. „Sowieso" berichtet aktuell und lebendig über Politik und Gesellschaft, über Kultur und Sport. Und zwar so, dass Kinder und Jugendliche es verstehen – und mögen. Aber bevor die Youngsters an den Lesestoff gelangen, müssen sie erst mal an der „Tür" klingeln! Ruft man www.sowieso.de auf, erscheint ein Klingelbrett auf dem Bildschirm. Ein Klick auf die Namensschilder „Welt" oder „Halbzeit" führt zu den entsprechenden Nachrichten. Seit fast zehn Jahren gibt es „Sowieso" nun schon und es wird mittlerweile in über 80 Ländern der Welt gelesen: Einfach mal an der „Tür" klingeln!
www.sowieso.de

Links für Kids

Wo kann ich lernen, wie Picasso zu malen und wo erfahre ich, wie ein Hörspiel entsteht? Multikids.de zeigt es den kleinen Usern. Mit einer Linksammlung zu verschiedenen Themenbereichen führen die Macher der Kinderwebsite ihren jungen Nutzern die Vielfalt des World Wide Web vor Augen. Links zu Büchern und Magazinen, Spaß und Spielen, Film und Fernsehen, Hörspielen und Radio sowie Kunst und Museen komplettieren den virtuellen Wegweiser.
www.multi-kids.de

Die bunte Werkstatt

Das Web-Magazin www.labbe.de/zzzebranetz funktioniert wie eine bunte Wundertüte für junge Surfer. Auf fünf Webseiten dreht sich alles ums Basteln, um Spiele, Märchen und Kinderlieder. Die Internetseiten sind werbefrei und laden zum „Zugreifen" und Ausprobieren ein, z.B. in der Werkstatt für Schlauberger oder auf der Seite „LernTrix". Im „Lesekorb" erfahren Bücherwürmer Neues und Überraschendes über Märchen, Sagen und andere unglaubliche Geschichten. Den „Babalu-Tanz" sowie Kinderlieder & Singspiele aus aller Welt lernen die User in der Rubrik „Liederbaum" kennen.
www.labbe.de/zzzebranetz

Kindernetz

Das kindernetz.de ist das Internet-Angebot der SWR Hörfunk- und Fernseh-Kinderprogramme. Das Tierlexikon „Oli's wilde Welt" informiert über Schwarznasenschafe, Frettchen und Co. und auch das Tier-Quiz und die Spieltipps in den Rubriken „Denken & Knobeln", „Geschicklichkeit" oder „Strategie" sind dazu da, Kinder klüger zu machen. Außerdem gibt's aktuelle News zu Themen wie der Oscar-Verleihung oder der Fußball Weltmeisterschaft. Spannend: die Rubrik „gewusst". Hier erfahren wissbegierige Kids, wo das Wort Bikini herkommt oder warum am 1. April hinter jeder Ecke ein Scherz lauert. Und wer schon immer mal wissen wollte, wer die Barbie oder das Eis am Stil erfand, kann sich unter dem Menüpunkt „Erfindungen" schlau machen.
www.kindernetz.de

Was Eltern beachten sollten

▸ Lassen Sie Ihr Kind – vor allem kleinere Knirpse – nie allein vor dem Computer sitzen.
▸ Sprechen Sie mit Ihren Kindern über Webinhalte und empfehlen Sie kindgerechte Seiten.
▸ Begrenzen Sie die Zeit vor dem Bildschirm: Kinder brauchen Action, damit sich ihre geistigen und körperlichen Fähigkeiten entwickeln können.
▸ Sperren Sie sicherheitshalber einige Seiten (Stichwort „Filterprogramm").

Action Kids

Klar, es macht Spaß, mit dem Computer zu spielen. Doch zwischendurch ist Bewegung wichtig! Warum? Aktuellen Studien zufolge ist jedes sechste Kind in Deutschland zu dick. Neben der falschen Ernährung ist dafür mangelnde Bewegung verantwortlich. Das Internet-Portal „Action Kids" bringt Kinder auf Trab: Hier erfahren sie, wo Kinder aller Altersgruppen in ihrer Region Spaß am Sport haben können. Es stellt für neun Städte und Regionen in ganz Deutschland tolle Power-Angebote vor – ganz gleich, ob der Nachwuchs einfach nur toben, Karate, Ballett, Capoeira oder Basketball lernen möchte. Außerdem gibt's Tipps von Ernährungsexperten und Spielideen, mit denen sich z.B. öde Wartezeiten oder lange Autofahrten verkürzen lassen. Auf dem Familien-Portal „Action Kids" finden Sie außerdem jede Menge Vorschläge für Eltern-Kind-Aktivitäten, z.B. detailliert ausgearbeitete Radtouren mit diversen Abkürzungsvarianten für müde Radler.
www.action-kids.net

Weitere lohnende Surf-Spots

www.flubidux.de
Für Vorschulkinder. Hier geht's um Geräusche, Töne und genaues Hinhören.
www.spiolino.de
Kinder melden sich als (Netz-)Agenten an und lernen eine Menge über Computer & Co.
www.splashkids.de
Sinnvolle Spiel- und Aktionsangebote und eine Kinderzeitung zum Mitschreiben.
www.kidomatix.com
Malomat, Desktopomat, Schiebomat und vieles mehr in Englisch und Deutsch.
www.kidstation.de
Non-Profit-Initiative von Aral, mit der das sichere Verhalten der Kinder im Straßenverkehr spielerisch geschult wird.
www.mullematsch.de
Lustige Seite mit Kuh und u.a. einem Erfinderclub für pfiffige Kinder.
www.the-voyage.com/kids
Spielerisches für deutsche und englische Grundschüler.

Let's play english!

Englisch spielen? Eine nette Idee, doch wie soll das funktionieren? Ganz einfach: Beim Lernen sollte Sinn mit Sinnlichkeit verknüpft werden, insbesondere, wenn es darum geht, Kinder dafür zu begeistern. Denn die Youngsters entdecken die Welt mit offenen Augen und Ohren, feinen Näschen und mit flinken Händen. Warum sollte das bei der Expedition in eine neue Sprachwelt anders sein? Wie und mit welchen neuen Lernspielprodukten diese Integration der neuen Sprache ins alltägliche Spiel der Kids gelingen kann, darum geht es auf den folgenden Seiten. Eine Faustregel vorweg: Je früher sich Kinder einer Fremdsprache nähern, desto besser. Ein weiterer positiver Effekt: Das (frühe) Lernen einer neuen Sprache gibt Einblicke in fremde Kulturen. Es hilft – im wahrsten Sinne des Wortes – den Anderen besser zu verstehen.

Kindergarten & Schule

Seit knapp vier Jahren ist der Fremdsprachenunterricht in deutschen Grundschulen obligatorisch. Zum Teil bieten sogar Kindergärten den Unterricht einer neuen Sprache an. Nicht mal lesen und schreiben können müssen Kinder, um eine Fremdsprache zu lernen. Denn im ersten Schritt ist alles ein Spiel – Grammatik und Vokabeln büffeln ist erstmal tabu. Die Sprache wird nicht mit dem Kopf, sondern mit allen Sinnen aufgenommen. Wie das konkret aussieht?

Die Schüler lernen z.B. auf englischsprachige Anweisungen des Lehrers oder der Lehrerin in kreativer Form zu reagieren – mit einer Geste, einem Bild, einem Gegenstand, auf den gezeigt wird, oder auch mit Worten. Man darf auch keinen Schüler zu aktivem Sprechen in der Fremdsprache zwingen, sondern muss warten, bis er oder sie sich freiwillig auf Englisch äußern will.

Hexenhaus & Ritterburg

Bestens geeignet für den Einstieg ins Englische sind auch Hörspiele auf Audio-CDs oder Lernspiele auf CD-ROM. Und wenn die Kinder dann auch noch von einer „waschechten" Hexe oder einem Büroklammern verzehrenden Ritter zum Spiel mit der neuen Sprache eingeladen werden, ist das selbstverständlich höchst verheißungsvoll. Die rotmähnige „Hexe Huckla" und der eigenwillige „Ritter Rost" sind die Stars der Bücher aus dem Hause Langenscheidt, die jeweils mit Audio-CDs kombiniert sind. Darauf sind Songs und Geschichten zu hören, die die illustrierten Lern-Abenteuer auf Papier noch lebendiger und einprägsamer machen. Mit diesen Buch-CD-Kombis können selbst Kinder, die noch nicht mal lesen, Englisch verstehen und sprechen lernen.

Auf einer vielfach ausgezeichneten CD-ROM entführen zwölf Spiele und jede Menge Überraschungen und Gimmicks die Kinder in die magische Welt von Hexe Huckla. Warum clevere Lernsoftware wie „Englisch mit Hexe Huckla – The Magic CD-ROM" große Erfolgsaussichten haben, wenn es darum geht, den Kindern die neue Sprache spielerisch näher zu bringen, das verrät der Psychologe Udo Käser: „Edutainment-Spiele sollten mit so genannten pädagogischen Agenten arbeiten – also mit Spielfiguren, mit denen sich die Kinder identifizieren können." Und: Wie bereits bei den Büchern und CDs setzt Langenscheidt auch bei der CD-ROM auf das bewährte zweisprachige Konzept: Falls es Probleme beim Hexenwettkampf in England gibt, helfen Huckla und ihr Rabe Roland auf Deutsch weiter und lösen Sprachbarrieren in Luft auf.

Lernen ist Magie!

Und wenn die Kinder – angespornt durch die Abenteuer ihrer Helden – selbst aktiv werden und die Geschichten mit eigenen fantastischen Ideen fortsetzen wollen, bekommen sie dabei neuerdings jede Menge Unterstützung. „Malen, Rätseln, Englisch lernen mit Hexe Huckla" lautet z.B. der Titel eines Buches, in dem die Hexe mit dem Knick im Hut Kinder zu 40 spannenden Aktivitäten einlädt. Und wer bereits damit angefangen hat, sein Kinderzimmer in ein Hexenhaus zu verwandeln, muss dort nicht alleine wohnen. Es gibt inzwischen eine Hexe-

Englisch – keine Hexerei

NEU

*) unverb. Preisempfehlung

as erste Musical mit den beliebten Hexen.
it zauberhaften Illustrationen im Buch und
örspiel mit neun Songs auf der Audio-CD.

BN 978-3-468-20460-9, € 19,95
r Vor- und Grundschulalter

★) **Hexe-Huckla-Puppe**
ISBN 978-3-468-73142-6, € 20,00*

Toller Hexenspaß am Computer.
Mit 12 Spielen und 4 Songs lernst du die
wichtigsten Vokabeln ganz nebenbei.

ISBN 978-3-468-20461-6, € 29,95*
Für Vor- und Grundschulalter

★) **Hexe-Witchy-Puppe**
ISBN 978-3-468-73143-3, € 20,00*

Langenscheidt
...weil Sprachen verbinden

Infos & mehr
www.langenscheidt.de/kids
www.hexe-huckla.de

Huckla-Puppe und eine Hexe-Witchy-Puppe zum Drücken, Liebhaben und neue Abenteuer bestehen. Damit das Lernen auch in der Grundschule magischen Zauber bekommt, gibt es zusätzlich eine verhexte Umhängetasche, ein Hexenmäppchen für kleineres Hexenwerkzeug und ein Hexennotizbuch. Abrakadabra – so macht Schule Spaß!

Englisch ganz einfach begreifen!

Kinder lieben es, Neues anzupacken – dieses Interesse sollte beim Lernen mobilisiert werden. Gleich auf mehreren Ebenen tut das die neue Langenscheidt-Reihe „Mit Englisch um die Welt". Cathy aus Brisbane und ihre Freunde sind trendige Knetfiguren, die Leser und Zuhörer auf der CD und im Buch ins Land der Kiwis einladen. Auf Deutsch und Englisch erfahren Kinder, wie es in „down under" so zugeht. Und wer beim Zuhören Lust bekommt, die Geschichten mit eigener Knete fortzusetzen: Nur zu, Cathy würde es garantiert gefallen! Wer „auf Englisch" weiterspielen möchte, der kann das mit „Schwuppdi-Wupp, dem total verrückten Vokabelspiel" tun. Begleitet werden die kleinen Leser bei den 60 Spielen auf der CD-ROM von den Strichmännchen Schwupp und Wupp. Sie sorgen dafür, dass nicht nur die grauen Zellen beim Vokabellernen sondern auch die Lachmuskeln trainiert werden.

Englisch – ein Kinderspiel

Diese Medien unterstützen den Lernprozess Ihrer Kinder optimal – und machen auch noch Spaß:

Englisch mit Ritter Rost: The Rusty Movie.
ISBN 978-3-468-20369-5.
€ 19,95.

Englisch mit Ritter Rost: The Rusty King.
ISBN 978-3-468-20368-8.
€ 19,95.

Englisch – keine Hexerei.
ISBN 978-3-468-20376-3.
€ 16,95.

Englisch mit Hexe Huckla – Das Musical.
ISBN 978-3-468-20460-9.
€ 19,95.

Englisch mit Hexe Huckla – The Magic MCD-ROM.
ISBN 978-3-468-20461-6.
€ 29,95.

Malen, Rätseln, Englisch lernen mit Hexe Huckla.
ISBN 978-3-468-20365-7.
€ 5,95.

SchwuppdiWupp Englisch lernen – Das total verrückte Vokabelspiel.
ISBN 978-3-468-20463-0.
€ 19,95.

Mit Englisch um die Welt: Australien.
ISBN 978-3-468-20462-3.
€ 16,95.

Der Berg ruft!

Urlaubstipps für das Familienferienland Oberbayern

Ein tiefblauer, wolkenloser Himmel überspannt das Land. Wie mit Puderzucker bestäubte Berge strecken ihm ihre Gipfelkreuze entgegen, zu ihren Füßen saftig grüne Wiesen, auf denen glockenbehängte Kühe schmatzend weiden.
Sie sitzen in einem lauschigen Biergarten unter hohen Kastanienbäumen vor einer Brotzeit, der Duft von gegrilltem Steckerlfisch zieht durch die Luft, die Kinder tollen zwischen den Bänken herum, schaukeln mit den Kleinen vom Nebentisch um die Wette: So schön kann ein Familienurlaub in Bayern sein! Genauer: in Oberbayern, denn das ist ein Kinderferienland par excellence. Gestern haben Sie den Tag an einem der 100 Gewässer der Region verbracht, morgen werden Sie ein Märchenschloss besuchen und übermorgen geht's zur Heidi auf die Alm! Sie können's kaum glauben? Dann werfen Sie einfach einen Blick auf die nächsten Seiten, auf denen wir Ihnen Oberbayerische Ferienattraktionen für die ganze Familie vorstellen.

Als der Berg noch Korallenriff war

Ein paar Höhenmeter sind noch zu überwinden bis zur Verewigung im Gipfelbuch

Rauf auf den 1838 m hohen Wendelstein! Hoch geht's von Osterhofen bei Bayerischzell mit einer Großkabinen-Seilbahn, runter leise ratternd in der Zahnradbahn, auf einer durch den Fels getriebenen, 10 km langen Trasse. Knapp 30 Minuten braucht das Bähnchen bis Brannenburg. Von dort bringen Busse Sie wieder zu Ihrem Ausgangsort zurück. Wahrzeichen des Berges sind die Wetterstation und die kleine Wendelinkapelle, Deutschlands höchst gelegenes Gotteshaus. 1890 wurde es an der Schwaigerwand neben der heutigen Bergstation erbaut. Dicht daneben befinden sich eine meteorologische Station und eine Sternwarte sowie die weithin sichtbare rot-weiße Antenne des Bayerischen Rundfunks. Lecker und preiswert essen kann man unter präparierten Hirschköpfen und Rehen im „Wendelsteinhaus", bei gutem Wetter ist die Sicht grandios: Im Hintergrund leuchten die Spitzen der Zentralalpen mit Großglockner und Großvenediger, davor scheinen die Wände des Wilden Kaisers zum Greifen nahe. Die restlichen 100 m zum Gipfelkreuz sind daher ein ausgesprochenes Muss, außerdem wartet das Gipfelbuch dort auf Ihren Eintrag. Wie wär's danach mit einem Sonnenbad im Liegestuhl?

Nach der Pause gibt es einiges zu sehen beim Herumstreunen auf dem Gipfel: Richtig spannend, auch für Kinder, ist der GEO-Park Wendelstein. Sein Motto: „Als der Wendelstein noch ein Korallenriff war ...". Vier Wege durchs Gelände, gesäumt von Erklärungstafeln, erläutern die Entstehung der Alpen und ihre Entwicklung im Laufe der Jahre. Auch mit jungen Wanderern ab fünf gut zu bewältigen ist der Panoramaweg rund um das Gipfelmassiv. Er ist gut beschildert und führt kurz vor dem Wendelsteingipfel rechts ab über den Ostgipfel und an der Windkraftanlage vorbei zum Bergbahnhof (ca. 40 Min.).

Kurverwaltung Bayerischzell, Kirchplatz 2, 83735 Bayerischzell, Tel. 08023-907 60, E-Mail: tourist-info@bayerischzell.de, www.bayerischzell.de.

Zum Märchenschloss Neuschwanstein

„Wow!", werden die Kleinen ausrufen, wenn sie vor der imposanten Kulisse des Schlosses stehen, das in unvergleichlicher Lage auf einem hohen Felsenrücken über dem Tal thront. „Das sieht ja aus wie das Schloss von Cinderella!" Stimmt. Es diente ihm sogar als Vorbild und zieht jährlich stolze 1,45 Mio. Besucher in seinen Bann.

Auf dem Parkplatz in Hohenschwangau entdecken Ihre Kinder gewiss sofort die Kutschen, die Sie stilvoll bis zum Schloss bringen – wenn Sie mögen. Am Ziel angekommen, schließen Sie sich am besten einer Führung an und lassen sich von der prunkvollen Welt des Märchenkönigs Ludwig II. verzaubern. Steigen Sie den 60 m hohen Hauptturm hinauf zur herrlich ausgestatteten Königswohnung, bestaunen Sie den 15 m hohen, goldfarbenen Thronsaal mit der Aura eines Gralstempels. Der Sängersaal mit Königsloggia und Kassettendecke im vierten Stock ist einer der größten und schönsten Räume des Schlosses: eine Nachbildung des Sängersaals der Wartburg und mit Darstellungen der Parzival-Dichtung ausgeschmückt.

Nach der Schlossbesichtigung sollten Sie den kurzen Weg zur Marienbrücke spazieren, die die Pöllatschlucht überspannt. Von hier genießen Sie den schönsten Blick auf das Märchenschloss.

Schloss Neuschwanstein,
Neuschwansteinstr. 20,
87645 Hohenschwangau,
www.neuschwanstein.de, Ticketcenter:
Alpseestr. 12, Tel. 08362-93 98 80,
www.ticket-center-hohenschwangau.de.

Schloss Neuschwanstein – der Wohnsitz, den Cinderella und Ludwig II. gemeinsam haben

Doagl-Alm-Wanderung

Die Doagl-Alm ist so etwas wie der Kindergipfel im Samerberger Bilderbuchbayernland. Der Weg ist in einer guten halben bis dreiviertel Stunde machbar, und so wenig holprig, dass man auch den Buggy gut hochschieben kann. Das erste Stück geht es zügig bergan. Nach kurzer Zeit kommen Sie an eine Weggabelung. Wenn Sie ohne Buggy wandern, schlagen Sie nun die rechte Abkürzung ein, mit Buggy müssen Sie die Kurve auslaufen. Wenn Sie wieder Wiese sehen, stehen Sie vor einer ganzen Schar Kühe, die Sie fragend anblickt. Keine Sorge, die Tierchen bleiben brav hinterm Zaun. Dann geht's vorbei an saftigen grünen – oder weiß verschneiten – Wiesen immer weiter bergauf. Noch ein paar weite Kurven, und Sie stehen direkt vor dem zerklüfteten Gebirge der Hochries. Nach ein paar Metern führt der Weg über einen lustig plätschernden Bach. Zum Steinewerfen werden die Kleinen hier keine Muße finden, denn sie haben schon längst die Minibergziegen im Gehege und die vielen Kinderhände entdeckt, die den Ziegen Grasbüschel vor die Nase halten. Angekommen. Sie stehen vor der „Doaglalmhütte". Suchen Sie sich ein schönes sonniges Plätzchen, Rücken an die Holzwand, Gesicht in die Sonne, bestellen Sie sich eine leckere Brotzeit und genießen Sie die Bergwelt. Die Kinder werden Sie so schnell nicht wieder sehen, denn es gibt viel zu tun: Pferde streicheln, Ziegen füttern, das Brunnenwasser testen, auf der weiten Wiese fangen spielen, schaukeln und vor allem die anderen Kinder gut beobachten ... Und wenn sie Lust auf ein Eis haben, brauchen sie nur am Seitenfenster zu klopfen.

Manchmal laufen die Minibergziegen auf der Doagl-Alm auch frei herum

Anfahrt mit dem Pkw: auf der A8 bis Ausf. Samerberg, dann Ri. Grainbach, den Schildern Ri. Heuberg-Duftbräu folgen bis zum Parkplatz vor dem Wanderweg.
„Doaglalmhütte", Tel. 08032-82 19. Tgl. 10-21 Uhr.

Jetzt neu im Buchhandel:

Der Reiseführer für die ganze Familie! Die besten Badeseen, die interessantesten Touren und die tollsten Attraktionen.

Ebenfalls lieferbar:

Je Band 160 Seiten, € 15,50. Jetzt in Ihrer Buchhandlung erhältlich!

Mammutschau und Steinzeitleben

Mammutjäger Bernard Raymond von Bredow gründete vor über zehn Jahren das Mammutheum. Nicht erschrecken, an der Treppe steht gleich schon ein dickes braunes Zotteltier, im Kassenraum warten lebensgroße Rekonstruktionen einer kompletten Mammutfamilie aus Russland und das Mammutbaby Dima. Alles angesehen? Dann geht's hinaus ins Freiluftgelände, wo hinter Bäumen und Hütten turmhohe Modelle ausgestorbener Großsäugetiere mit dicken Hörnern und breiten Rücken den Park bewachen. Schließen Sie sich einem Rundgang an: Gezeigt wird der Umgang mit Pfeil und Bogen – mutige Männer dürfen sich versuchen und blamieren sich in der Regel fürchterlich! – und die Kunst der Herstellung verschiedener Speer- und Pfeilspitzen. In einer Knochenhütte wird dann mit einem Feuerstein Feuer entfacht. Die Kinder dürfen mithelfen und feststellen: Gar nicht so einfach, wie es in den Filmen aussieht! Dann gibt es noch ein Ausgrabungsspiel, bei dem man ein Stück Steinzeit mit nach Hause nehmen kann, und ein lustiges Steinzeitquiz mit vielen Überraschungen

Mammutheum Steinzeitpark,
Dr.-Liegl-Str. 35, 83313 Siegsdorf,
Tel. 08662-121 20,
www.mammutheum.de.

Die jungen Besucher reichen ihm gerade mal bis zum Knie ...

Ja so warn's die alten Rittersleut

Luitpold von Bayern, ein waschechter Wittelsbacher Prinz, richtet jedes Jahr an drei Wochenenden im Juli die abenteuerlichen Kaltenberger Ritterspiele aus. Reiter in schweren Rüstungen messen ihre Kräfte hoch zu Ross, bekämpfen den Schwarzen Ritter, durchbrechen Feuerwände und zeigen waghalsige Stunts. Auf dem Kaltenberger Schlossgelände herrscht mittelalterliches Markttreiben: Schmiede, Drehleierbauer, Schnabelschuhmacher in historischen Kostümen zeigen ihre Künste. Außerdem sind Fahnenschwinger, Gauklertruppen und Fakire zu sehen. Fürs leibliche Wohl gibt's mittelalterliche Speisen satt: Ochs am Spieß oder frische Schmalznudeln. Am beeindruckendsten werden die Kleinen die Stelzengänger finden – und dann atemlos das bunte Spektakel verfolgen: Ritter kämpfen mit Lanzen, Schwertern und Streitaxt, versuchen, den Gegner vom Pferd zu stoßen. Und nach dem anstrengenden Turnier wird gefeiert bis in die Nacht. Aber das macht ja nichts: Es sind schließlich Ferien!

Kaltenberger Ritterspiele, Schlossstr. 8, 82269 Kaltenberg, Tel. 01805-11 33 13, Tickets online: www.ritterturnier.de.

Clever unterwegs
mit Ferdi Fuchs

Hallo liebe Eltern und liebe Kinder,
mein Name ist Ferdi Fuchs. Bestimmt haltet ihr dieses Buch in den Händen, weil ihr viel Spaß daran habt, zusammen unterwegs zu sein und neue Dinge zu entdecken! Wichtig dabei ist aber auch der richtige Proviant, der den Energiespeicher wieder füllt. So wie meine Ferdi Fuchs Mini Würstchen: die clevere Alternative zu Süßigkeiten! Die eignen sich prima zum Mitnehmen und sind dank vieler Vitamine und Calcium ein echter Energielieferant für Kinder. Zum Beispiel bei einer Radtour mit der ganzen Familie. Zu diesem Thema habe ich hier noch ein paar clevere Tipps für euch!

Clever-Tipp 1:
Auswahl der richtigen Strecke
Die richtige Radtour-Strecke sollte für Kinder nicht zu anstrengend sein. Besonders, wenn sie zum 1. Mal mitfahren. Optimal für den Anfang sind kurze Touren mit vielen Pausen.

Clever-Tipp 2:
Die richtige Ausrüstung
Kinder, die auf dem Kindersitz mitfahren, müssen vor Zugluft geschützt sein. Dagegen hilft winddichte Kleidung oder ein verschließbarer Fahrradanhänger. Kinder, die mit dem eigenen Rad fahren, sollten beide Füße im Stehen bequem auf den Boden stellen können. Die Handbremsen müssen für kleine Hände gut greifbar sein. Und natürlich sind Schutzhelme für Kinder und Erwachsene Pflicht!

Clever-Tipp 3:
Die richtige Verpflegung
Mit Ferdi Fuchs Mini Würstchen, einem Stück Käse, Äpfeln, Karotten oder einem Jogurt holt man die verlorene Energie schnell wieder rein. Gegen den Durst helfen am besten fruchtige Saftschorlen.

Oder wie wäre es mit einem tollen Familien-Picknick in freier Natur? Hier noch ein paar Tipps für die richtige Ausrüstung...

Clever-Tipp 1:

Die Grundausstattung

Echte Picknick-Fans haben immer eine Thermodecke, einen Korb mit Papptellern und Kunststoffgeschirr (die sind am leichtesten zu transportieren), Servietten, eine Kühlbox für empfindliche Lebensmittel, Sonnencreme und Mückenschutzmittel dabei!

Clever-Tipp 2:

Die richtigen Snacks

Ideal zum Picknicken sind Obst, rohes Gemüse und gekochte Eier. In die Kühlbox gehören Ferdi Fuchs Mini Würstchen, Käse, Salate oder Jogurt. Zum Trinken empfehle ich Wasser und Saftschorlen. In dicke Streifen geschnittene Gurken und Möhren lassen sich auch prima beim Spielen vernaschen – genau wie die handlichen Ferdi Fuchs Mini Würstchen!

Noch ein Tipp:

Besucht mich doch mal auf meiner Website unter www.ferdi-fuchs.de. Hier findet ihr alles über mich und meine Freunde, die leckeren Ferdi Fuchs-Produkte und außerdem lustige Spiele und tolle Extras!

Viel Spaß!
Euer Ferdi Fuchs

Daswirdeinetolle-Autofahrt-Spiele

Nach drei Minuten kommt die Frage, vor der es allen Eltern am Steuer graut: „Wann sind wir denn endlich daaahaaa?" Wir stellen Spiele vor, die Kinder ihre Langeweile vergessen lassen, kaum Zubehör benötigen und deshalb prima auf der Rückbank umzusetzen sind.

PKW-Hindernislauf

Für die Aktiv-Pause auf dem Rastplatz: Mit der Familienkutsche kann man nicht nur fahren, sondern auch prima spielen!

ZUBEHÖR:
▶ **Gegenstand
(Taschenbuch, Kuscheltier)**

So geht's:
Geschicklichkeit und Teamgeist erfordert dieses lustige Pausenspiel, bei dem es über den Rastplatz-Auto-Hindernis-Parcours geht! Jeweils zwei „Sportler" treten im Team an. Ein Spielleiter gibt das Kommando und stoppt die Zeit. Das Auto muss an einer ruhigen Stelle mit ein wenig Platz drum herum geparkt werden. Beide Hintertüren müssen offen stehen. Aufgabe ist es nun, einen Gegenstand (Taschenbuch, Kuscheltier) von einer vereinbarten Startlinie aus von der einen Seite des Autos über die Rückbank auf die andere Seite, anschließend vorn um das Auto herum und zurück zur Startlinie zu transportieren. Das klingt noch nicht schwer genug? Abwarten – denn der Clou dabei ist, dass der Gegenstand nicht etwa mit den Händen, sondern nur auf den Köpfen balanciert werden darf. Fällt er herunter, darf er zwar mit den Händen wieder platziert werden, aber das kostet natürlich wertvolle Zeit. Das Team, das nach drei Runden am wenigsten Zeit benötigt hat, wird zu „Pkw-Parcours-Champions" gekürt.

Wörter-Domino

Wörter werden wie Dominosteine aneinander gereiht: Das bringt Spaß – und einem sogar bare Münze!

ZUBEHÖR
▶ **je Spieler 3 Bonbons oder Münzen**
▶ **1 Plastikschälchen**

So geht's:
Mindestens zwei Spieler werden für das Wörter-Domino gebraucht. Je mehr aber mitmachen, umso spannender wird es. Alle Teilnehmer riskieren den gleichen Einsatz, z.B. drei Bonbons. Drei Münzen (Ein-, Zwei-, Fünfcentstücke) machen das Spiel allerdings reizvoller.
Zuerst wird ausgelost, wer beginnt. Er sagt ein Wort laut, dann ist der Nächste an der Reihe. Der muss jetzt schnell ein Wort nennen, das mit dem letzten Buchstaben des vorherigen beginnt. So geht es reihum.

Dabei entsteht eine Wörterkette wie: Brot – Tür – raten – neu – Ungeheuer.
Der Clou: Jeder Teilnehmer hat nur drei Sekunden, um ein passendes Wort zu nennen. Wer länger braucht oder sich verhaspelt, muss eine Münze in ein Schälchen zahlen. Danach wird die Wörterkette wieder aufgenommen.
Wer dreimal gelöhnt hat, „schwimmt" und geht beim nächsten Fehler unter. Spieler um Spieler scheidet so aus, bis es am Ende zum Kampf zwischen den beiden letzten kommt. Wer ihn gewinnt, darf den ganzen Zaster an sich nehmen! Für alle anderen gilt: neues Spiel, neues Glück! Um das Spiel kniffliger zu machen kann man vereinbaren, dass z.B. nur Ländernamen zugelassen sind oder ganze Wortteile zu wiederholen sind (Baumhaus – Haustür – Türgriff).

A rabi schis te inf ach!

Dass darauf noch keiner gekommen ist: Fremdsprachen sind ganz einfach – pauken überflüssig!

ZUBEHÖR
▶ **Papier**
▶ **1 Stift**

So geht's:
An diesem Arabisch-Crashkurs können beliebig viele Kinder und Erwachsene teilnehmen. Er ist absolut kurzweilig und kostet keinerlei Gebühr. Die Kinder sollten allerdings schon lesen und schreiben können.
Alle gemeinsam denken sich einen langen und möglichst lustigen Satz aus. Einer schreibt ihn auf ein Blatt Papier und liest ihn noch einmal laut vor.
Jetzt wird der Satz ins Arabische „übersetzt": Nach Gutdünken werden zwischen den Buchstaben der einzelnen Wörter senkrechte Striche gezogen – sie markieren die neuen Wortzwischenräume. Der Satz wird dann mit der geänderten Verteilung der Wörter und Buchstaben darunter geschrieben (alle Wörter fangen jetzt klein an) und laut vorgelesen. Klingt absolut echt! Ein Beispiel gefällig? „Oma geht auf die Toilette" lautet auf Arabisch z.B.: „O mageh ta uf di eto il ette." Au weia!

XY gelöst

Die Buchstaben der Kennzeichen verraten, wo die Autoinsassen herkommen – und einiges andere.

ZUBEHÖR
▶ **keines erforderlich**

So geht's:
Auf der Autobahn hat man ständig andere Autos hinter sich. Über die Leute, die in ihnen sitzen, machen sich die jungen Mitfahrer auf den Rücksitzen so ihre Gedanken: Dass jemand aus X-Stadt kommt, sieht man an dem Kennzeichen. Doch welchen Beruf übt er aus? Und was hat er für lustige oder merkwürdige Eigenschaften?

Fragen über Fragen. Doch aufgepasst: Auch darüber gibt das Nummernschild Auskunft! Die Buchstaben sind geheime Abkürzungen, die es zu entschlüsseln gilt: BT-UB – bin taub und blind; CHA-AS – Chaot am Steuer; KA-VA – keine Ahnung vom Autofahren usw. Wem fällt jeweils die lustigste Lösung ein? Welche passt am besten zum Aussehen der jeweiligen Person? Spätestens wenn wir den Verfolger abgehängt haben oder er uns überholt, kommen ein neues Kennzeichen und andere Insassen an die Reihe – so vergeht die Zeit wie im Flug!

Bewegung für eine gute Sache
zugunsten unicef

Die bundesweite Spenden- und Schulaktion „Kinder laufen für Kinder" steht für Spaß an der Bewegung, Gesundheit und soziales Engagement.

Auch 2007 fällt wieder der Startschuss für das Spendenprojekt, bei dem jede Schule deutschlandweit aktiv mitmachen kann. Bis heute erliefen mehr als 200.000 Schüler/innen über 1 Mio. Kilometer und eine Gesamtspende von 2,1 Mio. Euro für UNICEF!

Mit den Läufen 2007 werden die UNICEF-Hilfsprojekte „Schulen für Afrika" und „Wasser für Äthiopien" unterstützt.

Mehr Infos bei:
Initiative „Kinder laufen für Kinder"
Telefon: 089-2189 653-60
info@kinder-laufen-fuer-kinder.de

www.kinder-laufen-fuer-kinder.de

Neben den Schulläufen sind zusätzlich drei große öffentliche Laufveranstaltungen mit vielen Highlights geplant:

6. Mai 2007
Großer Auftakt
München: Flughafen Airport Center

18./19. Juni 2007
Aktion und Kongress
Wiesbaden: Deutscher Präventionstag

23. September 2007
Großer Abschluss
Hamburg: Planten und Blomen

> Der Hotel-Tipp für Familien:
> Holiday Inn bietet günstige Zimmerraten an.
> Mehr unter Tel.: 040-54740703
> www.holidayinn.com/Hamburg-Kieler

SPASS UNTER DÄCHERN

SPASS UNTER DÄCHERN

MUSEEN

Bergbaumuseum

Niedersächsisches Museum für Kali- und Salzbergbau
An der Halde 8, 30952 Ronnenberg/Empelde, Tel. 434 07 44, www.nds-kalisalzmuseum.de.
Einen Förderwagen schieben, Salzbrocken zerkleinern und ein Stück mit nach Hause nehmen? In Hannover ist das für Kinder ab fünf Jahre kein Problem. 1996 eröffnete das Bergbaumuseum. Nachdem 1973 die letzte Schicht auf dem Kaliwerk „Hansa" gefahren wurde, machten es sich Bergbaufans zur Aufgabe, alles Wissenswerte über den Kalibergbau zu sammeln. Das Ergebnis können sich Schulklassen, Kindergartengruppen und Familien anschauen. Gezeigt wird die Lebens- und Arbeitswelt der Menschen, die im Kalibergwerk arbeiteten. Außerdem ist eine Sammlung von Salzen aus aller Welt und Mineralien und Fossilien aus der Umgebung zu sehen. Geöffnet: So 10-14 Uhr, Sonderführungen nach Vereinbarung . Eintritt frei (Spenden).

Comic- & Karikaturen-Museum

 Wilhelm-Busch-Museum
Georgengarten, 30167 Hannover,
Tel. 16 99 99 11, www.wilhelm-busch-museum.de, E-Mail: information@wilhelm-busch-museum.de.
Ein kleines, hübsches Museum zum Lachen. Max und Moritz und andere Wilhelm-Busch-Figuren sind in Bildergeschichten, auf Ölgemälden und in witzigen Zeichnungen zu sehen. Die Sammlung umfasst mehr als zwei Drittel aller erhaltenen Werke des Künstlers und ist somit die umfangreichste und bedeutendste Dokumentation seines Werkes. Etwa alle zwei Monate sind in weiteren Räumen zeitgenössische Karikaturisten zu Besuch, wie z.B. Loriot, Hergé („Tim und Struppi") oder Uderzo („Asterix"). Kinder und Erwachsene spazieren gerne durch die amüsanten Ausstellungen. Ein Abstecher ins Wilhelm-Busch-Museum lohnt gerade an Schlechtwetter-Wochenenden, an denen einem die Decke auf den Kopf zu fallen droht. Allein das sonnengelbe Gebäude hebt die Laune! Nach Sonderausstellungen, Kinderaktionen und Autogrammstunden fragt man am besten im Museum. Geöffnet: Di-Fr 11-17 Uhr, Sa, So 11-18 Uhr; Eintritt: Kinder ab sechs Jahre € 2,50, Erwachsene € 4,50.

MUSEEN

Historische Museen

Historisches Museum
*Pferdestr. 6, 30159 Hannover,
Tel. 168-430 52, www.hannover.de,
E-Mail: historisches.museum@
hannover-stadt.de.*
Historisch interessierte Kids müssen sich nicht die Nase an langweiligen Schaukästen platt drücken, sonntags ab 11.30 Uhr dürfen einige Gegenstände angefasst und ausprobiert werden. Nette Museumspädagogen beraten, helfen und beantworten alle Fragen. Kinder können in alte Gewänder schlüpfen, sich im Spiegel bewundern und ein Foto zum Mitnehmen schießen. Die kleinen Besucher bekommen Einblicke in das beschwerliche Ritterleben oder beschäftigen sich mit selbst gebastelten Kreiseln und Drehbildern. Auch die Ausstellung selbst ist sehr ansprechend für Kinder. Faszinierend sind die antiken Kutschen, Oldtimer und das alte Spielzeug. Viele Jugendliche sind daran interessiert zu erfahren, wie sich das Leben in Hannover während des Zweiten Weltkrieges abspielte. Im Museum können sie nachvollziehen, wie wenig Lebensmittel die Menschen pro Woche bekamen und wie sie sich mit den einfachsten Kleidungsstücken behelfen mussten. Ein besonderes Ereignis sind die originellen Geburtstagspartys, die vom Historischen Museum organisiert werden. Informationen dazu erhalten Sie beim Museumspädagogen.

Öffnungszeiten: Di 10-20 Uhr, Mi-Fr 10-16 Uhr, Sa u. So 10-18 Uhr; Eintritt: Kinder ab zwölf Jahre € 2 und Erwachsene € 3, Fr für alle freier Eintritt. Schulklassen zahlen generell keinen Eintritt.

Bomann-Museum Celle
*Schlossplatz 7, 29221 Celle,
Tel. 05141-12-372,
www.bomann-museum.de, E-Mail:
E-Mail: bomann-museum@celle.de.
Anfahrt: B 3 Ri Celle.*
Mikrowelle und Kühlschrank sind aus unseren Küchen kaum mehr wegzudenken. Wie die Menschen im 19. Jahrhundert gekocht haben, können Ausstellungsbesucher im Bomann-Museum erleben. Hier gibt es nicht nur großbürgerliche Küchen sondern auch vollständig eingerichtete niedersächsische Bauernhäuser und Wirtschaftsräume aus der Biedermeierzeit. Ob als Gruppenführung oder individuelle Entdeckungsreise, ob als Vortrag oder als kreativer Kurs – das Angebot ist abwechslungsreich. Wer das Museum spielerisch erkunden möchte, kann das mit „Bomi", dem Museumshasen. Ein Rallyebogen führt mit Fragen und Bildern durchs ganze Haus – auf der Spur verschiedener Tiere, die sich in den Ausstellungen versteckt haben. In Aktion treten können Kids ab sechs Jahren für € 3 an jedem ersten Mittwochnachmittag im Monat. Dann verwandelt sich die museumspädagogische Werkstatt in ein Malatelier, eine Töpferei oder eine Holz-, Me-

SPASS UNTER DÄCHERN

tall- oder Textilwerkstatt. Anmeldungen sind erforderlich. Termine und Themen verrät Museumspädagoge Uwe Rautenberg unter der Telefonnummer 05141-12-539. Öffnungszeiten: Di-So 10-17 Uhr. Einritt € 3, Kinder bis 14 Jahre frei, Familienkarte € 6.

Fischer- und Webermuseum Steinhude

Neuer Winkel 8, 31515 Wunstorf/ Steinhude, Tel. 05033-55 99, www.steinhuder-meer.de/fischermu seum, E-Mail: info@steinhuder-meer.de. Anfahrt: BAB 2 bis Wunstorf-Luthe, B 441 nach Steinhude.
Hier wird Lebendigkeit groß geschrieben! Wie ein Spinnrad, ein Räucherofen oder ein Webstuhl funktionieren, erfahren Besucher im Fischer- und Webermuseum Steinhude durch Anfassen und Benutzen. Gerätschaften zur Feld- und Wiesenbearbeitung, Tierhaltung und Fischerei müssen nicht ehrfürchtig in Vitrinen und hinter Absperrungen bestaunt werden, sondern dürfen auch mal in die Hand genommen werden. Anschaulich können Kinder auf diese Weise erfahren, wie eine typische Steinhuder Familie in den letzten 100 Jahren gelebt hat und dass Fischfang, Weberei und bäuerliches Wirtschaften und Wohnen unter einem Dach vereint waren. Neben den Dauerausstellungen im Museum finden von April bis Dezember monatlich Aktionstage mit Schauvorführungen statt. Termine bitte telefonisch erfragen. Öffnungszeiten: Im April an Wochenenden und Feiertagen, Mai-Oktober Di-So 13-17 Uhr, Mo geschlossen. Eintritt: Erwachsene € 2, Kinder € 1.

Völkerkunde-Museen

Kestner-Museum

Trammplatz 3, 30159 Hannover, Tel. 168-421 20, www.kestner-museum.de, E-Mail: kestner-museum@hannover-stadt.de.
Wer hat schon einmal eine ägyptische Mumie bestaunt, uralte Goldmünzen bewundert oder es sich auf einem knallroten Designer-Sofa gemütlich gemacht? All das könnte den großen und kleinen Besuchern des Kestner-Museums passieren. Haben Sie keine Scheu, einfach mit Ihren Youngstern vorbeizuschauen, denn hier bekommen die jüngeren Gäste immer etwas geboten. Es gibt Workshops (€ 4), in denen Kinder sich als echte Ausgräber betätigen und eigene Funde ausbuddeln, antike Lampen bauen oder spannende Reisen ins Reich der griechischen Mythologie unternehmen. Auch Kinderfeste und Angebote für Schulklassen stehen auf dem Programm. Einmal im Monat – jeweils sonntags von 15-17 Uhr – kann die ganze Familie unter dem Motto „Mit Kind und Kegel" an spannenden Führungen und Workshops teilnehmen. Alle Infos erhalten Eltern von den Museumspädagogen unter Tel. 168-456 77.

MUSEEN

Wer sagt, dass man im Museum nicht selbst kreativ werden darf?

Öffnungszeiten: Di-So 11-18 Uhr, Mi 11-20 Uhr, Mo geschlossen. Eintritt: € 4, Kinder bis einschließlich zwölf Jahre zahlen € 0,50, Fr freier Eintritt.

Roemer- und Pelizaeus-Museum Hildesheim
Am Steine 1-2, 31134 Hildesheim, Tel. 05121-93 69-0, www.rpmuseum.de, E-Mail: info@rpmuseum.de.
Warum haben sich die alten Ägypter mumifizieren lassen? Wie haben die Indianer Gold verarbeitet? Warum war das Krokodil in alten Kulturen heilig? Was hat ein Neandertaler den ganzen Tag gemacht? Alle diese Fragen beantwortet das Roemer- und Pelizaeus-Museum in Hildesheim. Lehrreich und spannend sind die Workshop-Angebote für Kinder und Jugendliche sowie Kindergeburtstage. Hier werden Jungs und Mädchen zu Grabausstattern oder Schreiberlehrlingen in alt-ägyptischen Tempelschulen, stellen Schmuck aus Goldfolie und Perlen her oder ver-

SPASS UNTER DÄCHERN

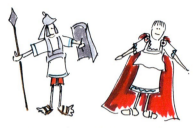

setzen sich mit Werkzeug und Waffen in die Steinzeit. Zu jedem Workshop gehört eine 30-minütige Führung durch die Ausstellungen Alt-Ägypten, Alt-Peru, Asien oder Naturkunde und ein einstündiger kreativ-praktischer Teil.
Öffnungszeiten: täglich 10-18 Uhr.
Eintritt: Erwachsene € 8, Kinder ab sechs Jahren € 4, Familien € 16.

Kunstmuseen

Kestnergesellschaft
Goseriede 11, 30159 Hannover, Tel. 701 20-0, www.kestner.org, E-Mail: kestner@kestner.org.
Kunst macht Spaß! Sie unmittelbar zu erleben und etwas über zeitgenössische Künstler und ihre Werke zu erfahren kann spannend sein. Das beweist die Kestnergesellschaft. Unter dem Titel „kestnerkids sehen kunst" führen Museumspädagogen Kinder von vier bis zehn Jahren in kleinen Gruppen an jedem zweiten Donnerstag im Monat (außer in den Ferien) durch aktuelle Ausstellungen. In der Reihe „kestnerkids machen kunst" dürfen Sechs- bis Zehnjährige selber zu Pinsel und Farbe greifen. Weil die 15 Teilnehmerplätze begehrt sind, bitte unbedingt vorher anmelden: kestnerkids@kestner.org. Alle diese Veranstaltungen sind kostenlos. Termine können bei Mairi Kroll, Tel. 701 20-12 erfragt werden.
Öffnungszeiten: täglich 10-19 Uhr, Do 10-21 Uhr, Mo geschlossen.
Eintritt € 5, Kinder bis zwölf Jahre zahlen keinen Eintritt.

Kunstverein
Sophienstr. 2, 30159 Hannover, Tel. 32 4594, www.kunstverein-hannover.de, E-Mail: mail@kunstverein-hannover.de.
Schon mal eine Rallye inmitten zeitgenössischer Kunstwerke gemacht? Nicht? Dann wird's höchste Zeit! Im Kunstverein können sich kleine Besucher auf diese Art der Gegenwartskunst spielerisch nähern. Im Anschluss wird gemalt, gezeichnet, gebastelt oder fotografiert und gemeinsam über das Gesehene und die neuen Entdeckungen geredet. Während der Nachwuchs künstlerisch tätig wird, lassen sich Mama und Papa durch die Ausstellung führen. Eltern und Kinder zahlen für die Familienführung nicht einen Cent. Termine telefonisch erfragen. Das Programm „Kunst im Kontext" mit Kurzführungen, Workshops, Künstler- und Atelierbesuchen richtet sich an Schüler und Schulklassen. Das Programm gibt es telefonisch oder im Internet.
Öffnungszeiten: Di-Sa 12-19 Uhr, sonn- u. feiertags 11-19 Uhr.

MUSEEN

Eintritt: € 4, Kinder bis zwölf Jahre haben freien Eintritt, Mi ab 16 Uhr ist der Eintritt für alle frei.

Sprengel Museum
Kurt-Schwitters-Platz, 30169 Hannover, Tel. 168-438 75, www.sprengel-museum.de, E-Mail: sprengel-museum@hannoverstadt.de.
Wäre Picasso noch ein Kind, würde man ihn am Wochenende im Sprengel Museum finden. Im Kinderforum stünden ihm jede Menge Farben, Stifte und Pinsel zur Verfügung. Überhaupt sind die Möglichkeiten hier für kleine Talente schier unbegrenzt. Kinder erhalten vielfältige Anregungen, um ihrer Fantasie freien Lauf zu lassen. Jeden Monat finden wechselnde Seh- und Kunstspielaktionen für Kids ab sechs Jahren statt. Es gibt Wochenend-Workshops, in denen man sich verkleiden, aus Naturmaterialien Farben herstellen oder wie ein echter Reporter mit Kamera und Mikrofon durchs Museum ziehen kann. Um die Minis spielerisch an den Umgang mit Kunstwerken heranzuführen, hat das Sprengel Museum sogar eigens eine „Kleine Galerie" mit Ausstellungen für Kinder eingerichtet! Was dort zu sehen ist und welche Termine es für Aktionen und Workshops gibt, erfahren Sie im Internet oder telefonisch.
Der Eintrittspreis für Sammlung und Sonderausstellungen beträgt € 7, Schüler ab 13 Jahre zahlen € 4, freier Eintritt für Kinder bis zwölf Jahre. Öffnungszeiten: Di 10-20 Uhr, Mi-So 10-18 Uhr, Mo geschlossen, Kinderforum: Sa 14-18 Uhr, So 10-13 Uhr, 14-18 Uhr.

Kunstmuseum Wolfsburg
Hollerplatz 1, 38440 Wolfsburg, Tel. 05361-266 90, www.kunstmuseum-wolfsburg.de, E-Mail: info@kunstmuseum-wolfsburg.de.
Jeden ersten Sonntag im Monat von 14.30 bis 16.30 Uhr ist „Malzeit" im Museum. Kids zwischen sieben und zehn Jahren können für nur € 3 nach Herzenslust pinseln und zeichnen – ganz nach ihren Wünschen und Ideen. Einfach anmelden, kommen und mitmachen! Für Familien mit Kindern ab vier Jahren, die gemeinsam Kunst entdecken möchten, empfiehlt es sich um 11 Uhr im Kunstmuseum Wolfsburg vorbeizuschauen. Eineinhalb Stunden (Kosten: € 3 pro Person, max. € 12 pro Familie) steht dann Malen, Zeichnen, Bauen, Experimentieren oder einfach

SPASS UNTER DÄCHERN

nur Zuschauen, was die anderen machen, auf dem Programm. Selbstverständlich können die Kids ihren Geburtstag im Museum feiern. Für € 110 sorgen die Museumspädagogen dann nicht nur für Spiel und Spaß sondern auch für einen bunt gedeckten Tisch mit lecker Kakao. Anmeldungen für Kinder-Veranstaltungen nimmt Museumspädagogin Ute Lefarth-Polland unter der Nummer 05361-26 69 20 oder per E-Mail an gkollec@kunstmuseum-wolfsburg.de entgegen. Öffnungszeiten: Mi-So 11-19 Uhr, Di 11-20 Uhr, Mo geschlossen. Eintritt: € 6, Kinder bis sechs Jahre haben freien Eintritt.

Landeskundliches Museum

 Niedersächsisches Landesmuseum
Willy-Brandt-Allee 5, 30169 Hannover, Tel. 98 07-686, www.landesmuseum-hannover.de, E-Mail: info@nlm-h.niedersachsen.de.
Wer das Abenteuer sucht, ist im Landesmuseum richtig. Wo sonst kann man gruselige Moorleichen und riesengroße Dinosaurier bestaunen und zuschauen, wie Piranhas gefüttert werden? Neben Fischen sind im Vivarium Echsen, Amphibien, Spinnen und Insekten aus aller Welt zu Hause. Im Rahmen von Führungen für Schulklassen oder Geburtstagen dürfen die Kids sogar einmal eine echte Schlange anfassen. Aber keine Angst: Natter „Elvira" ist menschlichen Kontakt gewöhnt und garantiert ungiftig! Gruppenführungen sind nicht nur im Vivarium möglich. Auch die Abteilungen Archäologie, Völker- und Naturkunde bilden ideale Kulissen für spannende Rundgänge. Praktisch zu geht es am Wochenende: Sonntags von 12 bis 16 Uhr finden Werkstatt-Workshops statt, in denen mittelalterliche Messer, Perlenschmuck oder Mode aus Filz nach alten Vorbildern hergestellt werden. Beliebt sind die Familienexkursionen in die Natur. Die Fossiliensuche im Kalksteinbruch in Misburg ist ein Renner! Das Veranstaltungsprogramm kann unter Tel. 98 07-686 erfragt werden. Geöffnet ist das Landesmuseum Di-So 10-17 Uhr, Do 10-19 Uhr, Mo ist geschlossen. Tageskarten für die Sammlung kosten € 4 (ermäßigt € 3), Familien zahlen € 9, Kinder bis vier Jahre frei.

Spezielle Museen

Deutsches Pferdemuseum
Holzmarkt 9, 27283 Verden, Tel. 04231-80 71 40, www.dpm-verden.de, E-Mail: pferdemuseum@t-online.de. Anfahrt: A7 H-HH auf A27 Ri. Bremen, Abf. Verden Nord.
Wie saßen die feinen Damen früher auf ihren edlen Rössern? Alle schauen ungläubig auf den alten Damensattel mit Hörnern. Im Pferdemuseum dürfen Kinder

MUSEEN

Besucherin beim Handteller-Vergleich im Naturkundemuseum

SPASS UNTER DÄCHERN

und Erwachsene gerne auf so einem merkwürdigen Sattel Platz nehmen und Mitleid empfinden für die damaligen „Ladys". Hippologie heißt die Wissenschaft rund ums Pferd. Und wer nur ein wenig hippologisches Interesse besitzt, muss in diesem Museum vorbeischauen. Hier wurde fast alles zusammengetragen, was zur Geschichte und Gegenwart der Pferde gehört. Modelle, Bilder und Fotos zeigen die Entwicklung vom Wildtier zum modernen Pferd. Das kleine Urpferdchen vor 60 Millionen Jahren sah seinen heutigen Nachfahren erstaunlich ähnlich, es war nur ein bisschen kleiner und dicklicher. Für kleinere Kinder gibt es ein Museumskarussell, auf dem sie ihre Runden drehen können. Wer spezielle Fragen hat, findet ausführliche Antworten in der gut ausgestatteten Bibliothek. Die Benutzung ist nach Absprache möglich.
Öffnungszeiten: Di-So 10-17 Uhr. Eintritt: Kinder ab vier Jahre € 1,50, Erwachsene € 3.

Polizeigeschichtliche Sammlung Niedersachsen
Göttinger Chaussee 76, Hannover, Tel. 12 35 62 90.
Früher zählte das Henkerhandwerk noch zu den Aufgaben der Polizei. Heute präsentiert sich unser Freund und Helfer als modernes Dienstleistungsunternehmen. Was sich in der Geschichte der Polizei alles verändert hat, dokumentiert das Bildungsinstitut der Polizei Niedersachsen mit etlichen Schautafeln und Exponaten eindrucksvoll auf 1.400 Quadratmetern Ausstellungsfläche. Kids können hier in einem echten Einsatzwagen Platz nehmen, einen Blick in eine Wache der 50er Jahre werfen, Fingerabdrücke und Fahndungsfotos von sich anfertigen und sich sogar in eine Gefängniszelle einsperren lassen.
Öffnungszeiten: Mo-Mi 9-16 Uhr, Do 9-18 Uhr, Fr 9-12 Uhr. Eintritt frei.

Norddeutsches Spielzeugmuseum Soltau
Poststr. 7, 29614 Soltau, Tel. 05191-821 82, www.spielzeugmuseum-soltau.de, E-Mail: spielzeugmuseum@hotmail.com. Anfahrt: A7, Abfahrt Soltau-Süd, B 3 nach Soltau.
Willkommen in einer der vielfältigsten Spielzeugsammlungen der Welt! Auf 600 Quadratmetern führen einzigartige Exponate durch Lebens- und Denkwelten aus vier Jahrhunderten. Einige der Objekte sind sogar echte Raritäten. Oder wer hat schon mal ein winziges Bergwerk in einer Walnuss, Quietschspielzeug aus Papiermaché, Mehrgesichterpuppen mit

MUSEEN

Porzellanköpfen oder eine Berliner Konditorei von 1820 im Miniaturformat gesehen? Zum Anfassen sind diese Kostbarkeiten wohl sicher zu schade. Gespielt werden darf im Spielzeugmuseum aber natürlich trotzdem! In fast jedem der vielen Ausstellungsraum können die Besucher selber aktiv werden und z.B. Materialien und Formen erfühlen, Geschicklichkeitsspiele spielen oder im Kinderkaufladen zum kleinen Krämer werden. Spannende Geschichten zu ausgewählten Exponaten bieten Hörstationen und zur Bilderreise durchs historische Europa lädt ein großer Guckkasten ein.

Geöffnet ist das Spielzeugparadies täglich von 10 bis 18 Uhr, im Juli und August zusätzlich dienstags und samstags bis 20 Uhr. Eintritt: Erwachsene € 4, Schüler € 2, Kinder unter sechs Jahren haben freien Eintritt, Eltern zahlen höchstens für ein Kind!

Steinhuder Spielzeugmuseum

Meerstr. 19, 31515 Wunstorf-Steinhude, Tel. 05033-55 99 oder 93 92 07, www.steinhuder-scheunenviertel.de/spielz.htm. Anfahrt: A2, H-Dortmund, Abf. Wunstorf.
Marionetten und Metallbaukästen, Hampelmänner und Handpuppen, Kreisel und Kaufmannsläden,

Im Museum kann man einmal um den Globus reisen ...

SPASS UNTER DÄCHERN

Ritterburg und Riesenrad, Schaukelpferdchen und Stofftiere – im Steinhuder Spielzeugmuseum werden viele Kinderträume wahr. Und so manche Großeltern fühlen sich beim Anblick des nostalgischen Spielzeugs sicherlich an die eigene Kindheit erinnert. Seit dem Umzug aus der alten Grundschule werden die Spielzeugvarianten aus dem 19. und 20. Jahrhundert in historischen und rekonstruierten Scheunen präsentiert. Ihren Gameboy werden die Kinder inmitten von Teddy und Co. sicherlich nicht vermissen!
Öffnungszeiten: April-Oktober Di-So 13-18 Uhr, November-März an Wochenenden und Feiertagen 13-17 Uhr. Eintritt: Kinder € 1, Erwachsene € 2.

Schoko-Museum
*Wilhelm-Rausch-Str. 4, 31228 Peine, Tel. 05171-99 01 20, www.rausch-schokolade.de, E-Mail: info@rausch-schokolade.de.
Anfahrt: A2 H-Berlin, Abf. Peine.*
Schon die alten Mayas in Mittelamerika liebten Schokolade. Damals war der Rohstoff Kakao noch richtig wertvoll. Für zehn Kakaobohnen bekam man eine Ziege, für 50 eine Sklavin und für 100 einen gut gebauten, kräftigen Sklaven. Das sind Geschichten, die das Schoko-Museum in Peine bewahrt und an Besucher gerne weitergibt. Eine gute Einstimmung auf das leckere Thema ist das Schokoladenlädchen von 1887. Die Einrichtung wirkt urgemütlich historisch und große und kleine Naschkatzen haben die Gelegenheit, kleine Köstlichkeiten zu probieren. Noch mit dem süßen Geschmack auf der Zunge geht es dann ins Schokoladenmuseum. Besucher erfahren hier unglaubliche, lustige und interessante Geschichten rund um Kakao und Zucker und bestaunen die fantasievollen Emailleschilder. Bildtafeln informieren anschaulich über die Herkunftsländer des Kakaos, den Anbau und die Ernte. Nostalgische Stimmung kommt spätestens bei den Schokoladenautomaten auf. Das waren noch Zeiten, als die Großmutter oder der Opa für einen Groschen einen leckeren Riegel ziehen konnten! Gerne kann im Museum Kindergeburtstag gefeiert werden. Eine Führung kostet für Kinder bis 10 Jahre € 1,50, für Erwachsene € 2,50. Eintritt frei. Geöffnet: Mo-Fr 10-18 Uhr, Sa 10-16 Uhr, So 12-17 Uhr.

MUSEEN

Technische Museen

Deutsches Erdölmuseum Wietze
*Schwarzer Weg 7-9,
29323 Wietze, Tel. 05146-923 41,
www.deutsches-erdoelmuseum.de,
E-Mail: info@erdoelmuseum.de.
Anfahrt: B3 Ri. Celle.*
Wie kommt das Erdöl in die Erde, und wie kommt es wieder heraus? Interessante Antworten gibt das Erdölmuseum in Wietze. Denn hier erstreckte sich vor vielen Jahrzehnten das „Klein-Texas" Norddeutschlands. Betrachtet man heute das verschlafene Dörfchen Wietze, kann man sich kaum vorstellen, dass hier um die Jahrhundertwende unzählige Tonnen Öl gefördert wurden. Man sah das Dorf vor lauter Bohrtürmen nicht. Heute erzählt nur noch das Museum von dieser bedeutenden Geschichte.
Auf dem zwei Hektar großen Gelände stehen Förder- und Bohreinrichtungen aus dem letzten Jahrhundert. Man gewinnt einen guten Einblick in die Geologie des Ölfeldes und die Entwicklung des Ortes. Eine nachgebaute Strecke demonstriert die Förderung des Öls. Modelle und alte Geräte werden vorgeführt und können von den Besuchern selbst in Bewegung gesetzt werden. In einer Ausstellung erfährt man Unterhaltsames über die Gewinnung des „schwarzen Goldes" und auch über Erdölprodukte – vom Aspirin bis zur Zahnbürste!
Der Wanderweg zur Geschichte des Erdöls veranschaulicht einprägsam, wie sich das kleine Dorf verändert hat. Man kann zwischen zwei Teilstrecken von vier und sechs Kilometern Länge wählen und über das Raffineriegelände zum Erdölschacht, auf die Sandhalde, zur Wohnsiedlung der Angestellten und Arbeiter, zum Bahnhof und zum Fluss Aller wandern.
Öffnungszeiten März-Mai u. Sept-Nov Di-Fr 10-17 Uhr, Juni-August 10-18 Uhr.
Eintritt: Kinder ab sechs Jahre € 2,50, Erwachsene € 5, Familienkarte € 9, Führungen ab € 25.

SPASS UNTER DÄCHERN

Lernen findet heute nicht immer nur am Schreibtisch statt

Museum für Energiegeschichte(n)
Humboldtstr. 32, 30169 Hannover, Tel. 12 31 16-349 41, www.energie geschichte.de, E-Mail: ulrike. nevermann@energiegeschichte.de.
Es gab ein Leben vor dem Strom. Da brauchte man für ein Bügeleisen einen heißen Ofen, man wusch die Wäsche mit Kartoffelwasser im Trog und frisierte sich die Haare mit glühend heißen Scheren. Das war sehr anstrengend und aufwendig. Als dann der Strom langsam die Haushalte eroberte, wurde es einfacher. Für Menschen des 21. Jahrhunderts erscheinen die elektrischen Geräte der Anfangszeit doch eher skurril als wirklich tauglich. Die ersten Waschmaschinen sind riesengroß und wuchtig, der elektrische Tauchsieder und die Bierwärmer sind erheiternd, und der massige Fön erweckt nicht gerade Vertrauen. Die Ausstellung zeigt außerdem alte Fernsehtruhen, Telefone, Grammophone, Glühbirnen – eben alles, was zum elektrischen Leben der Vergangenheit gehörte. Öffnungszeiten: Di-Fr 9-16 Uhr, an Feiertagen geschlossen. Führungen nach Vereinbarung. Eintritt frei.

Feuerwehrmuseum Hannover
Feuerwehrstr. 1, 30169 Hannover, Tel. 912 12 81.
Wasser marsch! Heutzutage ist das kein Problem. Schnell sind die rasanten, roten Feuerwehrautos da und löschen in Sekunden das Feu-

MUSEEN

er. Doch das war nicht immer so. Früher gab es Handdruckspritzen und klobige Hydranten, deren Handhabung dermaßen schwerfällig erscheint, dass man sich fragt, warum nicht alle Städte abgebrannt sind. Wenn Besucher durch das kleine Feuerwehrmuseum spazieren, lernt man viel über das spannende, aber schwierige Leben eines Feuerwehrmannes. Da werden Pumpen aus dem 19. Jahrhundert aufbewahrt, es gibt alte und neue Uniformen, Helme, Feuerlöscher, viel interessantes Fotomaterial und originelle Schriftstücke, z.B. die hannoversche Feuerordnung von 1681! Öffnungszeiten: jeden zweiten So im Monat 9.30-12 Uhr, Juni-August geschlossen. Eintritt frei.

Luftfahrt-Museum
Ulmer Str. 2, 30880 Laatzen, Tel. 879 17 91-92, www.luftfahrtmuseum-hannover.de, E-Mail: info@luftfahrtmuseum-hannover.de.
Wer saß schon einmal in einem Hubschrauber? Groß und mächtig steht er fest in der Halle, und jeder darf sich hineinsetzen. Jetzt nur noch die Augen schließen und vom Himmel träumen. Die Kinder sind kaum noch herauszubekommen, so spannend ist es in diesem Flieger. Der Ausstieg lohnt jedoch, denn im Luftfahrt-Museum gibt es noch viele andere Gerätschaften der Lüfte zu sehen. Über 400 Flugzeugmodelle sind in den Hallen ausgestellt. Es gibt eine erstaunliche Sammlung von Motoren und Triebwerken, Fliegeruniformen und einige Kuriositäten – so wurde hier z.B. die erste Brechtüte der Luftfahrt aufbewahrt. Viele urige Oldtimer stehen neben alten Flugzeugen. Wer möchte, kann in Laatzen seinen Kindergeburtstag feiern. Die ganze Geburtstagstruppe wird durch das Museum geführt, der Preis wird individuell abgesprochen.
Öffnungszeiten: Di-So 10-17 Uhr. Eintritt: Kinder ab fünf Jahre € 3,50, Erwachsene € 7.

Hubschraubermuseum Bückeburg
Sablé-Platz 6, 31675 Bückeburg, Tel. 05722-55 33, www.hubschraubermuseum.de, E-Mail: info@hubschraubermuseum.de. Anfahrt: A2 Ri. Dortmund, Abf. Bad Eilsen, B83 Ri. Bückeburg.
Hubschrauber sind klasse! Die Polizei hat sie, der ADAC auch, der Notarzt sowieso. Die Gelegenheit, die rotorgetriebenen Fluggeräte mal aus der Nähe zu sehen, bietet

SPASS UNTER DÄCHERN

sich allerdings nur den Wenigsten. Das Hubschraubermuseum Bückeburg macht's möglich! Im Rundgang geht es erst zu detailgetreu nachgebauten Modellen und dann zu den imposanten Originalen. Gezeigt werden Hub- und Tragschrauber aus West und Ost, von der ersten Idee Leonardo da Vincis bis hin zum modernen Senkrechtstarter.
Das Museum ist täglich von 9 bis 17 Uhr geöffnet. Erwachsene zahlen € 4, Kinder und Jugendliche von sechs bis 16 Jahren € 2.

Theatermuseum

Theatermuseum Hannover
*Prinzenstr. 9, 30159 Hannover-Mitte, Tel. 99 99-20 40,
www.theatermuseum-hannover.de,
E-Mail: carsten.niemann@
schauspielhaus-hannover.de.*
Vorhang auf, und hereinspaziert in die große Welt des Theaters. Im Theatermuseum des Schauspielhauses ist jeder eingeladen, einen Blick hinter die Kulissen zu werfen. Dieses Museum ist das einzige seiner Art, das sich tatsächlich mitten in einem Theater befindet. Dieser atmosphärischen Nähe verdankt das Museum seine Anziehungskraft. Auf über 350 Quadratmetern geben Kostüme, Masken, Requisiten, Fotos, Bühnenbilder aus Oper, Schauspiel, Ballett und Konzert einen Einblick in die Theatergeschichte. Vor fast 100 Jahren wurde in Weimar das erste Theatermuseum Deutschlands eröffnet und drehte sich kurioserweise nur um einen einzigen „Gegenstand": um die Schauspielerin Marie Seebach. Doch seitdem hat sich einiges getan, und ein modernes Theatermuseum sieht etwas anders aus. So gehören zu den Attraktionen in Hannover-Mitte ein begehbares Bühnenbild, kleine Aufführungen, eine Leseecke, Filmvorführungen und wechselnde Sonderausstellungen.
Öffnungszeiten: Di-Fr u. So 14-19.30 Uhr, Mo, Sa u. von Juli-Mitte Sep geschlossen.
Eintritt: € 3-5.

BÜHNE, LEINWAND & MANEGE

Kinderkino

Apollo
Limmerstr. 50, 30451 Hannover, Tel. 45 24 38, www.apollokino.de, E-Mail: info@apollokino.de.
Am Wochenende um 16 Uhr ist Kinderkinozeit im Traditionsfilmtheater in einem Hinterhof in Hannover-Linden. Gezeigt werden Klassiker, etwa nach Astrid Lindgren oder Erich Kästner und schöne neue Kinderfilme zum Preis von € 3 für Kinder und € 5 für Erwachsene. Am Sonntag um 14 Uhr gibt es in Zusammenarbeit mit dem Deutschen Kinderschutzbund Kinderfilme zum „Bestechungspreis" von € 2 für alle. Bundesweit nachgeahmt wird inzwischen das vom Apollo erfundene „Kinderwagenkino": Einmal monatlich freitags um 10.30 Uhr gibt's einen aktuellen Film für junge Mütter. Damit die mitgebrachten Babys sich nicht fürchten müssen, ist der Saal heller als üblich und der Ton etwas leiser eingestellt. Ein Wickeltisch steht parat, und es wird vorher gut eingeheizt.
Eintritt wie üblich: € 6, ermäßigt € 5 (Kinderwagen frei).

Cinemaxx
Nikolaistr. 8, 30159 Hannover, Tel. 01805-24 63 62 99, www.cinemaxx.de.
Das Cinemaxx ist das modernste und mit zehn Vorführräumen das größte Kino in Hannover. Hier laufen die großen Disney-Kinderfilme und Animations-Blockbuster an. Im großen glitzernden Foyer gibt es Popcorn, Limo und Cola in amerikanischen Riesenportionen. Eintritt: von € 3,50 für Kinder am „Super-Kino-Dienstag" über € 4 für Kinder bis elf Jahre bis € 8 regulär für Logenplätze am Wochenende. Ein weiteres Cinemaxx befindet sich am Raschplatz 6, 30161 Hannover, Tel. 01805-24 63 62 99. Hinterm Bahnhof gelegen bietet das Kino weitere zehn Säle. Ausstattung, Angebot und Preise wie in der Nikolaistraße.

Kino am Raschplatz
Raschplatz 7 j-k, 30161 Hannover, Tel. 31 78 02, www.raschplatz-kino.de.
Im Programmkino gleich hinter dem Bahnhof gibt es Kinderfilmklassiker wie „Pippi Langstrumpf" oder die beliebten Defa-Märchenfilme wie z.B. „Drei Nüsse für Aschenbrödel", immer samstags und sonntags um 15 bzw. 15.30 Uhr. Eintritt: Kinder bis elf Jahre zahlen € 3,50, Erwachsene € 4,50.

Kino im Sprengel
Klaus-Müller-Kilian-Weg 1 (Schaufelder Straße 33), 30167 Hannover, Tel. 70 38 14,

SPASS UNTER DÄCHERN

www.kino-im-sprengel.de, E-Mail: info@kino-im-sprengel.de
In den dunkleren Monaten von November bis März zeigt dieses „konsequent werbe- und disneyfreie" Kino einmal monatlich am Sonntagnachmittag Kinderkino. Zu sehen sind europäische Kinderfilme und Klassiker. Eintritt: € 2 (Wer einen Kuchen mitbringt, erhält freien Eintritt!).

Kinderfilmfeste

▶ *Sehpferdchen, Kino im Künstlerhaus, Kommunales Kino Hannover, Sophienstr. 2, 30159 Hannover, Tel. 1 68-4 47 32, www.filmfest-sehpferdchen.de, E-Mail: info@filmfest-sehpferdchen.de.*
Das Kinderfilmfest Sehpferdchen zeigt alle zwei Jahre ein hochwertiges Filmprogramm als Alternative zum kommerziellen Kino und veranstaltet Medien-Projekte für Sechs- bis Zwölfjährige.
▶ *Up and Coming, Internationales Film Festival, Lister Platz 1, 30163 Hannover, www.up-and-coming.de, E-Mail: up-and-coming@t-online.de.*
Das Festival ist ein viertägiger internationaler Nachwuchswettbewerb mit Preisverleihungen für Schüler, Jugendliche und Studenten von sieben bis 27 Jahren, der alle zwei Jahre stattfindet. Eintritt ab € 3.

Kindertheater & Künstler

Ben Guri Theater
Hauptstr. 54, 30459 Hannover,

Ein Kindertraum: einmal hinter die Theaterkulissen blicken

BÜHNE, LEINWAND & MANEGE

Tel. 46 95 93, www.benguri.de,
E-Mail: info@benguri.de.
Das Ben Guri Theater verspricht Theater zum Anschauen und Mitmachen für Kinder von vier bis neun Jahren. Unterwegs ist die musikalische Truppe auch mit ihrem „Zirkus Kunterbunt", der überall spielen kann und am liebsten im Freien auftritt.

Compagnie Fredeweß
*Ahrberg Viertel, Ilse-ter-Mer-Weg 7,
30449 Hannover, Tel. 45 00 10 82,
www.compagnie-fredewess.de,
E-Mail: info@compagnie-
fredewess.de.*
Die Compagnie für modernen Tanz tourt mit mobilen Tanzstücken in Schulen und Freizeitheime, gibt einen Einblick in die Arbeit von Choreografen und erprobt mit Kindern und Jugendlichen, wie sich eine kreative Bewegungssprache entwickeln lässt. Moderner Tanz gilt als ein starkes identitätsstiftendes Gemeinschaftserlebnis. Das in der Tanzschule Erlernte soll auch auf den Alltag übertragbar sein. Als kulturübergreifendes Instrument der Kommunikation und des Aggessionsabbaus kann sich Moderner Tanz für die Überwindung von Problemen in den Klassenzimmern eignen.

Die Complizen
*Johann-Piltz-Ring 41,
30629 Hannover, Tel. 5 24 83 19,
www.die-complizen.de, E-Mail:
uli@die-complizen.de.*
Das Motto „Theater in Bewegung" prägt die Arbeit dieses Figurentheaters: Das Publikum wird zum Träumen und Mitmachen eingeladen. Nicht mit Klamauk, sondern durch leise Töne, fantasievolle Figuren, Bühnenbilder und eigene Musik spricht das Ensemble die Kinder an. „Die Complizen" um Ulrich Schulz spielen in Theatern und Kulturzentren im In- und Ausland.

Figurentheater Seiler
*Im Wiesenkampe 16,
30695 Hannover, Tel. 64 00 09,
www.figurentheater-seiler.de, E-Mail:
figurentheater-seiler@t-online.de.*
Das Figurentheater Seiler in Hannover entstand aus der von Kurt Seiler 1945 gegründeten Puppenbühne „De Poppenspeeler", die Gerhard Seiler 1973 von seinen Eltern übernommen hat. Er arbeitet stets mit renommierten Figurenbildnern, Regisseuren und Musikern zusammen, um die unterschiedlichsten Stoffe in Szene zu setzen: von „Peter und der Wolf" mit frechen Figuren auf einem Konzertflügel als Bühne bis zu „Münchhausens Abenteuer" mit einer lebensgroßen Puppe als schwadronierendem Baron im Ohrensessel.

Figurentheater Marmelock
*In den Sonnenhöfen 13,
30659 Hannover, Tel. 61 44 94,
www.marmelock.de, E-Mail:
marmelock@gmx.de.*
Die Figurenspielerin Britt Wolfgramm hat elf Stücke in ihrem Re-

SPASS UNTER DÄCHERN

pertoire, von der swingenden Kriminalkomödie „Wer hat den Atlantik geklaut?" für Kinder ab vier Jahren bis „Götter, Schweine und andere Helden" über Odysseus' Abenteuer für Kinder ab sechs Jahren und Erwachsene. Puppen und Figuren treten an Fäden, auf Stäben oder an Händen auf. Als fantasievolle mobile Bühne dient mal der ausladende Reifrock der Puppenspielerin, mal ein vielfach aufklappbarer, hölzerner Strandkiosk.

Filou Fox Figurentheater
*Großer Kolonnenweg 5,
30163 Hannover, Tel. 8 99 58 59,
www.filou-fox-Figurentheater.de,
E-Mail: filoufox@t-online.de.*
Achim Fuchs, Christian Kruse und ihr Figurentheaterteam inszenieren klassische und moderne Kinderbuchvorlagen ebenso wie eigene Geschichten in einer Mischung aus Figuren- und Schauspiel in halboffener bis offener Spielform. Das heißt, die Macher spielen mit, und die fantasievollen Figuren haben mal Flaschen als Körper („Tom Sawyer & Huckleberry Finn") oder treten gleich mehrfach in unterschiedlicher Größe und Machart auf („Ernst stand auf ... und August blieb liegen").

Klecks Theater
*Kestnerstr. 18, 30159 Hannover,
Tel. 81 69 81, www.klecks-theater.de,
E-Mail: kontakt@klecks-theater.de.*
Das Klecks Theater bietet ein riesiges Repertoire an, für jedes Alter gibt es das passende Stück, das außer im eigenen Haus, dem „Alten Magazin" in der Kestnerstraße, auch auf Tour in Kindergärten, Schulen oder andere Orte geht. Das Programm reicht vom Spielzeugdrama „Wo ist mein Bär?" für Vorschulkinder ab drei Jahren bis zum Klassiker „Was heißt hier Liebe?" für Jugendliche ab 13 Jahren. Da ist für jeden was dabei!
Der Eintritt kostet vormittags für Kinder bis elf Jahre € 5, ab zwölf Jahren € 6,50, nachmittags € 5, abends € 13, ermäßigt € 10.

Scharniertheater
*Ralf-Peter Post, Tel. 71 64 27,
www.scharniertheater.de, E-Mail:
post@scharniertheater.de.*
Ein Klassiker: Bei den Besuchern des „Kleinen Fests im Großen Garten" ist das Scharniertheater seit vielen Jahren bekannt und beliebt: Es fasziniert mit Masken und traumhaften „Walk-Acts".

TheaterErlebnis
*Husarenstr. 1, 30163 Hannover,
Tel. 397 07 94,*

BÜHNE, LEINWAND & MANEGE

Kurz vor dem großen Auftritt

www.theater-erlebnis.de, E-Mail: kontakt@theater-erlebnis.de.
Das mobile Theater versteht sich, über das reine Sprechtheater hinaus, als ein Theater mit allen Sinnen. Neben Aufführungen auf Bühnen und in Schulen will das „Theater Erlebnis" neue „Theater-Räume" schaffen, wo man normalerweise kein Theater vermutet, z.B. im Zoo oder in einem leeren Supermarkt. Im Repertoire sind Kinderstücke für Kinder ab drei Jahren, Erzähl- und Improvisationstheater sowie theaterpädagogische Angebote.

Britta und Manuel Hoge
Work of Art, Lister Meile 33, 2. Hinterhaus, 30161 Hannover, Tel. 60 09 86 55, E-Mail: mhoge@htp-tel.de.
Die Tänzerin und Tanzpädagogin und der Musiker und Puppenspieler zeigen Mitmachtheater für Kinder von drei bis sechs Jahren. Ein „kleiner Aufbau" ist ihnen dabei stets wichtig, damit ihre Aufführungen in Büchereien, Kindergärten oder sogar Wohnzimmern Platz finden – und das jugendliche Publikum obendrein. So bleibt das Theater immer in Bewegung.

Kindertheaterreihe des Kulturbüros Hannover
Fachbereich Stadtteilkulturarbeit, Friedrichswall 15, 30159 Hannover, Tel. 1 68-4 47 57, E-Mail: kulturbuero@hannover-stadt.de.
Mit einer Kindertheaterreihe versorgt das Kulturbüro der Stadt Hannover die jüngsten Bürger in den Stadtteilen. Es gastieren ausgesuchte Gruppen mit aktuellen Stücken für ein Publikum zwischen drei und sieben Jahren. Das Programm steht in der halbjährlich erscheinenden Broschüre „Kinder Kultur" (→ S. 142).

Theater für Kinder – Altes Magazin
Kestnerstr. 18, 30159 Hannover, Tel. 81 69 81, www.altes-magazin.de, E-Mail: kontakt@altes-magain.de.
Das Alte Magazin diente vor über hundert Jahren als Kulissendepot des königlichen Hoftheaters. Später waren die Pferdeställe in dem zehn Meter hohen Saal mit seinen markanten Innensäulen eingerichtet. Seit 1994 spielen hier Kinder- und Jugendtheaterstücke, haupt-

SPASS UNTER DÄCHERN

Im Staatstheater werden Zuschauer in Workshops selbst aktiv

sächlich vom Betreiber des Hauses, dem Klecks Theater, aber auch von Gastensembles. Das können sowohl Profis als auch Amateure oder Schultheatergruppen sein. Der Eintritt kostet vormittags für Kinder bis elf Jahre € 5, ab zwölf Jahren € 6,50, nachmittags kostet der Eintritt € 5, abends € 13, ermäßigt € 10.

Figurentheaterhaus Hannover
*Großer Kolonnenweg 5,
30163 Hannover, Tel. 8 99 59 40,
www.theatrio.de, E-Mail:
theatrio@t-online.de.*
Ab Spätsommer 2007 wird es in Hannover ein eigenes Figurentheaterhaus geben, gegründet und geführt vom „Theatrio", dem Zusammenschluss der drei Figuren-

BÜHNE, LEINWAND & MANEGE

theater „Filou Fox", „Marmelock" und „Seiler". Neben dem eigenen Repertoire sind Gastspiele zu sehen, es werden Workshops und Festivals veranstaltet, und ein Puppenmuseum soll auch eingerichtet werden. Eintritt: € 5, für Gruppen ermäßigt.

Landesbühne Hannover
Bultstr. 7, 30159 Hannover, Tel. 28 28 28 28, www.landesbuehne-hannover.de, E-Mail: info@landesbuehne-hannover.de.
Ein Abstecher in die Landesbühne lohnt besonders in der Vorweihnachtszeit: Dann spielen die Schauspieler für Zuschauer ab fünf Jahren Kinderklassiker wie „Die kleine Hexe" oder musikalische Märchen wie „Die Meerjungfrau Arielle". In den Sommermonaten Juli und August gibt die Landesbühne in der traumhaften grünen Kulisse des Freilichttheaters im Barockgarten in Herrenhausen jedes Jahr ein Stück für Kinder zum Besten.
Eintritt: Weihnachtsmärchen für Kinder € 8,60, Erwachsene € 10,80, Gruppen ermäßigt.

Merz Theater
Brehmstr. 10, 30173 Hannover, Tel. 81 56 03.
Das Merz Theater spielt märchenhafte Stücke mit besonderer Bewegungskunst, zum Beispiel „Momo" nach dem Roman von Michael Ende oder „Pinocchio" nach Carlo Collodi.
Eintritt pro Kind € 6-9.

Niedersächsisches Staatstheater
Alle Bühnen des Staatstheaters sind unter der Telefonnummer und über die Homepage zu erreichen: Tel. 99 99-11 11, www.staatstheater-hannover.de, www.schauspielhannover.de, www.oper-hannover.de.
Schauspiel und Oper bieten für Kinder und Jugendliche längst mehr als das früher übliche Weihnachtsmärchen – und vor allem mehr Klasse! Hochkarätige Regisseure, Bühnenbildner und Schauspieler widmen sich aktuellen Stoffen, setzen sie ästhetisch anspruchsvoll und dabei unterhaltsam in Szene. Mit seinen Uraufführungen von Cornelia Funkes „Tintenherz" und „Tintenblut" etwa spielt das Staatstheater in der ersten Liga für deutschsprachiges Kindertheater mit. Dazu kommen vielfältige, sehr begehrte Workshop-Angebote für Kinder und Jugendliche. Mit der Spielzeit 2007/08 bekommen junge Theaterbegeisterte ab zwölf Jahren ihre eigene Theatersparte am Ballhof.
Eintritt für Schüler und Auszubildende: Schauspiel € 7, Oper € 9.

Die verschiedenen Spielorte des Staatstheaters:
▶ *Opernhaus, Opernplatz 1, 30159 Hannover*
▶ *Schauspielhaus, Prinzenstr. 9, 30159 Hannover*
▶ *Ballhof eins, Ballhofstr. 5, 30159 Hannover*
▶ *Ballhof zwei, Knochenhauerstr. 28, 30159 Hannover*

SPASS UNTER DÄCHERN

Theater an der Glocksee
*Glockseestr. 35, 30169 Hannover,
Tel. 16 13 9 36.*
Wenn dieses freie Theater in einem Graffiti-besprühten Jugendzentrum ein Kinderstück im Programm hat, lohnt es sich hinzugehen. Die Bühne gaukelt traumhafte Welten vor, die Schauspieler balancieren zwischen feinsinnigem Spiel und witzigem Budenzauber. Eintritt für Kinder 5 €.

Theaterwerkstatt Hannover
*Lister Meile 4, 30161 Hannover,
Tel. 34 41 04, www.theaterwerkstatt-hannover.de, E-Mail: theaterwerkstatthannover@t-online.de.*
Als eines der ältesten freien Theater Deutschlands inszeniert die Theaterwerkstatt künstlerisch hochwertige Kinder- und Jugendstücke, häufig zu aktuellen Themen. Die Gruppe hält internationale Kontakte. Seine Uraufführung von Janoschs „fünfter sein" für Kinder ab vier Jahren entstand in Kooperation mit einem polnischen Theater aus der Partnerstadt Poznan. Besonders die Jugendstücke der Theaterwerkstatt wurden vielfach prämiert, zu Festivals und Gastspielen in aller Welt eingeladen. Eintritt für Kinder: € 5.

Theater zwischen den Dörfern
Kulturhaus Bredenbeck, Steinkrüger Weg 62, 30974 Wennigsen OT Bredenbeck, Tel. 05109-56 15 8 20, www.theater-zwischen-den-doerfern.de, E-Mail: info@theater-zwischen-den-doerfern.de.
Im ehemaligen Schullandheim zwischen den Dörfern Bredenbeck und Steinkrug spielt das „Theater zwischen den Dörfern". Hierher lädt das Duo Kollegen, Clowns, Musikanten und Artisten ein. Sonntags um 11 Uhr ist Theater-Matinee für Kinder und Familien (€ 4-6), im Sommer gibt es Workshops für Kinder, die jonglieren oder trommeln lernen.

Theatermuseum im Schauspielhaus
*Prinzenstr. 9, 30159 Hannover,
Tel. 99 99-20 40,
www.theatermuseum-hannover.de,
E-Mail: theatermuseum@schauspielhaus-hannover.de.*
Auf die Bühne im Theatermuseum werden regelmäßig Kinder-, Figuren- oder Schattentheater eingeladen, mindestens einmal monatlich am Sonntagnachmittag. Eintritt für Kinder € 2-4.

ERLEBNIS TECHNIK

Auto-Erlebnispark

Autostadt Wolfsburg
Stadt Brücke, 38440 Wolfsburg, Tel. 0800 288 67 82 38, www.autostadt.de, E-Mail: service@autostadt.de. Anfahrt: A2 H-Berlin, A39 Wolfsburg-Flechtorf.
Wer sich für Autos, ihre Geschichte und Herstellung interessiert, kann einen Blick in die Autostadt des Volkswagen Konzerns werfen. Der Erlebnispark mit Museum beantwortet alle Fragen großer und kleiner Autofans. Im Zeithaus werden Oldtimer gezeigt – von Carl Benz' ersten Fahrzeugen bis zu Porsche-Flitzern aus den 50er Jahren. Neuere Modelle und Prototypen sind in fünf Pavillons zu sehen. Nach der Besichtigung können sich Kinder auf dem Spielplatz austoben oder auf dem Verkehrs-Lernparcours ihren ersten Kinder-Führerschein machen. Geöffnet: täglich 9-18 Uhr, die WerkTour findet an Produktionstagen ab 9.15 Uhr statt, Eintritt: Kinder 6-17 Jahre € 6, Erwachsene € 15, Familien € 38.

Buchdruck-Museum

Buchdruck-Museum, Freundeskreis Schwarze Kunst e.V.
Kötnerholzweg 5, 30451 Hannover, Tel. 220 82 53.
Wie aufwendig es früher war, Bücher, Zeitungen und Zeitschriften herzustellen, erfahren Kinder und Jugendliche im Buchdruck-Museum in Hannover-Linden. In einer Werkstatt im Stil einer typischen Hinterhofdruckerei der 50er Jahre zeigt der „Freundeskreis Schwarze Kunst e.V.", wie Schriftsetzer, Buchdrucker und Buchbinder bis vor wenigen Jahren arbeiteten, bevor der Computer ihr Handwerk fast verschwinden ließ. Neben Führungen für Schulklassen und andere Gruppen bietet der Verein Vorträge an. Kreative Kindergeburtstage können in der Werkstatt mit einem Programm nach Absprache gefeiert werden. Öffnungszeiten: Mi 16-20 Uhr und nach Absprache.

Cola-Abfüllfabrik

Hessisch-Niedersächsische-Getränke GmbH & Co. KG
Industriestr. 8, 31135 Hildesheim, Tel. 05121-70 52 84. Kontakt: Herr Mai.
Wie kommt die Cola in die Flasche? Kinder dürfen bei „Coca-Cola" den Arbeitern über die Schulter schauen und erleben, wie Millionen Liter ihres Lieblingsgetränkes durch die Maschinen fließen. Eine solche Besichtigung macht durstig. Zum Glück gibt es nach einer Einführung und dem

SPASS UNTER DÄCHERN

Gang durch die Abfüllanlangen „braune Brause" satt. Aus welchen Zutaten wird Coca-Cola gemixt? Neugierige Kids müssen sich nicht grämen, wenn ihnen die Antwort vorenthalten wird. Schließlich rätselt die Welt seit mehr als 100 Jahren über die Rezeptur. Ein gut gehütetes Geheimnis! Die Betriebsbesichtigungen werden für Gruppen von mindestens 20 Kindern ab der 5. Schulklasse durchgeführt. Termine: Mo-Do ab 10 Uhr u. ab 14. Uhr. Eine Anmeldung ist erwünscht.

Computer-Museum

HNF Heinz Nixdorf MuseumsForum
Fürstenallee 7, 33102 Paderborn, Tel. 05251-30 66 60, www.hnf.de, E-Mail: info@hnf.de. Anfahrt: A2 H-Dortmund, ab AK Bielefeld auf die A33 Ri. Paderborn.
Das nach dem Computerpionier Heinz Nixdorf benannte Museum vermittelt im ehemaligen Verwaltungsgebäude seines Unternehmens die Geschichte der Kommunikations- und Informationstechnik. Besucher gehen auf eine Zeitreise, die vor 5.000 Jahren mit der Entwicklung von Schrift und Zahlen beginnt und bis zur Gegenwart mit Themen wie Internet und Roboter-Technologie reicht. In einer Dauerausstellung auf zwei Etagen sind auf 6.000 Quadratmetern rund 2.000 Exponate der Rechen-, Schreib- und Bürotechnik wie alte Computer zu bewundern. Darüber hinaus laden etwa 70 Multimediastationen dazu ein, mehr Wissenswertes in virtuellen Welten zu erfahren. Große Anziehungspunkte sind natürlich zwei Spieleinseln mit insgesamt zwölf PCs. Bei den Veranstaltungen der Museumspädagogen lernen Kinder und Jugendliche, wie sie Geheimschriften entwickeln, Roboter programmieren oder mit dem Abakus rechnen. Genaue Themen, Termine und Preise auf Anfrage. Öffnungszeiten: Di-Fr 9-18 Uhr, Sa, So 10-18 Uhr, Mo geschlossen. Eintritt: € 5, ermäßigt € 3. Schulklassen haben nach Anmeldung freien Eintritt.

Experimentierlandschaft

 phaeno
Willy-Brandt-Platz 1, 38440 Wolfsburg, www.phaeno.de, E-Mail: entdecke@phaeno.de. Anfahrt: A2 H-Berlin, A39, Abf. Wolfsburg-West, Ri Zentrum.
Einen Crashtest mit dem eigenen Körper erleben, einen Feuertornado in Wolfsburg sehen oder doch

ERLEBNIS TECHNIK

besser mit einem fliegenden Teppich auf Reisen gehen? Das alles und mehr bietet die Experimentierlandschaft „phaeno" in Wolfsburg. Kinder und Erwachsene können auf der Aktionsfläche von über 9.000 Quadratmetern faszinierende Welten entdecken. Im Mittelpunkt stehen 250 interaktive Stationen zu neun Themenfeldern aus Naturwissenschaft und Technik, die zum Ausprobieren und Erforschen einladen. Zusätzlich gibt es ein alle zwei bis drei Monate wechselndes Programmangebot für Schulen und Gruppen.
Öffnungszeiten: Di-So 10-18 Uhr, in den Ferien auch Mo 10-18 Uhr.
Eintritt: Kinder ab sechs Jahre € 7, Erwachsene € 11.

Flughafen

Flughafen Hannover
30662 Hannover, Tel. 977-13 53 (Kontakt: Herr Aselmeier), www.hannover-airport.de, E-Mail: airportservice@hannover-airport.de.
Am Flughafen Hannover lernen Kinder die Welt des Fliegens kennen. „Flugzeuge hautnah" könnte das Motto der spektakulären Flughafenführungen lauten. Man erfährt, wie die Fluggäste in die Flugzeuge gelangen und was mit ihrem Gepäck passiert. Wer hat sich nicht schon mal gefragt, woher das Gepäck „weiß", dass es nach Italien muss und nicht nach Sibirien? Mit dem Flughafenbus geht es dann zur Rundfahrt über das Vorfeld, vorbei an der Feuerwehr, in der die knallroten Feuerwehrautos geparkt sind. Imposant sind auch die Flughafenwerft und die riesigen Flugzeughallen. Der Abschluss der Flughafenführung ist auf der Aussichtsterrasse, von der aus der gesamte Flughafen noch mal überblickt werden kann. Preise für die Flughafenführung (nur nach Voranmeldung): Kinder ab fünf Jahre € 2, Erwachsene € 4.

Mülldeponie

aha – Abfallwirtschaft Region Hannover
Karl-Wiechert-Allee 60c, 30625 Hannover, Tel. 0800-999 11 99, www.aha-region.de, E-Mail: service@aha-region.de.
Tag für Tag produzieren die Hannoveraner Müllberge. Fragt sich, wohin die Wagen von der Müllabfuhr Schokoladenpapier, zerknautschte Milchtüten und anderen Abfall eigentlich transportieren? Was geschieht mit dem Müll? Pfiffige Kids, die diese Fragen nicht kalt lassen, können sich

SPASS UNTER DÄCHERN

Wenn's so richtig qualmt und stinkt wird Technik interessant

ERLEBNIS TECHNIK

während einer Führung über die Deponie Hannover informieren. Natürlich riecht es in dieser Landschaft nicht angenehm, dafür bleibt keine Frage zum Thema „Müll" unbeantwortet. Einmal im Jahr findet auf der Deponie Hannover ein Tag der offenen Tür statt mit Spiel, Spaß und einem Blick hinter die Kulissen. Neugierige Vorschulkids haben die Möglichkeit, an einer Führung über einen der Wertstoffhöfe teilzunehmen. Da erfahren sie, wie Abfälle und Wertstoffe sortiert und entsorgt bzw. zu welchen Produkten sie verwertet werden. Für Führungen (regelmäßig dienstags) wird eine Anmeldung erbeten unter Tel. 991 14 77 93 oder 991 14 79 11.

Sonne, Mond & Sterne

Volkssternwarte
Am Lindener Berg 27, 30449 Hannover, Tel. 45 62 90, www.sternwarte-hannover.de, E-Mail: info@sternwarte-hannover.de.
Was ist ein grüner Blitz? Wie sieht eine Nebensonne aus? Wer hat schon einmal einen Regenbogen in der Nacht gesehen? Wahrscheinlich keiner, denn mit dem bloßen Auge ist das unmöglich. Um derartige Sensationen zu sehen, braucht man ein Teleskop. Wer hat schon so ein Gerät auf dem Balkon? Wie schön, dass dieser Mangel in der Volkssternwarte auf dem Lindener Berg kostenlos beseitigt werden kann. Auf dem höchsten Punkt Hannovers (90 Meter) können Familien jeden Donnerstag zwischen 20 und 22 Uhr den Sternenhimmel beobachten. Dazu sollte der Himmel klar sein – durch Wolken sieht man schlecht. Alle kleinen Astronomen können ganz genau den Großen Wagen, den Mond und natürlich den Abendstern beobachten. Da es im Sommer zu spät dunkel wird, fallen im Juni und Juli die Beobachtungsabende leider aus.

Planetarium Wolfsburg
Uhlandweg 2, 38440 Wolfsburg, Tel. 05361-219 39, www.planetarium-wolfsburg.de, E-Mail: info@planetarium-wolfsburg.de.
Sternengucker müssen auf gutes Wetter warten, um Himmelskörper beobachten zu können. Im Planetarium in Wolfsburg spielen Wolken und Regen keine Rolle. In einem „Sternentheater"-Saal wird der Himmel künstlich projiziert und gibt freie Sicht auf Mond, Planeten und Sternenbilder. In bequemen Kippsesseln können Besucher die Shows verfolgen. Jeden Samstag um 15 Uhr und jeden Sonntag um 14 Uhr läuft ein Kinderprogramm. Für Schulklassen stellt das Team Vorführungen zusammen, die auf den Unterricht abgestimmt werden können. Öffnungszeiten: Kinderprogramm Sa 15 Uhr, So 14 Uhr, Hauptprogramm Sa 16.30 Uhr, So 15.30 Uhr, Mo, Fr 14.30 Uhr, Mi 15 Uhr. Eintrittspreise: Kinder € 3, Erwachsene € 5.

SPASS UNTER DÄCHERN

Strom & Wasser

enercity – Stadtwerke Hannover
*Ihmeplatz 2, 30449 Hannover,
Tel. 430-0, www.enercity.de, E-Mail:
kommunikation@enercity.de.*
Woher kommt der Strom? Wie wird schmutziges Wasser wieder sauber? Antworten auf solche Fragen rund um die Strom- und Wasserversorgung geben die Stadtwerke auf Besichtigungstouren. Auf einer Führung zur Windenergieanlage am Kronsberg erleben Besucher, wie die modernen Mühlen Strom produzieren. Im 85 Jahre alten Wasserkraftwerk „Schneller Graben" zwischen der Südstadt und Ricklingen können alte Maschinen bewundert werden. Und was im Inneren von Lindens Wahrzeichen mit den drei Schornsteinen vor sich geht, wird auf einer Tour durch das Heizkraftwerk verraten. Die kostenlosen Führungen dauern zwischen 30 Minuten und drei Stunden und sind für Schüler und Erwachsene. Termine können vereinbart werden.

Straßenbahnmuseum

**Hannoversches
Straßenbahn-Museum**
*Hohenfelser Str. 16, 31319 Sehnde,
Tel. 646 33 12 oder 05105-805 23,
www.wehmingen.de, E-Mail:
info@wehmingen.de, Kontakt:
Herr Lange.*
Es ist noch gar nicht lange her, da glitten Holzstraßenbahnen über das Pflaster. Die Großeltern müssten sich daran noch erinnern können. Die Bahnen waren zugig und die Sitze hart. Damals ging ein Schaffner durch die Bahn und verkaufte Fahrkarten. Er half beim Öffnen der Türen, denn das bedeutete für ein Kind einen kaum zu bewältigenden Kraftakt. Im Straßenbahn-Museum wird diese Geschichte lebendig. Dort sitzt man in einem der uralten Gefährte und tuckert mit ihm durch die Landschaft. Insgesamt 50 Straßenbahnen – manche von ihnen 100 Jahre alt – sind zu bewundern. Man sollte nicht später als 15.30 Uhr kommen, damit genug Zeit für viele Nostalgiefahrten bleibt. Die Führungen sind im Preis inbegriffen.
Eintrittspreise: Kinder 6-15 Jahre € 2,50, Erwachsene € 6, Familien € 15. Geöffnet: Anfang April bis 3. Okt, So u. feiertags 11-17 Uhr.

SPORT, SPIEL & BADESPASS

SPORT, SPIEL & BADESPASS

SPIELPLÄTZE

Spielplätze im Stadtgebiet

Über 400 öffentliche Spielplätze gibt es in Hannover. Leider befinden sich viele nicht immer im bestmöglichen Zustand. Damit demolierte Schaukeln oder schadhafte Klettergerüste schnell repariert werden können, vergibt die Stadt Spielplatzpatenschaften. Paten können Erwachsene oder Kindergruppen werden, die sich häufig auf einem bestimmten Spielplatz aufhalten. Ihre Aufgabe ist es, Ansprechpartner für Kinder und Eltern zu sein und Informationen über Schäden an Geräten und Pflanzen an die Stadt weiterzuleiten. Die Patenschaft ist ein Ehrenamt, das jederzeit aufgelöst werden kann. Weitere Informationen gibt es beim: Fachbereich Umwelt und Stadtgrün, Langensalzastr. 17, 30169 Hannover, Tel. 168-453 38.

Besonders empfehlenswerte Spielplätze:

Spielplatz Georgengarten
Jägerstraße, 30161 Hannover.
Ein Spielplatz im Picknickparadies von Linden. Bei gutem Wetter weht der Wind köstliche Düfte herüber. Viele Familien aus verschiedenen Ländern machen es sich gemütlich. Der Grill steht in der Mitte und drum herum sitzen

Auf selbstgebauter Strickleiter

Kinder, Eltern und Großeltern zusammen und genießen den Schatten der prächtigen Bäume. Der Spielplatz ist überschaubar mit Schaukeln, Wippen, Klettergerüsten – eben allem, was ein Spielplatz braucht. Hier haben die Kinder Platz ohne Ende. Nur wenige Autos verirren sich hierher, und so können die Kleinen über Wiesen laufen, so schnell und weit sie mögen. Für Inline-Skater gibt es eine Skatebahn, auf der alle Kinder und Jugendliche kostenlos fahren dürfen. Dieser Spielplatz ist einer der wenigen in Hannover, der große Rasenflächen und viele schattige Plätze zum Ausruhen bietet. Der Georgengarten (→ S. 33) wird so zu einer Oase mitten in der Stadt!

SPIELPLÄTZE

Spielplatz Liliencronplatz
*Liliencronplatz,
30177 Hannover-List.*
Ein kleiner, feiner Spielplatz mit viel Grün, Bäumen und Hecken. Bei gutem Wetter trifft man viele Kinder und Eltern. Bei den Erwachsenen hat man oft den Eindruck, dass sie genauso gerne wie die Kleinen zu „ihrem" Spielplatz kommen. Jeder kennt jeden, und man findet immer jemanden zum Klönen oder Spielen. Bänke und Tische laden zum Verweilen ein, und Picknickkörbe mit Kaffee und Kuchen sind deshalb keine Seltenheit. Die Spielgeräte sind zwar nichts Besonderes, erfreuen sich aber trotzdem großer Beliebtheit. Es gibt mehrere Holzhäuser, eine Rutsche sowie ein kleines Klettergerüst. Wippe, Schaukel, Sandkasten, Bolzplatz und die Tischtennisplatte sind immer voll besetzt. Der gesamte Liliencronplatz wird durch einen Zaun von der Straße abgeschirmt. Von den vielen Sitzbänken hat man einen guten Blick über das gesamte Gelände. Insgesamt besticht der Spielplatz nicht durch ungewöhnliche Attraktionen, sondern durch seine freundliche, fast familiäre Stimmung.

Foto: Rubberball

Wakitu
Eilenriede, Höhe Lister Platz, 30163 Hannover-Oststadt.
Der Spielplatz gilt seit vielen Jahren als toller Treffpunkt mitten in der Eilenriede (→ S. 58), den ein Hauch von Freiheit und Abenteuer umweht. Im Jahr 2004 wurde das Gelände umfassend neu gestaltet. Von seiner Anziehungskraft hat der Wakitu (Abkürzung für Wald-Kinder-Tummelplatz) nichts verloren. Zentrum des großen Sandbereichs ist jetzt ein schönes Holzschiff zum Klettern. An der beliebten Wasserstelle bauen Kinder gerne Burgen oder nehmen auch schon mal ein erfrischendes Bad. Die Eltern bleiben meist gelassen und verpflegen sich am „Knusperhäuschen" mit Kaffee und Kuchen. Auch für Kinder, die sich sportlich betätigen wollen, gibt es genügend Angebote, z.B. Basketballkörbe, eine Skatebahn oder ein Fußballfeld. Der Wakitu ist aufgrund seiner zentralen Lage und praktischen Ausstattung (es gibt Toiletten) nach wie vor der beliebteste Spielplatz der Stadt.

Mobile Spielplätze

Happy Party
Schützenstr. 12, 30826 Garbsen, Tel. 05131-83 67, E-Mail: kinderparty@gmx.de, Kontakt: Frau Schütte.
Selbstverständlich könnte man einen Topf umdrehen, hier und da ein wenig draufschlagen und hof-

SPORT, SPIEL & BADESPASS

Beim Armmuskeltraining auf dem Lieblingsspielplatz

SPIELPLÄTZE

fen, dass die Partygäste vor Freude an die Decke springen. Wer sich aber unter einer außergewöhnlichen Feier etwas anderes vorstellt, sollte das Happy-Party-Team bestellen. Die nette Truppe organisiert Feste, die man nicht so schnell vergisst. Das Team hebt mit Zirkusauftritten, Fotoaktionen, Schokokusswurfmaschinen, Schminkaktionen und vielem mehr die Stimmung auf jedem Kinderfest. Zwei Stunden Kindergeburtstag, individuell auf die Gäste und deren Vorlieben zugeschnitten, kostet mit einer Animateurin inkl. Kleingewinnen, Süßigkeiten und Luftballons € 90. Hüpfburgen (ab € 75) und andere Spielgeräte können ausgeliehen werden. Am besten fordert man gleich die Angebotsmappe an.

Spielmobile

Einen fahrenden Spielplatz, auf dem die Kinder heute hier und morgen dort spielen können – gibt es das wirklich? Na klar! Die Hannoveraner können sogar stolz behaupten, dass sie zwei davon haben.

▶ *Jugend- und Kindermobil, JuKiMob, Verband Christlicher Pfadfinder, Am Steinbruch 12, 30449 Hannover, Tel. 924 95 54, www.vcphannover.de, E-Mail: jukimob@vcphannover.de.*

Fünf Tage in der Woche fährt ein knallrotes ausrangiertes Feuerwehrauto vom Verband Christlicher Pfadfinder, genannt JuKiMob, in die Stadtteile Ahlem, Anderten, Bemerode und Kronsberg und lädt alle sechs- bis 13-jährigen Kinder zum Spielen, Basteln und Bauen ein.

▶ *Kreisjugendwerk der AWO Region Hannover, Fössestr. 47, 30451 Hannover, Tel. 12 60 70 16, E-Mail: spielmobil@kjw.de.*

Das Spielmobil des Kreisjugendwerkes der Arbeiterwohlfahrt Region Hannover bietet offene Treffpunkte an, bei denen die Aktivitäten spielerisch, sportlich, kreativ oder künstlerisch ausgerichtet sind. Angesprochen werden Kinder im Alter von sechs bis 14 Jahren. Jüngere Kinder können gerne mitgebracht werden. Die Standorte in Hannover sind Stöcken, Davenstedt und Vahrenheide. Während der Schulzeiten ist das Spielmobil jeweils von 14-17 Uhr vor Ort und hat Stelzen, Rasenski, Trampoline und viele andere Spielgräte an Bord. In den Wintermonaten findet das Angebot in unterschiedlichen Räumlichkeiten statt. Das Spielmobil kann genauso wie Riesenbälle, Hüpfburg, Rollenrutsche und andere Spielgeräte für Feste gemietet werden.

Spielplätze mit Betreuung

Spielparks
Eine optimale Ergänzung des Spielplatzangebotes in Hannover sind die Spielparks. Sechs- bis 14-

SPORT, SPIEL & BADESPASS

jährige Kids dürfen sich auf den großzügigen Außengeländen dieser Einrichtungen im ganzen Stadtgebiet richtig austoben. Viele offene Angebote, z.B. Hüttenbau, Stockbrotrösten am Lagerfeuer und die Pflege eines Hasen, fördern die Spielkreativität der Großstadtkinder. Und wenn es regnet, ist das nicht weiter schlimm. Jeder Spielpark besitzt ein festes Haus, in dem gebastelt, gekocht oder einfach nur gespielt wird. Damit keine Langeweile aufkommt, ist das Angebot besonders in den Ferien sehr vielfältig. Aber auch an Wochenenden steht niemand enttäuscht vor der verschlossenen Tür. Flohmärkte, Sportveranstaltungen und Feste finden samstags und sonntags statt. Das Programm kann in den einzelnen Einrichtungen erfragt werden. Es gibt neun Spielparks in Hannover:

▶ *Spielpark Holzwiesen, Holzwiesen 71, 30179 Hannover, Tel. 604 55 04.*
▶ *Spielpark List, Isernhagener Str. 82, 30163 Hannover, Tel. 62 96 27.*
▶ *Spielpark Roderbruch, Rotekreuzstr. 50, 30627 Hannover, Tel. 168-487 29.*
▶ *Spielpark Mühlenberg, Hübener Weg 4, 30457 Hannover, Tel. 168-495 77.*
▶ *Spielpark Tiefenriede, Haspelfelder Weg 18, 30173 Hannover, Tel. 88 26 27.*
▶ *Spielpark Wakitu, Hohenzollernstr. 57, 30161 Hannover, Tel. 62 03 55.*
▶ *Spielpark Ricklingen, Konrad-Hänisch-Str. 5, 30459 Hannover, Tel. 41 20 05.*
▶ *Spielpark Döhren, Ziegelstr. 1, 30519 Hannover, Tel. 83 58 61.*
▶ *Spielpark Linden, Kirchstr. 25, 30459 Hannover, Tel. 16 84 48 82.*

Indoor-Spielparks

Abenteuerland

Keine Panik bei miesem Wetter: Bewegungshungrige Kids zwischen null und 16 Jahren kommen im Abenteuerland voll auf ihre Kosten. Auf jeweils 3.000 Quadratmetern warten in Mellendorf und Hämelerwald Hüpfburgen, Rutschen, Trampoline, Spieltürme und vieles mehr. Für die ganz Kleinen stehen genügend Bobby-Cars sowie ein Softplay-Platz zur Verfügung. Ein Restaurant verpflegt die Eltern.
Geöffnet: Schultage 14-19 Uhr, Sa, So u. Ferien 10-19 Uhr, Eintritt: € 5 pro Person (inklusive Kaffee).
▶ *Niedersachsenstr. 7, 31275 Hämelerwald, Tel. 05175-30 27 12, www.abenteuerland-haemelerwald.de,*
▶ *Am Freizeitpark 6, 30900 Wedemark/Mellendorf, Tel. 05130-585 07 75, www.abenteuerland-mellendorf.de.*

Campo Aktiv-Arena
Hägenstr. 1, 30559 Hannover, Tel. 586 87 80, www.campo-arena.de, E-Mail: info@campo-arena.de.

SPIELPLÄTZE

Seit die Campo Aktiv-Arena im April 2005 ihre Eröffnung feierte, zieht es immer mehr Hannoveraner ins Gewerbegebiet Anderten. Kein Wunder: Auf 12.000 Quadratmetern Außen- und 17.000 Quadratmetern Innenfläche können sich Kinder, Jugendliche und Erwachsene gleichermaßen austoben. Langeweile kommt in dem gigantischen Spaß-Park garantiert nicht auf. Kids dürfen sich u.a. auf Seilbahnen, Trampolinen, Kletterlabyrinthen, Riesenrutschen und einen künstlichen See mit Piratenbooten und Paddelschiffen freuen. Sportler kommen in einer spektakulären Kletterlandschaft, bei Beachvolleyball, Badminton, Tischtennis, Fuß- und Streetball auf ihre Kosten. Skate-, Inline- und BMX-Fans erwartet ein Parcours, der keine Wünsche offen lässt. Und wer genug von all der Bewegung hat, kann im Relax- und Beautybereich prima entspannen oder es sich im karibischen Restaurant bequem machen. Gerne werden hier Kindergeburtstage gefeiert. Die Arena bietet acht verschiedene Programme an. Auf Wunsch kann ein Animateur gebucht oder ein Geburtstagsraum reserviert werden. Geburtstagstorte gibt's natürlich auch.
Öffnungszeiten: Mo 14-20 Uhr, Di, Do 9-24 Uhr, Mi, Fr 14-24 Uhr, Sa 10-24 Uhr, So 10-20 Uhr.
Tagestickets: Skatepark € 5,50, Spielpark € 7,50, Gesamtaktivticket € 13,50. Ermäßigung für Gruppen und Familien.

Spielparadies Happy Indoor
Am Eisenwerk 37, 30519 Hannover-Wülfel, Tel. 260 28 00, www.happy-indoor.de, E-Mail: info@happy-indoor.de.
In der Halle eines alten Eisenwerks befindet sich das Spielparadies „Happy Indoor" in Wülfel. Auf 2.500 Quadratmetern finden Kinder genügend Attraktionen, um sich bei schlechtem Wetter kräftig auszutoben. Zu den Highlights gehört eine elf Meter hohe Drachenburg mit Wendelrutschen, Kletternetzen und Ballkanonen, eine Hüpfburg, eine Kin-

Indoor-Schminksession

Foto: Jogol's fantastic kinderworld, München

SPORT, SPIEL & BADESPASS

derkartbahn sowie ein Jahrmarkt-Karussell mit Pferden und Kutschen. Am Wochenende (Fr-So jeweils 15.30 Uhr) heißt es im kleinen Zirkus Manege frei für Clowns, Artisten und Puppenspieler. Eltern haben vom Biergarten aus einen guten Blick auf ihre Kinder im Spielparadies.
Öffnungszeiten: Mo-Fr 11-19 Uhr, Sa, So 10-19 Uhr. Eintritt: Kinder € 6, Erwachsene € 4,50.

Tumultus Fun Park
Lohweg 2, 30559 Hannover, Tel. 26 09 11 90, www.tumultus-spielpark.de, E-Mail: info@tumultus-spielpark.de.
Nomen est omen: Im Tumultus in Hannover-Anderten ist ganz schön was los. Wal-Hüpfburg, Trampoline, ein dreistöckiger Funpark mit Hindernissen, Rutschen, Ballpool und Fun-Shootern sowie einige andere Attraktionen sorgen meistens für viel Andrang in der 4.000 Quadratmeter großen Halle. Sportliche Kids kicken auf dem Kunstrasen-Soccerfeld oder spielen Hockey und Volleyball. Tischtennisplatten, Kicker-Tische und eine Kletterwand gehören zum weiteren Angebot. Das Dschungel-Bistro versorgt Eltern und Kinder mit Snacks sowie kalten und warmen Getränken. Für Kindergeburtstage stehen vier Räume und verschiedene Geburtstagspakete zur Verfügung.
Öffnungszeiten: Mo-Do 14.30-19 Uhr, Fr 14.30-20 Uhr, Sa u. Ferien 10-20 Uhr, So 10-19 Uhr; Eintritt: Kinder 1-2 Jahre und Senioren ab 60 Jahre € 2,50, Kinder 2-18 Jahre € 6, Erwachsene € 4,50, ermäßigter Eintritt in der Happy Hour ab 17.30 Uhr.

Outdoor-Spielpark

Happy-Family-Park
Ferdinand-Wilhelm-Fricke-Weg 4, 30169 Hannover, Tel. 228 04 40, www.happy-family-park.de, E-Mail: christelhuebsch@gmx.de.
Mit einem sehr vielseitigen Angebote kann der Happy-Family-Park in der Nähe des Maschsees (→ S. 75) glänzen. Neben Standards wie Hüpfburg, Riesentrampolin und Rutschen bieten Kasperle-Theater, Kinderschminken und Karaoke-Show eine angenehme Abwechslung. Viel Zuspruch findet bei den Vier- bis Siebenjährigen ein großes Becken mit Gummibooten. Autoskooter und Kartbahn erfreuen die ganze Familie. Besondere Programme gibt es für Geburtstagsfeiern.
Öffnungszeiten: März-Nov Mo-Fr 14-19 Uhr, Sa, So 11-19 Uhr, Sommerferien 11-20 Uhr. Eintritt: Kinder ab zwei Jahre € 3, Erwachsene € 6.

BADESPASS

BADE-FREUDEN

Erlebnisbäder

aquaLaatzium
Hildesheimer Str. 118, 30880 Laatzen, Tel. 860 24 90, www.aqualaatzium.de, E-Mail: info@aqualaatzium.de.
Die meisten hannoverschen Kinder fahren hier am liebsten hin, wenn sie im Wasser toben wollen: Das „aquaLaatzium" ist das modernste Bad in der Region. Besonders die 80-Meter-Rutsche, der rasant kreiselnde Whirlpool und ein großer Wasserfall sind Attraktionen, aber auch im Sole-Außenbecken sind Erwachsene nicht unter sich. Babys mit Begleitung treffen sich im flachen Wasserspielgarten. Mit seinem Angebot spricht das Bad die ganze Familie an. Im großen Wellnessbereich werden Eltern mit vielen unterschiedlichen Massagen verwöhnt. Saunagänger haben die Wahl zwischen Erdsauna, Seesauna oder Terva-Sauna. In den Sommermonaten ergänzt der Badesee im Außenbereiche das Angebot für Schwimmer. Im Restaurant „blubb" werden Klassiker wie Pommes mit Currywurst serviert. Bargeld kann übrigens getrost im Schrank bleiben. Alle Beträge werden über ein Armband

Wunderbar: Sich einfach mal treiben lassen ...

SPORT, SPIEL & BADESPASS

Wasserballett einmal ganz anders im Badeland Wolfsburg

registriert und am Ausgang zusammen abgerechnet. Das kann den Badausflug nach Laatzen allerdings teuer machen. Öffnungszeiten: Mo 11-22 Uhr, Di-Fr 6.30-22 Uhr, Sa u. So 9-22 Uhr. Eintritt: Tageskarte Kinder bis 6 Jahre € 1,30, Kinder ab 7 Jahre/Jugendliche € 6, Erwachsene € 9.

Badeland Wolfsburg
Am Allerpark, 38448 Wolfsburg, Tel. 05361-890 00, www.badeland-wolfsburg.de, E-Mail: info@badeland-wolfsburg.de. Anfahrt: A2, H-Berlin, Abf. Wolfsburg.

Wellen ohne Ende, Salz auf der Haut und kein Sand unter den Nägeln? Im Badeland Wolfsburg ist das normal. Kleine und große Badefreunde können hier zwischen fünf verschiedenen Becken wählen. Ein unglaubliches Gefühl ist es, die 110 Meter lange Röhrenrutsche „Black Hole" herunterzusausen: Man meint fast, der Kanal sei endlos, landet aber doch immer wieder im Wasser. Wem langsam Schwimmhäutchen wachsen, der kann sich mit Tischtennis oder am Kicker entspannen. Im Sommer ist außerdem ein Freigelände zum Spielen und Sonnen geöffnet.

BADESPASS

Öffnungszeiten: 15.9.-14.5. Mo-Fr 6-22 Uhr, Sa 8-22 Uhr, So 8-20 Uhr; 15.5.-14.9. Mo-Sa 8-22 Uhr, So 8-20 Uhr. Eintrittspreise: Tageskarte Erwachsene € 9, Kinder und Jugendliche bis 18 Jahre € 6,50.

Celler Badeland
77er Straße, 29221 Celle, Tel. 05141-9 51 93-50, www.celler-badeland.de, E-Mail: info@celler-badeland.de. Anfahrt: B3 bis Celle.
Mit 40.000 Quadratmetern lädt dieses Bad dazu ein, den Alltag zu vergessen. Wasserbecken in der Halle und im Freibad, eine 90-Meter-Super-Wasserrutsche, Whirlpoolanlagen, Sauna – alles wurde großzügig angelegt. Zum Austoben stehen Beachvolleyballfelder, ein Bolzplatz und Tischtennisplatten bereit. Auch ein großer Biergarten wurde nicht vergessen. Ein praktischer Service für Kurzentschlossene oder Spontane ist der Wäschestückverleih. Von der Badekappe über den Badeanzug bis zum Laken kann alles, was zu einem zünftigen Badevergnügen gehört, ausgeliehen werden.
Öffnungszeiten: Mo 9.30-18.30, Di u. Do 6-22, Mi 6-17.30, Sa 8-19, So 8-18 Uhr. Eintrittspreise: Tageskarte (ohne Sauna) Kinder 3-15 Jahre € 5, Erwachsene € 9, Verleihservice: Badehose € 0,50, Badeanzug € 0,70, Handtuch € 0,50.

Tropicana
Jahnstr. 2, 31655 Stadthagen, Tel. 05721-97 38 10, www.tropicana-stadthagen.de, E-Mail: info@tropicana-stadthagen.de. Anfahrt: A2, H-Dortmund, Abf. Bad Nennendorf.
Palmen, wilde Wellen, warmes Wasser und ein Hauch von Karibik – das „Tropicana" ist ein Erholungsbad für die ganze Familie. Die Kids lassen es sich auf der Riesenrutsche, im Wildwasserkanal und mit viel Spielzeug gut gehen. Schwimmende Zeitgenossen vergnügen sich im großen Becken. Geburtstagskinder müssen keinen Eintritt zahlen. Im Bistro werden die Tische geschmückt, und der Jubilar bekommt eine kleine Überraschung. Gereicht werden Kinderlieblingsgerichte wie Pizza, Nudeln oder Hamburger. Salate und andere gesunde Dinge werden geschickt „untergemogelt". Die Preise für die Party werden abgesprochen.
Öffnungszeiten: Mo 13-22, Di, Do 6.30-22, Mi, Fr 8-22, Sa, So 9-22 Uhr. Eintritt: Tageskarte Kinder und Jugendliche bis 16 Jahre € 6, Erwachsene € 8.

Wasserparadies
Bischof-Janssen-Str. 30, 31134 Hildesheim, Tel. 05121-150 70, www.stadtwerke-hildesheim.de. Anfahrt: A7, Ri. Kassel.
Alte Schwimmhasen kennen dieses Bad noch als Rosentherme, aber die Zeiten sind vorbei. Heute erstrahlt das Spaßbad in neuem Glanz und mit viel Kinderfreundlichkeit. Erlebnisbecken, Strömungskanal, Riesenrutsche, Au-

Foto: Photodisc

SPORT, SPIEL & BADESPASS

ßenbecken, Whirlpools, 25-Meter-Becken und Dreimeter-Sprungturm: Fans des nassen Elements finden unzählige Möglichkeiten, um aktiv zu werden oder sich treiben zu lassen. Für den Nachwuchs gibt es ein Kinderland, das besser ausgestattet ist als viele Kindergärten. Die große Saunalandschaft bietet verschiedene Räume zum Schwitzen, mit Farblicht, Dampfbad und Kalttauchbecken.
Öffnungszeiten: täglich 9-22 Uhr; Eintritt: Tageskarte Kinder € 5,75, Tageskarte Erwachsene € 9,20.

Westfalen Therme
*Schwimmbadstraße, 33175 Bad Lippspringe, Tel. 05252-96 40, www.westfalen-therme.de, E-Mail: info@westfalen-therme.de.
Anfahrt: A2 H-Dortmund, Abf. Bielefeld, A33, Abf. Bad Eilsen.*

Träume unter Palmen – das verspricht die Westfalen Therme. Während sich die Kids im Wildwasserkreisel, auf den Rutschen und in den Innen- und Außenbecken tummeln, genießen die Erwachsenen die Saunawelt, den Whirlpool und die Sportbecken. Das Heilwasser ist 30 Grad warm – kein Wunder, dass es Kinder gut gelaunt über Stunden unter den Wasserfällen aushalten.
Öffnungszeiten: Sa-Do 9-23 Uhr, Fr 9-24 Uhr; Eintritt: inkl. Saunawelt: Kinder 4-15 Jahre € 9, Schüler und Studenten € 15, Erwachsene € 17.

Freibäder

Hochsommer, 28 Grad im Schatten, flimmernde Luft, und die Kin-

Endlich Sommer: Im Freibad macht sogar das Füßewaschen Spaß

BADESPASS

der haben hitzefrei – alle freuen sich da auf eine Abkühlung im Freibad. Bei neun Bädern haben die Hannoveraner die Qual der Wahl. Allerdings scheint das Lister Bad das Rennen um den Spitzenplatz auf der Beliebtheitsskala gewonnen zu haben. Kein Wunder, denn dieses Freibad wird jedem Anspruch gerecht: Sonnenhungrige finden einen Platz auf der großen Liegewiese, und Familien mit kleineren Kindern fühlen sich im Schatten der alten Bäume am wohlsten. Es gibt einen Spielplatz und Tischtennisplatten – der Treffpunkt aller Teenies. Babys und Kleinkinder lieben es, im warmen, flachen Kinderbecken zu plantschen. Ein Nichtschwimmer- und ein Schwimmbecken laden alle großen und kleinen Gäste zur Abkühlung ein. Die Sportiven kommen auch auf ihre Kosten. Auf dem Zehnmeter-Brett lässt sich feststellen, wer wirklich Mumm hat. Eintritt: ab € 1,40.

Bäderführer: Alle Frei- und Hallenbäder sowie alle Badeseen in der Region sind auf dieser Homepage verzeichnet, komplett mit Öffnungszeiten und Preisen: www.baederfuehrer-region-hannover.de.

▶ Fössebad, Liepmannstr. 7 b, 30453 Hannover, Tel. 210 21 08.
▶ Lister Bad, Am Lister Bad 1, 30179 Hannover, Tel. 168-482 65.
▶ Misburger Bad, Ludwig-Jahn-Str. 1, 30629 Hannover, Tel. 168-322 79.
▶ Ricklinger Bad, Kneipweg 25, 30459 Hannover, Tel. 168-439 86.
▶ Hainhölzer Bad, Voltmerstr. 56, 30165 Hannover, Tel. 350 05 48.
▶ Kleefelder Bad, Haubergstr. 17, 30625 Hannover, Tel. 55 96 18.
▶ Strandbad Maschsee, Rudolf-von-Bennigsen-Ufer, 30519 Hannover, Tel. 220 60 20.
▶ RSV Bad Leinhausen, Elbestr. 39, 30419 Hannover, Tel. 75 27 11.
▶ Volksbad Limmer, Stockhardtweg 6, 30453 Hannover, Tel. 211 01 08.

Hallenbäder

Wer sich den dynamischen Witterungsverhältnissen in Hannover und Umgebung in Badeklamotten nicht anvertrauen mag, schwimmt lieber in den sicheren Gefilden der Hallenbäder. Für Krabbelkinder und Babys gibt es flache Warmwasserbecken, außerdem sind Nichtschwimmer- und Schwimmbecken vorhanden. Alle hannoverschen Bäder veranstalten samstags von 14-17 Uhr einen Spielenachmittag. Die kleinen Wasserratten dürfen dann vom Beckenrand springen, auf einer riesengroßen

SPORT, SPIEL & BADESPASS

Luftmatratze hüpfen oder mit Styroporbooten und -tieren schwimmen. Sehr beliebt ist die „Lange Nacht der Bäder", in der sich die Hallenbäder einmal im Jahr in Großraumdiskotheken verwandeln – mit einem bunten Programm für alle Altersstufen. Nach Angeboten für Geburtstage können Sie sich beim jeweiligen Hallenbad erkundigen.

▶ *Stadionbad, Arthur-Menge-Ufer 5A, 30169 Hannover, Tel. 168-454 11.*
▶ *Stöckener Bad, Hogrefestr. 45, 30419 Hannover, Tel. 168-493 35.*
▶ *Fössebad, Liepmannstr. 7b, 30451 Hannover, Tel. 210 21 08.*
▶ *Vahrenwalder Bad, Vahrenwalder Str. 100, 30165 Hannover, Tel. 168-446 29.*
▶ *Misburger Bad, Ludwig-Jahn-Str. 1, 30629 Hannover, Tel. 168-322 79.*
▶ *Anderter Bad, Eisteichweg 7-9, 30559 Hannover, Tel. 52 68 00.*
▶ *Nord-Ost-Bad, Podbielskistr. 301, 30655 Hannover, Tel. 168-483 00.*

Schwimmkurse

Irgendwann sind die Zeiten vorbei, in denen die Jüngsten stolz auf ihre Schwimmflügel waren. Dann möchten sie ohne Hilfsmittel aus Plastik durchs nasse Element gleiten. Die ersten Versuche werden im Nichtschwimmerbecken gestartet, und bei versierter Betreuung kann meist jedes Kind nach wenigen Stunden sein erstes Schwimmabzeichen machen: das Seepferdchen. Natürlich gibt es immer wieder Kinder, die das Schwimmen allein lernen, alle anderen sollten einen Kurs besuchen. Geduldige und kompetente Lehrer und das fröhliche Miteinander der Frischlinge führen meistens zu schnellen Erfolgen. Gut aufgehoben sind die Kinder in den Kursen der DLRG (→ S. 162) und bei den Bademeistern der Hallenbäder (siehe links).

Seen & Naturbäder

Wenn einem die Sonne gnadenlos auf den Kopf scheint, hilft nur eins – das Abtauchen in die Kühle eines Sees. Für diese Erfrischung muss man keinen Pfennig bezahlen und kann so lange bleiben, wie man will – am besten noch den Grill mitnehmen und den romantischen Sonnenuntergang über dem Wasser genießen.

Ricklinger Kiesteiche
Anfahrt: Über die Schützenallee auf den Parkplatz Maschpark.
Hinter dem Maschsee (→ S. 75) beginnen die Teiche. Der Dreiecks Teich direkt hinter dem Parkplatz ist der beliebteste Ort für Kinder

BADESPASS

und Familien. Das liegt sicher an den großen Rasenflächen und den Bademöglichkeiten auch für kleinere Kinder. Der Kiosk versorgt alle mit Eis und Pommes, und das Toilettenhäuschen nebenan hat durchaus seinen Sinn. Man plantscht im Wasser, sonnt sich auf Luftmatratzen und lässt einen Drachen steigen. Schon nachmittags dampfen die Grills. Hier darf man laut und fröhlich sein!

Altwarmbüchener See
Anfahrt: Autobahnabfahrt Lahe, Zufahrt über Hannoversche Straße.
Damals benötigte man den Kies für den Bau der Moorautobahn. Das Kiesloch hat sich zu einem attraktiven, ca. 50 Hektar großen Freizeit- und Badegebiet gemausert. Es ist der beliebteste Freibadeplatz in Hannover, vor allem für Wassersportfans. Außerdem gibt es genug Platz für alle Wasserratten, die gerne surfen, paddeln, segeln, tauchen oder auch nur ausgiebig schwimmen möchten.

Silbersee
*Langenforther Straße,
30851 Langenhagen.*
Kein Mensch weiß, woher der See seinen Namen hat. Karl May hat nicht hier geplantscht, und Silber wurde noch nie gefunden. Wer dennoch an einen Schatz glaubt, sollte versuchen, danach zu tauchen. Alle anderen machen es sich auf den großen Rasenflächen oder unter einem der schattigen Bäume gemütlich.

Kleine Nixe beim Abtauchen

Foto: PhotoDisc

SPORT, SPIEL & BADESPASS

Maschsee Strandbad
Rudolf-v.-Bennigsen-Ufer, 30169 Hannover (→ S. 75).
Das Strandbad nimmt jetzt zwar Eintritt (Erwachsene € 2, Kinder ab 6 Jahre € 1), dafür bietet es auch alle Vorzüge eines Freibads: Bademeister, Umkleidekabinen, einen Kiosk und Toiletten. Dazu viel Sand und warmes, seichtes Wasser. Perfekt!

Schulenburger See
Anfahrt: über Hannoversche Straße nach Godshorn.
Der Geheimtip für Surfer ist der Schulenberger See. Brettartisten, Debütanten und Cracks vertragen sich prächtig auf dem See. Da die meisten zum Altwarmbüchener See (→ S. 125) fahren, ist es selten überfüllt, und man findet ein lauschiges Plätzchen am Wasser.

Thermen

Ith-Sole-Therme
In der Saale Aue, 31020 Salzhemmendorf, Tel. 05153-50 92, www.ith-sole-therme.de, E-Mail: info@ith-sole-therme.de. Anfahrt: B217 Ri. Hameln, Abf. Coppenbrügge.
Skandinavisches Flair weht durch dieses Bad mit viel Holz, Grünpflanzen und Licht. Es gibt Solebecken, Massagedüsen und Kaskaden. Wenn es draußen kalt ist, sollte man in das kühlere Außenbecken schwimmen, ein paar Schritte durch den Schnee wagen und dann ins heiße Innenbecken springen – das prickelt! Außen dampft das Wasser an jeder Ecke, und wenn der Nebeldampf über dem Bad aufsteigt, wirkt alles verzaubert. Es gibt zwar keine Rutschen oder Spielattraktionen, dennoch fühlen sich Kinder wohl. Nach einem Tag in der Ith-Therme ist man sauber, frisch und müde.
Geöffnet: tägl. 8-22 Uhr. Eintritt: Kinder bis 14 Jahre € 5,50, Erwachsene € 11.

Soltau Therme
Mühlenweg 17, 29614 Soltau, Tel. 05191-844 80, www.soltau-therme.de, E-Mail: info@soltau-therme.de. Anfahrt: A7 H-Hamburg.
Schafe blöken, Wälder rauschen und die Heide blüht. Mittendrin liegen Menschen unter Palmen und genießen exotische Getränke. Ein Traum? In der Soltau Therme in der Lüneburger Heide ist das möglich. In den Becken sorgt bis zu 36 Grad warmes Wasser für Enstspannung. Auf den Nachwuchs wartet das Kinder-Badeland mit Spielgeräten, bunten Figuren und flachem Wasser. Jeden letzten Dienstag im Monat findet von 15 bis 17.30 Uhr ein Spielenachmittag statt. Natürlich fehlen nicht die Riesenrutsche, Außenbecken, Whirlpools und Sauna. An heißen Tagen bietet die Therme ein Freibad mit Wasserrutsche, Volleyballfeld und Spielplatz.
Geöffnet: Mo 10-22, Di-So 9-22 Uhr; Eintritt: Kinder € 13, Erwachsene € 18, Mo 20 Prozent Rabatt.

FREIZEITSPORT

Auch American Football kann man im Verein spielen (→ S. 136)

FREIZEIT-SPORT

Bowling

Stars and Fun Center
*Osterstr. 42,
30159 Hannover, Tel. 363 18 11,
www.bowlingmachtlaune.de, E-Mail:
info@bowlingmachtlaune.de.*
Was haben DJ Bobo und Bon Jovi gemeinsam? Sie bowlen gerne und haben deshalb dem „Stars and Fun Center" bereits einen Besuch abgestattet. Früher hieß das Center „Gilde Bowling" und so sah es auch aus: altmodisch. Heute erstrahlt das „Stars & Fun" in hellem Licht und lockt Familien mit kinderfreundlichem Ambiente. Es gibt z.B. Kinderbowlingbahnen mit Pumpenrinnen. Das sind Hilfsrinnen, die verhindern, dass die Kugel ganz an den Kegeln vorbeirollt. Die Kinder dürfen Inline-Skates oder Skateboards mitbringen und herumfetzen. In der Kinderecke steht ein halbes Auto, auf dem das Toben erlaubt ist. Viele Kinder feiern hier Geburtstag. Die Bahn wird geschmückt und ein Geburtstagsessen mit Chicken Fingers und Pommes angeboten. Öffnungszeiten: Mo-Sa ab 14, So ab 10 Uhr.

Atrium Bowling
*Hildesheimer Str. 410-412,
30519 Hannover, Tel. 860 24 80,
www.atrium-bowling.com, E-Mail:
atrium-bowling@t-online.de.*

SPORT, SPIEL & BADESPASS

20 computergestützte Bowlingbahnen über den Dächern Hannovers – mit entsprechend beeindruckender Aussicht – dazu ein reichhaltiges Speise- und Getränkeangebot – das bietet „Atrium Bowling". Hier kann sportlich der Kindergeburtstag gefeiert oder ein aktiver Familiennachmittag verbracht werden.
Der Sonntag lockt als „Family Day" mit Familienrabatt: Erwachsene in Begleitung von Kindern zahlen pro Spiel € 2,10, Kinder € 1,10. Öffnungszeiten: Mo-Do ab 15, Fr-So und feiertags ab 14 Uhr.

Rrrrrasant: Inline-Skating ist ein generationsübergreifender Spaß

FREIZEITSPORT

Inlineskating & Skateboard

Gestandene Skater blicken neidisch nach Köln auf die Domplatte und nach Hamburg zur Kunsthalle, denn einen so guten und zentralen Skateplatz hat Hannover nicht zu bieten. Der Opernplatz war früher beliebt, hat aber mit der Zeit sein glattes Pflaster eingebüßt – jetzt behindern Kanten und Fugen die freie Fahrt.
Mit diesen Treffpunkten nehmen Hannovers Skater also Vorlieb, während sie auf einen neuen, richtig guten hoffen:
▶ *Im Georgengarten: Vorplatz Wilhelm-Busch-Museum (→ S. 33, 82).*
▶ *Welfenplatz in der Oststadt.*
▶ *Bauspielplatz in der Südstadt.*
▶ *Küchengarten in Linden.*
▶ *Aegidientorplatz in der Stadtmitte.*
▶ *Jugendzentrum Glocksee (→ S. 164) im Hof.*
▶ *Liepmannstraße vor dem Fössebad (→ S. 123).*

Besser fahren geübte Skater und solche, die es werden wollen, in folgenden Skaterhallen:
▶ *Campo Aktiv Arena, Hägenstr. 1, 30559 Hannover, Tel. 586 87 80.*
▶ *Yard Skatehall, Empelder Str. 124, 30455 Hannover/Badenstedt, Tel. 279 36 79, www.yard-skatehall.de.*
Das Zentrum für Funsportarten, Skateboarding, BMX und Inlineskating richtet auf seinen 1.500 Quadratmetern auch Veranstaltungen aus. Eintritt: € 4 für Fahrer, 2 € für Zuschauer. Öffnungszeiten: Di-Fr 15-21, Sa, So 13-21 Uhr.

Kinder, die das Skaten oder Inline-Skaten noch üben, haben weniger hohe Ansprüche. Platz zum Schlingern finden sie hier:
▶ *Skatebahn mit kleinen Hügeln am Spielplatz im Georgengarten (→ S. 33), Lodyweg.*
▶ *Steuerndieb in der Eilenriede (→ S. 58).*
Sa u. So wird die Straße vom Steuerndieb zum Zoo gesperrt. Wem der Belag zu holprig ist, der sollte einfach in den Wald und auf die Fahrradwege ausweichen. Die beste Strecke ist die vom Steuerndieb zum Lister Turm.

Inline-Fahrer schätzen lange, glatte Strecken, so wie diese:
▶ *Am Maschsee (→ S. 75).*
Hier gibt es weder Ampeln noch Autos. Die Strecke ist in einem optimalen Zustand, und das Ambiente herrlich. Debütanten sollten sich nicht unbedingt auf diese Strecke stürzen, denn hier düsen vor allem Cracks um den See. Auf dem Parkplatz vor dem Maschseebad (→ S. 126) treffen sich am Wochenende Freestyler.
▶ *An der Leine.*
Auch Anfänger fühlen sich hier wohl. Ganz gemütlich rollt man z.B. vom Fährmannsufer zur Dornröschenbrücke.
▶ *Am Misburger Wald (→ S. 58).*
Alle, die noch ungeschickt auf ihren Skates sind, üben im Misburger Wald. Hier findet man kürzere

SPORT, SPIEL & BADESPASS

Strecken ohne viel Publikum. Wenn man hier mal auf den Po plumpst, kichern höchstens die Eichhörnchen.

Karting

J.A.G. Pole Position
Rudolf-Diesel-Weg 10, 30419 Hannover, Tel. 63 60 63, www.kartbahn-hannover.de.
Auch in Vinnhorst können Nachwuchs-Schumis dem Rausch der Geschwindigkeit verfallen. Hier düsen die Kids in Gefährten herum, die speziell für sie konstruiert wurden. Mit den kunterbunten „Kinder-Karts" kurven Rennfahrer ab sieben Jahren über die Bahn, natürlich nur wenn die Großen Pause machen. Auch Kindergeburtstage können auf der Kartbahn gefeiert werden. Pommes, Eis und Würstchen dürfen dabei natürlich nicht fehlen und können im Bistro geordert werden. Öffnungszeiten: Mo-Fr 16.30-23 Uhr, Sa u. So 11-23 Uhr, Kosten: € 6 pro Fahrt.

Kart-O-Mania
Magdeburger Str. 9, 30880 Laatzen, Tel. 05102-935 00, www.kartomania-laatzen.de, E-Mail: info@kartomania-laatzen.de.
Wie echte Profis sitzen hier schon Achtjährige in kleinen Rennmaschinen und düsen sehr professionell über die Bahn. Wie das funktioniert? Der Juniorclub macht's möglich. Samstags von 9-12 Uhr ist die gesamte Bahn für die Erwachsenen gesperrt. In insgesamt zwölf Stunden lernen die Kinder Stop-and-Go, Slalomfahren und die Bedeutung der verschiedenen Flaggen, die an der Rennbahn geschwenkt werden. Die Kleinsten bekommen Kindersitze und Pedalverlängerungen. Abschließend muss jeder eine Prüfung machen, und wer die besteht, erhält die Juniorlizenz. Damit darf jedes Kind zu allen Zeiten genau wie die Erwachsenen Kart fahren. Kosten: Juniorclub € 77 für zwölf Stunden. Öffnungszeiten: Mo-Fr 15-24 Uhr, Sa 9-24 Uhr, So 10-24 Uhr.

Klettern

Campo Aktiv Arena → S. 116

Escaladrom
Am Mittelfelde 39, 30519 Hannover, Tel. 475 64 44, www.escaladrome.de, E-Mail: eineNachricht@escaladrome.de.
Im Escaladrom wird ohne Seil und Helm geklettert, dafür bewegen sich alle Sportler in Absprunghöhe, außerdem ist die Halle mit Matten gesichert. Bouldern nennt sich der Sport, bei dem man hervorragend Klettertechniken erlernen und üben kann. Insgesamt bittet Norddeutschlands erste öffentliche Boulderhalle 250 Quadratmeter Kletterwand mit 100 verschiedenen Touren. Im Escaladrome können auch Kindergeburtstage gefeiert werden.

FREIZEITSPORT

Öffnungszeiten: So-Fr 11-23 Uhr, Sa 11-20 Uhr; Eintritt: Kinder € 5,50, Erwachsene € 7,50.

Hochseilgarten Springe
An der Weide 5, 31832 Springe/ Altenhagen I, Tel. 05041-640 00 36, www.hochseilgarten-springe.de, E-Mail: info@hochseilgarten-springe.de.
Der Hochseilgarten Springe wurde 2000/2001 erbaut und gehört damit zu den ersten Hochseilgärten in Deutschland. Seither haben sich die Programme für verschiedene Zielgruppen – darunter Familien, Schulen und Vereine – stetig weiter entwickelt. Neben den verschiedenen Programmen für größere Gruppen bietet der Hochseilgarten Springe speziell für kleinere Gruppen und Einzelpersonen Events an. Ab einer Gruppengröße von acht Personen können Veranstaltungen auch unabhängig von den angegebenen Terminen gebucht werden. Jeden zweiten Sonntag gibt es Schnupperkurse von drei bis vier Stunden Dauer (unter 18 Jahre € 29, über 18 Jahre € 49, zwei Erwachsene und zwei Kinder € 98, jedes weitere Kind € 19). Für Kinder und Jugendliche in kleineren Gruppen bietet der Hochseilgarten Springe zwei- bis dreistündige Programme an (bis zehn Kinder: pauschal € 180). Für die jüngsten Gäste hat der Hochseilgarten einen Kurs in petto, der einen kleinen Parcours am Boden und je nach Alter der Teilnehmer die Kletterwand, einen Rundkurs auf dem Hochseilgarten oder die Riesenschaukel beinhaltet. Veranstaltungen sollten telefonisch oder per E-Mail gebucht werden.

Klettern im Kirchturm
Bethlehemkirche, Bethlehemplatz 1, 30451 Hannover, Tel. 213 36 35, www.derturmruft.de, E-Mail: info@derturmruft.de.
In Hannover-Linden können Kinder ab sieben Jahren, Jugendliche und Erwachsene innen und außen am Kirchturm klettern! In einem fünf mal fünf Meter großen und sieben Meter hohen Raum gibt es an drei Wänden verschiedene Routen direkt an den Kirchturmwänden. Zwei Kletterrouten sind mit Klettergriffen gestaltet und für etwas geübte Kletterer befinden sich an einer Wand mit Überhang zwei weitere Routen. Eine knapp sechs Meter breite Boulderwand lädt zum Üben und Ausprobieren in Absprunghöhe ein. Die offene Klettergruppe trifft sich jeden Montag 17-19 Uhr. Eine zweistündige Kletterpartie zum Kindergeburtstag mit zwei Betreuern kostet für zehn Kinder € 95.

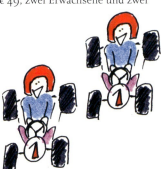

SPORT, SPIEL & BADESPASS

Level up
Werkhof, Kniestraße 35, 30167 Hannover, Tel. 35 35 62 62, www.levelup-hannover.de, E-Mail: info@levelup-hannover.de.
„Von wegen in den Seilen hängen!" Das Sport-, Fitness- und Wellness-Zentrum „Level up" in der Nordstadt bietet Hannovers höchste Kletterwand mit mehr als 150 Quadratmetern Art-Rock-Kletterfläche und etwa 15 variablen Routen in verschiedenen Schwierigkeitsgraden. Eine Top-Rope-Strecke sowie ein 16 Meter hoher Schacht und ein sieben Meter hohes Portal begleiten große und kleine Kletterer auf dem Weg nach oben. Alle Anfänger können eine Einführung in die sichere Benutzung der Indoor-Kletterwand erhalten. Sie lernen in Climbing-Kursen Sicherungsmethoden, Anseilknoten, Umgang mit Seil und Gurt und allgemeine Sicherheitsregeln. Klettermaterial (Gurte, Schuhe, Seile, Karabiner, Sicherungsgeräte) werden gestellt. Öffnungszeiten: Mo 8.30-22.30, Di/Do 10.30-22.30, Mi 8.30-22.30, Fr 8.30-21.30, Sa 12-18, So 13-18 Uhr.

Minigolf

Manchmal fragt man sich verzweifelt, wie in aller Welt der kleine weiße Ball in das klitzekleine Loch purzeln soll. Kinderhänden scheint diese Kunst weniger Schwierigkeiten zu bereiten. Stolz zeigen sie den Großen ihre Tricks und gewinnen so manche Partie.
▶ *Miniaturgolfplatz Eilenriede (→ S. 58), Hohenzollernstr./Wedekindstr., 30161 Hannover, Tel. 0173-739 81 00.*
Bei gutem Wetter von März bis Oktober Mo-Fr 13-20 Uhr, in den Ferien ab 11 Uhr, Sa ab 12 Uhr, So ab 19 Uhr.
▶ *Miniaturgolfplatz Herrenhäuser Allee, In der Steintormasch 5, 30167 Hannover, Tel. 0171-412 87 61, www.minigolf-hannover.de.*
Bei gutem Wetter von März bis Oktober Mo-Fr 13-22 Uhr, Sa/So und feiertags 10-22 Uhr, letzter Einlass immer um 21 Uhr.
▶ *Silbersee in Langenhagen.*
In der Saison Mo-Fr 12-22 Uhr, Sa, So 10-22 Uhr.

Schneeballschlacht

Albertturm
Über dem Parkplatz an der Harzhochstr., 37539 Bad Grund, Tel. 0 53 27-15 35, www.bad-grund-harz.de, E-Mail: albertturm@aol.com. Anfahrt: A7 H-Kassel, Abfahrt Seesen.
Schon mal eine Schneeballschlacht im Sommer gemacht? So was gibt's nicht? Doch: und zwar am Albertturm auf dem Iberg bei Bad Grund. Ein besonderer Spaß – und eine weltweit einmalige Attraktion – ist der Schneemannbau mit Schneeballschlacht aus „echtem Schnee" im Sommer! Das vergnügliche Ereignis findet

FREIZEITSPORT

immer sonntags am Iberger Albertturm statt und ist ein erfrischender Jux für die ganze Familie. Im Winter wird hier schon seit 100 Jahren regelmäßig jede Menge Schnee eingelagert, um dann von Juni bis September jeden Sonntag hervorgeholt zu werden. Vor dem Vergnügen steht aber die Arbeit: Der Aufstieg vom Parkplatz an der Harzhochstraße ist zwar nur einen Kilometer lang,

Adressen für Pony- und Pferdefans gibt's auf S. 38

SPORT, SPIEL & BADESPASS

aber ziemlich steil. Vorbei geht's an der Iberger Tropfsteinhöhle (→ S. 57), und oben gewährt der 32 Meter hohe Aussichtsturm einen weiten Ausblick über das Bad Grundner Tal, die Hochfläche von Clausthal-Zellerfeld und bei klarer Sicht sogar bis zum Brocken.

Segelschulen

Segel -u. Yachtschule
Rudolf-von-Bennigsen-Ufer 1 (am Sprengel Museum), 30519 Hannover, Tel. 88 49 40, www.maschseenord-segelschulehannover.de, E-Mail: info@maschseenord-segelschule hannover.de.
In dieser Schule können kleine Wasserratten anheuern und lernen, wie man die Segel setzt. Die Kurse beginnen mit praxisnahen Lektionen im Paddeln, Steuern, Zickzacksegeln, mit Manövern und mit echten Kenterübungen. Debütierende Seeleute gehen dabei schon mal über Bord, und deshalb ist das Tragen einer Schwimmweste auf den unsinkbaren Schiffen Vorschrift. Auch schwimmen müssen die Segelschüler können, das Seepferdchen-Abzeichen ist die Voraussetzung zum Erwerb eines Kinder-Segelscheins. Zwischen den Segeltouren wird auf spielerische Art ein bisschen Theorie gelernt: Wie werden richtige Seemannsknoten geknüpft? Welche Teile und welches Zubehör gehören zu einem kompletten Segelboot? Die Kinderkurse für kleine Segelfans ab sieben Jahre verteilen sich auf zwei Wochen, am Ende steht die Prüfung für den Jüngsten-Segelschein des deutschen Seglerverbandes auf dem Programm. Das Kindersegeln findet von Mai bis September statt, es kostet € 135 plus Nebenkosten.

Yachtschule Hannover
Rudolf von Bennigsen Ufer 51, 30173 Hannover, Tel. 88 23 14, www.yachtschule-hannover.de, E-Mail: info@yachtschule-hannover.de.
Optimisten segeln auf dem Maschsee (→ S. 75). Damit sind nicht jene Menschen gemeint, die an das Gute glauben, sondern die Optimisten-Jollen (Segelschiffe) von Käpitän Bondesen. Ab Mai segelt er und sein Team mit Kindern im Alter von sieben bis zwölf Jahren im Optimisten auf dem Maschsee. Im Lehrgang vermitteln sie neben wichtigen Grundkenntnissen im Segeln auch den Spaß an dieser Sportart. Acht „Optis" mit rotgelben Segeln warten auf ihren Jung-Steuermann und

FREIZEITSPORT

-frau. An sechs Tagen werden spielerisch so viele Kenntnisse vermittelt, dass der Lehrgang mit der Abschlussprüfung zum Jüngsten-Segelschein enden kann. Die Kinder lernen an zwei Wochenenden Wenden, Kreuzen, Knoten – eben alles was man für die Prüfung braucht. Hinterher werden die erworbenen Künste zwei Wochen lang kostenlos im „Opti" auf die Probe gestellt. Segelfans ab zwölf Jahren üben sechs Nachmittage auf dem Topper (Ein-Mann-Jolle) oder auf dem Jollenkreuzer (größeres Boot). Dann sind sie fit für den Grundschein. Sechs Optimisten-Lehrgänge und elf Lehrgänge für den Grundschein finden jährlich statt. Trotzdem sollte man seine Kinder schnell anmelden, da die Teilnehmerzahlen begrenzt sind. Vorab bietet sich für die ganze Familie das „Schnuppersegeln" auf dem Maschsee an: Immer sonnabends und sonntags um 16 Uhr, montags um 18 Uhr, nehmen Besucher die Pinne selbst in die Hand! Natürlich ist beim Schnuppern ein erfahrener Ausbilder an Bord.

Sommerrodeln

Freizeitpark Sommerrodelbahn
Münsterstr. 256, 49479 Ibbenbüren, Tel. 05451-32 26, www.sommerrodelbahn.de. Anfahrt: A30 H-Amsterdam, Abf. Ibbenbüren.
Im Sommer rodeln und gleich danach Schneewittchen besuchen – das geht! Auf der Sommerrodelbahn braucht keiner verzweifelt auf Schnee zu warten, hier gleitet der Schlitten rasant auch auf sandigem Grund bergab. Wer genug vom Schlittenfahren hat, besucht den Märchenwald oder startet eine Reise um die Welt. Kleine Fahrzeuge bringen die Besucher nach Afrika, Asien und in den Orient, und am Schluss gibt es auf dem Mond sogar ein Wiedersehen mit der Besatzung der legendären Apollo 11. Auf den 100.000 Quadratmetern dieses Freizeitparks findet jeder Erholung, Unterhaltung und Abenteuer. Gern darf ein eigenes Lunchpaket mitgebracht werden. Ein gemütliches Plätzchen zum Picknicken ist unter den alten Buchen neben dem Kinderspielplatz zu finden. Wer es bequemer mag, kehrt im Restaurant ein und genießt die familienfreundliche Küche, die anheimelnden Räumlichkeiten oder – bei Sonnenschein – die luftige Terrasse.
Preise: Sommerrodelbahn € 0,50, Märchenwald € 3,50, Reise um die Welt € 2.
Öffnungszeiten: Anfang April-Ende Okt tägl. 10-18 Uhr.

SPORT, SPIEL & BADESPASS

Sommerrodelbahn St. Andreasberg
Alberti-Lift GmbH, 37444 St. Andreasberg, Tel. 05582-265. Superlanges Sommerrodeln im Harz: Die Rutschbahn mit 550 Metern Länge und einem Höhenunterschied von 130 Metern bietet ein Erlebnis der besonderen Art für die gesamte Familie. Da macht Rodeln auch im Sommer Spaß! Den Rutschbahnstart, der Ausgangspunkt für Wanderungen ist, erreicht man bequem mit einer Doppelsesselbahn. Auf dem Gipfel des Matthias-Schmidt-Berges lädt die Matthias-Baude zur Rast mit weitem Blick über die Harzberge ein.
Öffnungszeiten: Bei trockenem Wetter von April bis Okt. täglich 9.30-17.45 Uhr. Preise: Berg- und Talfahrt für Erwachsene € 3,50, für Kinder bis 14 Jahre € 2,80, Gruppen ermäßigt.

Sport im Verein

Sportvereine
Was darf es sein? Yoga für Schulkinder, Aikido, Karate, Fußball oder Rugby? Die Angebotspalette der Sportvereine ist riesengroß. Der Vorteil liegt auf der Hand: Für einen günstigen Monatsbeitrag üben Kids und sportliche Familien die verschiedensten Sportarten aus und brauchen keine teuren Einzelstunden zu zahlen. Rund 330 Sportvereine sind im Stadtsportbund Hannover organisiert. Überblick verschafft man sich am besten und aktuellsten auf der Internetseite des Stadtsportbunds: Unter www.ssb-hannover.de finden sich alle Angebote, praktischerweise auf zwei Suchwegen, einmal nach Sportarten und einmal nach Vereinen sortiert. Telefonische Auskünfte gibt es hier:
▶ *Stadtsportbund Hannover, Ferdinand-Wilhelm-Fricke-Weg 10, 30169 Hannover, Tel. 12 68-53 00, www.ssb-hannover.de, E-Mail: info@SSB-Hannover.de.*
▶ *Hannoversche Sportjugend, Haus der Jugend, Maschstr. 24, 30169 Hannover, Tel. 88 02 22, www.hannoversche-sportjugend.de, E-Mail: info@hannoversche-sportjugend.de.* Die Sportjugend bietet Ferienreisen für Kinder und Jugendliche an, einen Veranstaltungsservice und Mitternachtssport im Roderbruch.
▶ *Regionssportbund Hannover e.V., Haus des Sports, Maschstraße 20, 30169 Hannover, Tel. 800 79 78-0, www.regionssportbund-hannover.de, E-Mail: info@regionssportbund-hannover.de.*
Unter dem Dach des Regionssportbunds haben sich über 670 Vereine mit mehr als 200.000 Mitgliedern zusammengeschlossen. Wer in den 20 Kommunen in der Region bestimmte Sportarten sucht oder das Angebot seines örtlichen Vereins kennen lernen will, kann die Infos im Internet finden.
▶ *Landessportbund Niedersachsen e.V., Ferdinand-Wilhelm-Fricke-Weg 10, Tel. 126 82 21, www.lsb-nieder*

FREIZEITSPORT

sachsen.de, E-Mail: sportjugend-nds@lsb-niedersachsen.de.
▶ Citysports.
Die Homepage ist eine Art Gelbe Seiten für alle Sportanbieter und -einrichtungen und nach eigener Auskunft „Deutschlands größtes Sportverzeichnis". Es ist nicht nur groß sondern auch praktisch: www.citysports.de/hannover.

Tennis, Squash, Badminton

Kids-Treff im Kaiser-Center
Fischerhof 1, 30449 Hannover, Tel. 44 44 99, www.kaisercenter.de, E-Mail: info@kaisercenter.de.
Kinder, egal welcher Altersstufe sind im Kaiser Center willkommen. Auf die ganz Kleinen warten Betreuer im Miniclub, während die Eltern in der riesigen Sport- und Wellnessanlage unterwegs sind, und für die schon etwas Älteren gibt es ein abwechslungsreiches Sportaktionsprogramm. An den Veranstaltungen kann jedes Kind unverbindlich teilnehmen, Geburtstagsfeiern sind möglich. Treffs für einzelne Kinder finden wöchentlich statt. Tennis, Badminton oder das Programm „Power for Kids" gibt es jeden Samstag in den Ferien um 10 Uhr.
Öffnungszeiten: tägl. 9-23 Uhr.

Sport- & Freizeitcentrum Empelde
Ronnenberger Str. 24, 30952 Hannover, Tel. 43 89 43,

Eine starke Sache: Selbstverteidigung für Kinder

SPORT, SPIEL & BADESPASS

www.sportcenter-empelde.de, E-Mail: *kontakt@sportcenter-empelde.de*. Das Sportcenter in Empelde hat für Kinder besondere Angebote mit Tennis, Badminton und Fußball auf dem Programm. Preisbeispiele: Badminton in den Schulferien für € 1,50 pro Kind (Mo-Fr 9-14 Uhr) oder die Kindergeburtstagsfeier auf dem Kunstrasen-Fußballfeld (inklusive Getränk und Pommes satt) für € 7 pro Kind.

Wintersport

Eisflächen
Rudolf-v.-Bennigsen Ufer, 30159 Hannover, Am Maschpark, 30159 Hannover, Herrenhäuser Straße, 30419 Hannover.
Wenn die Kälte in Hannover langsam zu klirren beginnt, polieren alle Kinder ihre Schlittschuhe und warten sehnsüchtig auf das Highlight des Winters: die Freigabe des Maschsees (→ S. 75). Ist der Zutritt gestattet, werden flugs Buden aufgebaut, und der ganze See beginnt nach Glühwein, Kakao und Würstchen zu duften. Mit Schlitten, Hunden und Kinderwagen schliddert ganz Hannover über das wunderbar rutschige Eis und amüsiert sich köstlich. Manchmal werden von den Stadtvätern sogar spontan riesengroße Eispartys organisiert. Ganz schnell, ganz unproblematisch und mit einer Menge Aktionen für große und kleine Hannoveraner! Schon lange, bevor der Maschsee zufriert, tummeln sich die Kinder auf der „kleinen Schwester" gegenüber. Auf dem flachen, kleinen Maschteich wird in kalten Jahren die „Open-Ice-Saison" eröffnet. Nein, in Holland sind wir nicht, trotzdem haben wir Grachten. So nennen zumindest Insider die kleinen Flüsschen in den Herrenhäuser Gärten (→ S. 34). Auch sie sind nicht sehr tief und frieren deshalb schnell zu. Viele Eishockeyspieler treffen sich hier und treiben den Puck über das Eis. Man kann aber auch gemächlich über das gefrorene Nass gleiten und den ungewöhnlichen Blick von den Grachten auf die Gärten genießen.

Eisstadien
Eisstadion Hannover, Am Pferdeturm 7, 30625 Hannover, Tel. 55 73 74, www.eisstadion-am-pferdeturm.de.
Zusätzlich zur Donnerstags-Eis-Disko gibt es seit neuem jeden Dienstag von 20.15 bis 22 Uhr die „Oldie-Sternenlauf-Disko" mit den Hits der 60er, 70er, 80er und 90er Jahre zum normalen Eintrittspreis. Fernab der Discoabende hellt ein Besuch im Eisstadion

FREIZEITSPORT

trübe Schlechtwettermienen auf! Wem es in Hannover zu voll ist, der weicht am besten nach Mellendorf ins Eisstadion aus. Eintrittspreise: Kinder und Jugendliche bis 17 Jahre € 2,50, Erwachsene € 3,50, Schlittschuhverleih: € 3. Öffnungszeiten: Mo-Fr 10-13 Uhr, Di auch 20.15-22 Uhr, Sa/So 10-12 Uhr, Diskolauf: Do 19-22 Uhr, Eintritt € 5.

Ice House,
Eisstadion Mellendorf
Am Freizeitpark 2-4, 30900 Wedemark, Tel. 05130-95 94-0, www.ice-house.de, E-Mail: info@sportundfreizeit.net.
Die Eislaufsaison im Ice House beginnt Anfang September und endet am 31. März. In den Ferien ist das Eisstadion zusätzlich auch vormittags geöffnet. Eintritt: Jugendliche € 1,80, Erwachsene € 2,80, Schlittschuhverleih € 2,60, für Schulklassen und Kindergärten (Mo-Fr 8-13 Uhr) € 1,20/Stunde pro Kind.
Geöffnet: Mo/Di/Do/Fr 14.45-16 u. 16.15-17.30 Uhr, Di auch 19.15-20.30 Uhr, Do auch 19.15-21 Uhr (Eisdisco), Fr auch 7.15-8.30, jeden ersten Freitag im Monat Moonlight Eislauf 21-23 Uhr, Sa/So 10.15-11.30, 14.45-16 u. 16.15-17.30 Uhr, So auch 8.45-10 Uhr.

Winter-Zoo
Zoo Hannover, Adenauerallee 3, 30175 Hannover, Tel. 28 07 41 63, www.zoo-hannover.de, E-Mail: info@zoo-hannover.de.
Von Anfang Dezember bis Mitte Januar präsentiert sich der Zoo

Eisprinzessinnen auf dem Weg ins Eisstadion

SPORT, SPIEL & BADESPASS

Hannover (→ S. 47) als Winterland: Ein Rodelhang lädt zur rasanten Abfahrt auf Reifen ein, auf einer glatten Eisfläche werden Pirouetten gedreht, an Ständen gibt es Glühwein und heißen Kakao. Meyers Hof wird zum festlich beleuchteten Winterdorf, dem Schlittenhunde und der Weihnachtsmann ihren Besuch abstatten. Eine urige Almhütte steht zum Aufwärmen bereit und im weihnachtlichen Geschenke-Bazar kann man stöbern und kaufen.

Rodelpisten

▶ *Eilenriede (→ S. 58), Bernadotteallee, Walderseestraße und an der Kleestraße hinter dem Eisstadion.*
Wir Städter müssen oft sehr lange auf den Schnee warten. Zum Glück gibt es in der Eilenriede gleich drei Rodelpisten, auf denen die weiße Pracht ein wenig länger hält als in der Innenstadt.

▶ *Spielplatzweg, 30855 Langenhagen.*
Etwas versteckt liegt die alte, prächtige Rodelbahn hinter dem Schwimmbad in Godshorn. Der mühsame Aufstieg über die vielen Treppen lohnt: Kleine und große Rodler erreichen auf dieser langen Piste Höchstgeschwindigkeiten.

▶ *Langenforther Straße, 30851 Langenhagen.*
Im Sommer kommt man im Bikini und im Winter mit dem Schlitten. Direkt neben dem Silbersee (→ S. 125) wurde ein kleiner Berg aufgeschüttet, der im Winter zur Rodelpiste wird. Vorsicht: Wenn man nicht schnell genug bremst, landet man flugs im See.

Snow Dome

Sölden, in Bispingen, Tel. 05194-43 11-0, www.snow-dome.de, E-Mail: info@snow-dome.de. Anfahrt: A7 Ri. Hamburg, 90 km von Hannover.
Seit Oktober 2006 steht in der Heide weithin sichtbar „Europas komfortabelste und breiteste Skihalle" mit einer Schneefläche von rund 23.000 Quadratmetern, 60 Meter breit beim Start und 100 Meter im Zielbereich, 300 Meter lang und mit einem Gefälle zwischen neun und 20 Prozent. Der Ausstiegspunkt von Sessellift und Schlepplift liegt 32 Meter hoch und gibt durch Panoramaverglasung den Blick in die Landschaft frei. Anfänger können auf einem Teppichförderband den Aufstieg üben. In der Halle herrschen konstante minus zwei bis minus vier Grad, damit der weiße Traum aus den Schneekanonen die beste Skifläche abgibt. Für alle Altersgruppen gibt es Angebote und Events: für Kinder von sechs bis neun Jahre die „Snow Kids", für die Zehn bis 13-Jährigen die „Snow Juniors" und für 14- bis 17-Jährige die „Snow Teens". Preise: Kinder bis 5 Jahre frei, Nachmittagsticket Kinder 6-16 Jahre € 16-17, Erwachsene € 22-24, Tagesticket Kinder 6-16 Jahre € 21-25, Erwachsene € 30-35, Kinderskikurse ab € 25. Geöffnet: So-Do 9-22 Uhr, Fr/Sa 9-23 Uhr.

KREATIVES LERNEN & SPIELEN

KREATIVES LERNEN & SPIELEN

KUNST & KULTUR

Veranstaltungstipps

 Kinder Kultur
*Kulturbüro,
Friedrichswall 15, 30159 Hannover,
Tel. 1 68-4 21 44, www.nananet.de/
kinderkultur.*
Das Kulturbüro bringt halbjährlich ein Heft heraus, das alle von der Stadt geplanten Kinderveranstaltungen vorstellt: Theater und Kino, Aktionen in Museen, Lesungen und Musik, Kinderzirkus und Ferienaktionen. Das Heft liegt kostenlos in allen Einrichtungen aus, die Angebote für Kinder im Programm haben. Die Angebote sind auch im Internet zu finden

 Kinderzeitung „Hannover Kids"
*Hinrichsring 29, 30177 Hannover,
Tel. 31 33 66, www.hannover-kids.de,
E-Mail: hannover-kids@gmx.de.*
Das Veranstaltungsmagazin „Hannover Kids" für Kinder und Familien erscheint monatlich, es wird kostenlos verteilt und liegt in Freizeitheimen, Büchereien, in den Kinderabteilungen der Kaufhäuser, Kinderboutiquen usw. aus.
Das Magazin enthält einen umfangreichen Veranstaltungskalender, Geschichten, aktuelle Meldungen, Rätsel und Bilder, Spielpark- und Restaurantkritiken, Reise-

Bücher der Stadtbibliothek (→ S. 148) erklären Kindern die Welt

KUNST & KULTUR

und Ausflugstipps, an denen jugendliche Experten in eigener Sache mitarbeiten.

Projekt für Jugendliche

Enercity network
Stadtwerke Hannover AG, Ihmeplatz 2, 30449 Hannover, Tel. 4 30-0, www.enercity-network.de, E-Mail: network@enercity.de.
Seit 1999 leistet die Stadtwerke Hannover AG (→ S. 110) mit dem Projekt „enercity network" kulturelle Jugendarbeit. Über 1.000 14- bis 20-Jährige beteiligten sich bereits an den jährlich Projekten in wechselnden Sparten: Schauspiel, Musik, Tanz, Multimedia, Medien, Wirtschaft und Sport. „Enercity network" arbeitet mit professionellen Fachleuten zusammen. Hotline: 0800-363 76 38).

Kindertheater-Workshops

Sich verkleiden, verwandeln, in andere Rollen schlüpfen – Theater spielen ist die Lieblingsbeschäftigung vieler Kinder.
▶ *Kindertheatergruppe im Freizeitheim Lister Turm, Walderseestr. 100, 30177 Hannover, Tel. 16 8-4 24 02.*
Das Scharniertheater bietet eine wöchentliche Kindertheatergruppe für Sechs- bis Zwölfjährige an. Gespielt und geprobt werden Märchen und Szenen mit Masken. Interessierte sind willkommen.

▶ *Oper Hannover, Tel. 99 99-10 82/-83/-85, www.oper-hannover.de.*
Die Theaterpädagogen bieten „Oper und Schule" für alle Klassen an, die hinter die Kulissen von Oper und Ballett gucken wollen. „Oper ohne Schule" hält Workshops zum Singen, Spielen und Ausstatten bereit. Im „Club XS" erarbeiten Neun- bis 13-Jährige ihr eigenes Musiktheater und führen es vor, „Club XL" richtet sich an Jugendliche ab 16 Jahre. Im „Ballettjugendclub" tanzen 14- bis 18-Jährige ihre Choreografien.
▶ *Schauspielhannover, Tel. 99 99-11 11, E-Mail: theaterpaedagogik@schauspielhaus-hannover.de, www.schauspielhannover.de.*
Vom Blick hinter die Kulissen und in die Werkstätten von Bühnenbauern, Kostümschneidern und Maskenbildnern über „Freestyle"-Workshops bis zur offenen Bühne „Galery of fame" für jugendliche Bühnenkünstler hat das Schauspielhaus vieles im Programm.
▶ *Kindertheater-Attacke, Kulturbüro Misburg-Anderten, Seckbruchstr. 20, 30629 Hannover, Tel. 1 68-322 01.*
Mit der Theaterpädagogin Conny Groterjahn lernen Kinder und Jugendliche am Freitagnachmittag in zwei Altersgruppen Grundlagen des Theaters kennen, entwickeln eigene Stücke und führen sie auch vor Publikum auf.

KREATIVES LERNEN & SPIELEN

▶ *Stagecoach, Landstr. 30, 30982 Pattensen, Tel. 05101-854 63 31, www.stagecoachschools.de, E-Mail: hannovernord@stagecoachschools.de.*
In dieser internationalen Schule für die darstellenden Künste üben Kinder ab vier Jahren Theaterspielen, Singen und Tanzen. Sie verbessern ihre Haltung, lernen sich auszudrücken, gewinnen Selbstvertrauen und haben Spaß dabei.

▶ *TASK, Stadtteilzentrum Nordstadt, Tel. 3 53 93 53, www.kinderschauspielschule.de, E-Mail: info@kinderschauspielschule.de.*
Die Kinder-Schauspielschule für Film und Theater mit Sitz in Hamburg hat fünf Filialen in Deutschland. Der Spaß steht an erster Stelle, neben Fantasie und Neugier gehören Konzentration und eine Portion Mut dazu – das will geübt sein.

Theaterpädagogisches Zentrum (TPZ)

Mühlenberger Markt 1, 30457 Hannover, Tel. 168-495 51, www.tpz-hannover.de, E-Mail: tpz.hannover@hannover-stadt.de.
Auf der Bühne kann jedes Kind einmal jemand ganz anderes sein. Was Jugendliche sich sonst nie trauen würden, können sie im Schauspiel mal ausprobieren. Theaterspielen macht Spaß. Und wer übt, kann seine Ausdrucksmöglichkeiten bald erweitern ... Das Theaterpädagogische Zentrum bietet seit gut 20 Jahren schulische und außerschulische Projekte an. Dazu gehören interdisziplinäre Workshops und internationaler Theateraustausch. Jedes Jahr wird im Theaterjugendclub (12-17 Jahre) ein Stück entwickelt und öffentlich aufgeführt. In den Ferien finden einwöchige Kurse statt, die mit kleinen Aufführungen enden. Jedes Jahr veranstaltet das TPZ ein großes Theaterfestival für Schul-, Jugend- und Amateurtheatergruppen im Alten Magazin.

Kunst- & Malschulen

Farbtraum Kunstschule

Flüggestr. 10, 30161 Hannover, Tel. 940 48 51, www.kunstschule-farbtraum.de, E-Mail: info@kunstschule-farbtraum.de.
Ein Raum, ein Traum und ganz viel Farbe – daraus ist 2004 die Kunstschule Farbtraum entstanden. Die beiden Gründerinnen sind Bühnen- und Kostümbildnerin und Mode-Designerin. Pädagogen und Designer ergänzen das

KUNST & KULTUR

Junge Künstler beim Action-Painting unter freiem Himmel

Team der Kursleiter. Kleinkinderförderung gibt es schon ab zwei Jahren, in Malateliers und Farbwerkstätten lernen Kinder von vier bis sechs Jahren Druck-, Stempel- und Frottagetechniken kennen, Siebenjährige üben das Filzen, ab neun Jahren heißt es „Zeichnen lernen" mit Bleistift, Kohle und Pastell. Kosten: ab € 38 pro Kurs.

Kunstschule KunstWerk e.V.
Hildesheimer Str. 111 A, 30173 Hannover, Tel. 88 88 49, www.kunstschule-kunstwerk.de, E-Mail: kunstschule-kunstwerk@t-online.de.
Seit 20 Jahren beherbergt ein alter Brauereikeller in der Südstadt Ateliers und Werkstätten, in denen Kinder zwischen vier und zwölf sowie Jugendliche von 13 bis 18 Jahren mit allen Mitteln der Kunst zu Werke gehen. „Kinderateliers" sind wöchentlich fortlaufende Angebote, in denen das freie Gestalten gefördert wird – ob Zeichnen, Malen, Plastizieren, Gestalten, Bauen, Drucken oder Kleben. Je höher das Alter, desto anspruchsvoller die Techniken. Kosten: € 31 monatlich. Workshops gibt es für Kinder ab sechs Jahren zu Themen wie „Milchtütenmonster" aus Verpackungen oder „Wundersteine" aus Speckstein. Kosten: € 10-15. Im Computer-Atelier lernen schon Kinder digitale Bildbearbeitung. Kursgebühr: € 33.

Kunstschule Noa Noa e.V.
Schulstr. 28, 30890 Barsingshausen, Tel. 05105/33 22, E-Mail: Kunstschule-NOANOA@t-online.de.
Das vielfältigen Kurs- und Projektangebot richtet sich an Kinder, Jugendliche und Erwachsene. Auch Ferienaktionen stehen auf dem Programm.

KREATIVES LERNEN & SPIELEN

Malen im Kinderworkshop

Musik

Musikschule Hannover
Hohenzollernstr. 39, 30161 Hannover, Tel. 168-441 37, E-Mail: musikschule@hannover-stadt.de.
Die musikalische Ausbildung kann hier mit dem ersten Lebensjahr anfangen. Für jede Altersklasse gelten die Ziele, Ensemble- und Orchesterspiel zu fördern, soziale Qualitäten mittels Musik zu entwickeln, Talente und Fähigkeiten zu erkennen und zu fördern. Außer an der Hohenzollernstraße wird Unterricht an 47 Orten in Hannover angeboten. Im Saal der Musikschule finden Konzerte statt, in denen die Schüler ihr Können beweisen – vom Akkordeonvorspiel einer Musikschulklasse bis zur Musik-Kunst-Spiel-Aktion mit der Klavierabteilung, Kinderchören und in Zusammenarbeit mit Kunstgruppen. Die Jazz- und Rocksparte bietet ein Saxophonensemble, drei Jazzbands, einen Jazzchor und zwei Big Bands.

MusikZentrum Hannover
Emil-Meyer-Str. 20, 30165 Hannover, Tel. 26 09 30-0, www.musikzentrum-hannover.de, E-Mail: info@musikzentrum-hannover.de.
Über stilistische Grenzen hinweg kommen Musiker zusammen, tauschen Erfahrungen aus und musizieren. In fünf Gebäuden bietet das Zentrum ein Tonstudio, eine Probenbühne und Veranstaltungshalle, eine Musikbibliothek, 50 Übungs- und Seminarräume. Mit Projekten fördert das „MusikZentrum" junge Musiker und Bands:
▶ *RockMobil.*
Axel Deseke und Wilfried Hurdelbrink fahren mit dem „RockMobil", vollgepackt mit Anlage und Instrumenten, zu Schulen und Jugendzentren und machen mit Kindern und Jugendlichen von zehn bis 18 Jahren Musik. Seit 1998 wird regelmäßig der „RockMobil-Bandcontest" durchgeführt.
▶ *Jugendmusiktheater.*
Tanzen, Theater, Technik und Musik stehen für Kinder und Jugendliche einmal pro Woche auf dem Programm. Mit Lehrern wird ein Theaterstück entwickelt und zum Jahresende aufgeführt. Zu Jahresanfang beginnt ein neuer Turnus. Die Teilnahme ist kostenlos.

KUNST & KULTUR

▶ *Fluxus, Netzwerk für Lebens- und Berufsorientierung, Werkstatt Musik und Bewegung, Morena Piro, Emil-Meyer-Str. 26-28, 30165 Hannover, E-Mail: morena@musikzentrum-hannover.de.*
Die Werkstatt bietet Projekte wie „Musikzirkus", „Street Musical" oder in den Ferien ein „Music Academy Camp" für 13- bis 16-Jährige.

Radio zum Mitmachen

Kinder-Radio Floh
Radio Flora, Zur Bettfedernfabrik 1, 30451 Hannover, Tel. 21 97 90, www.radioflora.de, E-Mail: postbox@radioflora.de, Kontakt: Kay Pabst.
Bei Radio Floh sind Kinder die Programmchefs. Sie gehen eine Stunde wöchentlich auf Sendung. Die Jungmoderatoren erzählen Geschichten, organisieren Live-Gespräche und Anrufaktionen rund um Themen wie Eltern, Schule, Liebe oder Krieg. Alle Kinder sind eingeladen, ihre Ideen frei umzusetzen. Interessierte Kids können kostenlos mitmachen. Sendetermine: Sa 14-15 Uhr auf UKW 106,5 oder Kabel 102,15.

Fernsehen zum Mitmachen

h1 Bürgerfernsehen
Georgsplatz 11, 30159 Hannover, Tel. 36 70 10, www.h-eins.tv, E-Mail: info@h-eins.tv.
Auf Nachfrage bietet das Bürgerfernsehen h1 „Fernsehen zum Anfassen" für Schulklassen oder Gruppen ab acht Jahren: Wer ein Fernsehstudio aus der Nähe betrachten möchte, kann Führungen vereinbaren. Dabei darf geschaut und gestaunt werden, alle Geräte können ausprobiert und eine kleine Fernsehsendung nachgestellt werden. Für eigene Projekte wie Ferienpassaktionen oder Videoworkshops vermittelt h1 Personal und stellt das Equipment.

Stadtreporter
Medienpädagogisches Zentrum, Eleonorenstraße 18 (Aufgang 2), 30449 Hannover, Tel. 62 78 42, www.mpz-hannover.de, E-Mail: info@mpz-hannover.de.

Langsam ran an die Tasten ...

KREATIVES LERNEN & SPIELEN

Kids von zehn bis 14 Jahren machen im Medienpädagogischen Zentrum Fernsehen: In Hannover gibt es viel zu entdecken – die kleinen TV-Stadtreporter werden den Geheimnissen auf die Spur kommen. Wo sind interessante Leute und Ereignisse? Was gefällt Kindern und Jugendlichen an ihrem Stadtteil und was nicht? Die Stadtreporter treffen sich in Stadtteilgruppen, machen Interviews, Reportagen und Berichte mit der Videokamera. Daraus entstehen Sendungen, die in Hannovers Bürgersender h1 (→ S.147) und im Internet (www.tv-stadtreporter.de) zu sehen sind.

Aspirant fürs Kinderorchester

Büchereien & Lesungen

Bilderbuchkino

Frau Pfefferkorn, Willi Wiberg und der Kater Findus – nicht nur diese Stars aus populären Kinderbüchern haben ihren Auftritt im Bilderbuchkino. Mindestens einmal im Monat bieten die Stadtteilbüchereien ihren jüngsten Nutzern diesen Service (Kontakt: Ute Stephan, Tel. 168-446 56). Während die Bibliothekarin eine spannende Geschichte vorliest, betrachten die Kinder bunte Dias dazu. Anschließend wird gemalt, gebastelt und über das Gehörte gesprochen. Die kostenlosen Veranstaltungen finden in jeder Bücherei an unterschiedlichen Tagen statt:

▶ *Stadtbibliothek Badenstedt, Plantagenstr. 22, 30455 Hannover, Tel. 168-465 54.*
▶ *Stadtbibliothek Bothfeld, Hintzehof 9, 30659 Hannover, Tel. 168-482 55.*
▶ *Stadtbibliothek Döhren, Peiner Str. 9, 30519 Hannover, Tel. 168-491 40.*
▶ *Stadtbibliothek Herrenhausen, Herrenhäuser Str. 52, 30419 Hannover, Tel. 168-476 87.*
▶ *Stadtbibliothek Kleefeld, Rupsteinstr. 6/8, 30625 Hannover, Tel. 168-442 37.*
▶ *Stadtbibliothek Limmerstraße, Windheimstr. 4, 30451 Hannover, Tel. 168-448 94.*
▶ *Stadtbibliothek Linden, Lindener Marktplatz 1, 30449 Hannover, Tel. 168-421 80.*
▶ *Stadtbibliothek List, Lister Str. 11, 30163 Hannover, Tel. 168-435 70.*

KUNST & KULTUR

▶ *Stadtbibliothek Misburg, Waldstr. 9, 30629 Hannover, Tel. 168-322 57.*
▶ *Stadtbibliothek Mittelfeld, Am Mittelfelde 104, 30519 Hannover, Tel. 168-491 30.*
▶ *Stadtbibliothek Mühlenberg, Mühlenberger Markt 1, 30457 Hannover, Tel. 168-495 41.*
▶ *Stadtbibliothek Nordstadt, Engelbostler Damm 57, 30167 Hannover, Tel. 168-440 68.*
▶ *Stadtbibliothek Ricklingen, Ricklinger Stadtweg 1, 30459 Hannover, Tel. 168-430 79.*
▶ *Stadtbibliothek Roderbruch, Rotekreuzstr. 21 A, 30627 Hannover, Tel. 168-487 80.*
▶ *Stadtbibliothek Vahrenwald, Vahrenwalder Str. 92, 30165 Hannover, Tel. 168-438 15.*

Sternschnuppe
Silberstr. 7, 30655 Hannover, Tel. 54 01 45, www.buchhandlungsternschnuppe.de, E-Mail: buchhandlung-sternschnuppe@t-online.de.
Die Buchhändlerin ist gelernte Sozialpädagogin und engagiert sich seit Jahren für die Leseförderung und für Kinderliteratur. Monatlich können Kinder in der Buchhandlung ihr Lieblingsbuch vorstellen (ausdrücklich „keine Verkaufsveranstaltung"), im „Literarischen Kinderquartett" wird über die Bücher diskutiert, Kinderbuchautoren kommen zum Vorlesen, es gibt mehrsprachige Lesungen für Kinder und Projekte mit Kindergärten, Schulen, Museen und Eltern.

Tanzschulen

Das Schönste was Füße tun können ist: Tanzen. Nebenbei entwickeln Kinder so auf spielerische Art Musikalität und Rhythmusgefühl, Körperbeherrschung und Kreativität, Beweglichkeit, soziales Verständnis und Teamgeist.

Tanzschule Bothe
Tanzhaus Hannover, Podbielskistr. 299 B, 30177 Hannover, Tel. 66 37 66, www.kindertanz-hannover.de, E-Mail: info@tanzschule-bothe.de.
2006 eröffnete Hannovers Traditions-Tanzschule ein neues Tanzhaus, in dessen drei großen Sälen Kinder und Jugendliche reichlich Platz finden für Kindertanz ab 1,5 Jahren, Dancefloor, HipHop und Streetdance ab sechs Jahren. Hier finden auch Wettbewerbe und Tanzveranstaltungen statt.

Caribbean Dance Salsa
Dohmeyers Weg 23, 30625 Hannover, Tel. 210 13 29, www.salsahannover.de, E-Mail: info@cdsalsa.de.
In zwei Altersgruppen ab fünf und

Foto: rubberball

KREATIVES LERNEN & SPIELEN

Klassischer Mädchentraum: im Tütü übers Tanzparkett

ab neun Jahren lernen Kinder, sich nach allen Rhythmen der lateinamerikanischen Musik zu bewegen, sowohl im Gruppen- als auch im Paartanz.

Tanzschule Quintus
Vahrenwalder Str. 205, 30165 Hannover, Tel. 96 89 90, www.tanzschule-quintus.de, E-Mail: info@tanzschule-quintus.de.
Das Kinderprogramm beginnt für Dreijährige mit wöchentlichen Kursen, ab acht Jahren wird „Dance4Fans – HipHop" interessant. Es gibt Kurse für viele Altersstufen.

Step by Step
Melanchthonstr. 57, 30165 Hannover, Tel. 350 02 00, www.stepbystep-hannover.de, E-Mail: info@StepByStep-Hannover.de.

Kindgerechtes Tanzen und rhythmische Früherziehung stehen bei den Kursen für Tanzmäuse ab vier Jahren im Mittelpunkt. Für Teens gibt es Jazzdance und HipHop.

Tanzschule Teichert
Göttinger Chaussee 115, 30459 Hannover, Tel. 41 43 00, www.ts-teichert.de, E-Mail: info@ts-teichert.de.
In der Tanzwelt für Kinder zwischen drei und 13 Jahren stehen Körperspannung, Koordination, Gleichgewichtssinn, Kreativität und Ausdrucksfähigkeit im Vordergrund. Im „Dance4Fans Club" stehen Choreografien aus Chartvideos auf dem Programm.

Ballett
Klassisches Ballett ist niemals out und eine gute Grundlage für kör-

KUNST & KULTUR

perliche und kreative Entwicklung. Kinder werden spielerisch an die Grundbegriffe der Ballettkunst, an eine gute Körperhaltung und Körperbeherrschung herangeführt. Viele Ballettschulen bieten kostenlose Schnupperstunden an:

▶ *Fun-Key, Dance & Theatre, Spichernstr. 13, 30161 Hannover, Tel. 66 13 91, www.hannover-tanz.de, E-Mail: info@hannover-tanz.de.*
Im Kids Club gibt es Kurse für tänzerische Früherziehung, Ballett, Jazz, HipHop, Contemporary und Musical Dance.

▶ *Ballettschule Ezzat, Spichernstr. 13, 30161 Hannover, Anterderstr. 140, 30559 Hannover, Tel. 69 98 28.*
Ballett, Flamenco, Jazz-, Step- und orientalischer Tanz für Kinder ab vier Jahren.

▶ *Ballettschule Ilonka Theis, Georgstr. 20, 30159 Hannover, Tel. 32 30 32.*
Die Besitzerin war Primaballerina an der Oper, 1996 eröffnete sie ihre Ballettschule. Kids ab drei Jahren können in der Früherziehung die Freude am Tanzen entdecken und später ihre Fähigkeiten im Klassischen Ballett, HipHop, Jazz oder Step Dance erweitern.

▶ *Ballettstudio Durukan, Große Packhofstraße 21, 30159 Hannover, Tel. 30 60 30, www.balletstudio-durukan.de.*
Die Ballettklasse für Vier- bis Elfjährige richtet sich an Kinder, die sich gern zur Musik bewegen und vom Ballett träumen.

▶ *Dance up! Studio für Ballett, Jazz und Step, Brabeckstr. 161, 30539 Hannover, Tel. 220 50 83, www.dance-up-studio.de, E-Mail: info@dance-up-studio.de.*
Im Kinderballett wird die Musikalität gefördert und der Spiel- und Bewegungsdrang in entwicklungsgerechte Tänze eingebunden. Kinder ab vier werden an die Grundlagen des Balletts herangeführt, durch Improvisationsspiele kommt auch der Spaß nicht zu kurz.

▶ *Kerstin Apel, Heinrich-Lödding-Straße 3, 30823 Garbsen, Tel. 05137-7 91 81, www.kerstin-apel.de, E-Mail: info@kerstin-apel.de.*
„Die Tanzmäuse" treffen sich zu Ballettkursen. Es geht dabei um eine gute Haltung, um Freude an Bewegung ohne Leistungsdruck.

Jazz-Tanz? Wir sind dabei!

Fotos: stockbyte

KREATIVES LERNEN & SPIELEN

▶ *Sylvie's Dance & Gymnastic Studio, Karl-Kellner-Straße 105 f, 30853 Langenhagen, Tel. 973 40 40, www.sylvies-dance-studio.de, E-Mail: info@sylvies-dance-studio.de.*
Im Kinderballett sollen keine „Primaballerinen" herangezogen werden, sondern Kinder ab fünf Jahren locker und spielerisch mit den Grundlagen des klassischen Tanzes vertraut gemacht werden.

▶ *Tanz Akademie Brakel, Königsworther Straße 14, 30167 Hannover, Tel. 7 01 17 82, www.tanzakademie-brakel.de, E-Mail: info@tanzakademie-brakel.de.*
Der Ballettunterricht für Kinder und Jugendliche besteht aus klassischem und modernem Ballett, alle Kinder können das Erlernte in Vorstellungen zeigen. Tänze für Kinder ab drei Jahren und Kinderballett werden außerdem in Kirchrode und Neustadt angeboten.

▶ *Upstairs, Nieschlagstr. 10, 30449 Hannover, Tel. 44 37 73.*
In der Ballettschule gibt es Angebote für Kinder ab vier Jahren.

Zirkus, Akrobatik, Zauberei

CircO – Zentrum für Zirkuskünste
Freizeitheim Linden, Windheimstr. 4, 30451 Hannover, Tel. 168-448 97.
Im „CircO" finden Kinder und Jugendliche ein kleines Reich, in dem sie sich ausprobieren und circensische Künste aller Art erlernen können. Zirkuskurse in Akrobatik, Capoeira, Musik oder Tanz gibt es für Kinder ab vier Jahre, Fortgeschrittene können Workshops zur „Circensischen Fusion" besuchen oder frei trainieren. „CircO" versteht sich als Zentrum der niedersächsischen Zirkusgruppen mit Kontakten in ganz Europa, richtet Projekttage oder -wochen für Schulen aus und vermittelt Artisten für Stadtteilfeste.

Kinderzirkus Chiccolino
Rotterfeld 1, 39690 Lindwedel, Tel. 05073-92 32 82, www.chiccolino.de, E-Mail: info@lernen-mit-tieren.de.
Im Kinderzirkus Chiccolino werden die kleinen Zweibeiner von diversen Vierbeinern unterstützt. Neben Eseln, Ponys, Hunden, Ziegen und Kaninchen tummeln sich Meerschweinchen in der Manege. Viele der Tiere werden bei der therapeutischen Arbeit mit behinderten Kindern eingesetzt, sind geduldig und überstehen das größte Gewusel während der Proben. Unter dem „Chiccolino-Zelt" wird balanciert, jongliert, Einrad gefahren, gezaubert und den Clowns nachgeeifert. 20-25 Kinder im Alter von fünf bis 15 Jahren treffen sich dreimal im Monat zur Probe. Neue Artisten sind willkommen!

Kinderzirkus Giovanni
An der Kirche 23, 30457 Hannover, Tel. 59 09 36 30, www.kinderzirkus-giovanni.de, E-Mail: info@kinderzirkus-giovanni.de.
Was 1985 während eines Sommer-

KUNST & KULTUR

ferienlagers begann, hat sich zu einem der renommiertesten Kinderzirkus-Projekte Deutschlands entwickelt: Neben der alljährlichen Premiere des neuen Programms in Wettbergen gastiert der Zirkus an vielen Orten in Niedersachsen und geht auf Auslandstourneen. In Amsterdam, Kopenhagen, Wien und St. Petersburg haben die Kinder und Jugendlichen schon begeistert. Regelmäßig lädt sogar der Zirkus Roncalli die jungen Artisten ein! Im eigenen Zelt finden 350 Besucher Platz und genießen die Auftritte der 50 Akteure. Ein Orchester begleitet das Programm. Prinzipiell ist die Zirkustruppe offen für Kinder ab acht Jahren. Da das Interesse jedoch enorm ist, muss man sich auf eine lange Warteliste setzen lassen.

Eltern müssen bei Zeltaufbau, Requisitenanfertigung sowie in der Kostümschneiderei mitarbeiten.

Kinderkarneval

Pif Paf Pavillon
Lister Meile 4, 30161 Hannover, Tel. 23 55 55-0, www.pavillon-hannover.de, E-Mail: info@pavillon-hannover.de.
Einmal Prinzessin sein? Mutige Abenteuer in der Geisterbahn erleben? Alles geht bei Hannovers großem Kinderkarneval mit Spielstationen, Bobby-Car-Scooter, Losbuden, Leckereien und Musik. Außerdem heißt es „Bühne frei" für Käpt'n Unmada, den Kinderwaldchor, Trommelrhythmen, Feuerteufel und Clown Fridolin.

Schwerelosigkeit erproben: auch das gehört zum Zirkusworkshop

KREATIVES LERNEN & SPIELEN

ERZIEHUNG & BILDUNG

Computerschulen

Oft sitzen schon Vorschulkinder begeistert vor dem PC. In Computerschulen lernen die Fans von Bits und Bytes systematisch die Grundfunktionen ihres Rechners kennen oder erweitern vorhandenes Wissen. Mit pädagogischen Programmen können sie ganz nebenbei Fremdsprachenkenntnisse erwerben. Viele Computerschüler beschäftigen sich mit ausgeklügelter Mathe- oder Rechtschreibsoftware und verbessern ohne Druck ihre schulischen Leistungen.
▶ *Lister Lernmeile, Lister Meile 88, 30161 Hannover, Tel. 908 87 71, www.lister-lernmeile-hannover.de, E-Mail: lister-lernmeile-hannover@htp-tel.de.*
▶ *PC Echt Easy, Von-Alten-Allee 17, 30449 Hannover, Tel. 211 01 13, pc.echteasy.de, E-Mail: info@echteasy.de.*

▶ *Lernstudio Barbarossa, Sutelstr. 72, 30659 Hannover, Tel. 640 64 20, www.lernstudiobarbarossa.de, E-Mail: lernstudio-bothfeld@t-online.de.*

Familienbildung

Familienbildungsstätten
Was bedeutet PEKiP für Babys? Wer bringt meinem Kind das Schwimmen bei? Wo können wir über Ostern mit der ganzen Familie einen erholsamen Urlaub verbringen? Familienbildungsstätten wissen Bescheid. Jedes Jahr geben Kirchen oder Wohlfahrtsverbände dicke Programmhefte heraus, in denen viele verschiedene Veranstaltungen, Kurse und Fortbildungen zu fast allen Themen aufgelistet sind, die Familien betreffen. Das Angebot reicht von Geburtsvorbereitung und Yoga für Schwangere, Babyschwimmen und -turnen über musikalische Früherziehung, Basteln und Naturerkundungen bis hin zu Sport und Selbstverteidigung. Dazu kommen Kinder- und Familienfreizeiten sowie Sprachreisen nach England oder Frankreich für Jugendliche. Die Einrichtungen wollen vor allem das soziale Miteinander in der Familie fördern und beraten deswegen auch in Gesprächen oder Seminaren bei Fragen oder Problemen zu Erziehung, Schule oder Partnerschaft. In der Familienbildung engagieren sich folgende Träger:

ERZIEHUNG & BILDUNG

▶ AWO Familienbildung, Deisterstr. 85a, 30449 Hannover, Tel. 21 97 83 90, www.awo-hannover.de, E-Mail: fabi@awo-hannover.de.
▶ DRK-Familienbildungsstätte, Hindenburgstr. 38, 30175 Hannover, Tel. 28 00 03 33, www.fabi.de, E-Mail: info@fabi.de.
▶ Evangelische Familienbildungsstätte, Archivst. 3, 30169 Hannover Tel. 124 15 42, www.fabi-hannover.de, E-Mail: fabi.hannover@kirchliche-dienste.de.
▶ Katholische Familienbildungsstätte, Goethestr. 31, 30169 Hannover, Tel. 164 05 70, www.kath-fabi-hannover.de, E-Mail: bildung@kath-fabi-hannover.de.

Fremdsprachen

Berlitz Kids

Joachimstr. 1, 30159 Hannover, Tel. 36 30 11; Ständehausstr. 2-3, 30159 Hannover, Tel. 32 76 06, www.berlitz.de, E-Mail: redaktion@berlitz.de.
In der Kindersprachschule von Berlitz trifft man sich in Gruppen von acht bis zehn Kindern einmal pro Woche, um mit der englischen Sprache vertraut zu werden. Mit Bildergeschichten und Liedern wird das Lernen zum Kinderspiel. Besonders viel Spaß gibt's, wenn Ernie, Bert, das Sprachenwunder Tingo und andere Bekannte aus der Sesamstraße mit dabei sind. Kosten: ab € 26 pro Monat. Nachhilfe in Englisch ab € 8,50/Einheit (bei fünf bis acht Teilnehmern).

Weitere Sprachschulen:
▶ Abrakadabra Spielsprachschule, Vorm Dorfe 10i, 30966 Hemmingen, Tel. 473 26 21, Husarenstr. 13, 30163 Hannover, Tel. 262 43 65, www.spielsprachschule.com, E-Mail: info@spielsprachschule.com.
▶ Inlingua Sprachschule, Andreaestr. 3, 30159 Hannover, Tel. 32 45 80, www.inlingua-hannover.de, E-Mail: info@inlingua-hannover.de.
▶ Institut für Sprache und Kommunikation, Lützowstr. 7, 30159 Hannover, Tel. 12 35 63 60, www.isk-hannover.de, E-Mail: office@isk-hannover.de.
▶ Langfort Language Company, Rühmkorffstr. 18, 30163 Hannover, Tel. 261 85 37, www.llc-hannover.de, E-Mail: info@llc-hannover.de.

Sprachreisen

„How do you do?" begrüßt Sarah ihre Eltern. Sie kommt gerade aus England und hat eine besondere Vorliebe für Chips mit Essig entwickelt. Ihre Probleme mit der fremden Sprache sind wie weggeblasen, denn Sarah hat zwei volle Wochen lang nur Englisch in ihrer Gastfamilie gesprochen. Eine Sprachreise kann ein voller Erfolg oder eine große Enttäuschung sein. Geklärt werden sollte vor Reiseantritt, ob Ihr Kind reif genug für eine solche Reise ist. Schließlich verreist es nicht nur in ein fremdes Land, sondern lebt auch in einer fremden Familie, die anfangs sicher schwer zu verstehen ist. Von Vorteil kann es sein, wenn die Gastfamilie zusammen mit ei-

KREATIVES LERNEN & SPIELEN

Vokabeln büffeln für den England-Urlaub

ner Freundin oder mit einem Freund besucht wird. Allerdings steht fest, dass ein Kind ohne heimische Spielgefährten mehr von der fremden Sprache lernt. Vormittags besuchen die Kinder in der Regel. den Sprachunterricht, während die Nachmittage zur freien Verfügung stehen. Vor Reisebeginn sollte geklärt werden, welches Rahmenprogramm der Veranstalter den Kindern bietet.

Sprachreisen für Schüler:
▶ *Ideenreisen, Kleine Pfahlstr. 15, 30161 Hannover, www.ideenreisen.de, E-Mail: info@ideenreisen.de.*
▶ *Stöhr Sprachreisen, Herderstr. 9, 30916 Isernhagen, Tel. 61 10 60, www.stoehr-sprachreisen.de, E-Mail: info@stoehr-sprachreisen.de.*
▶ *EF, Markgrafenstr. 58, 10117 Berlin, Tel. 040-35 09 58 20, www.ef.com, E-Mail: sprachschulen.de@ef.com.*

Hochbegabtenförderung

CJD Jugenddorf Hannover
Gundelachweg 7, 30519 Hannover, Tel. 87 83 90, www.cjd-hannover.de, E-Mail: info@cjd-hannover.de.
Schon mit zwölf Jahren Abitur

ERZIEHUNG & BILDUNG

machen oder eine Oper am Wochenende komponieren? Manche Kinder können solche Leistungen tatsächlich vollbringen. Hochbegabt nennt man diese Schüler. Doch die klugen Kinder haben es oft nicht leicht. Weil sie im normalen Unterricht nicht genug gefordert werden, schweifen sie oft ab. Die Folge sind nicht selten schlechte Zensuren. Viele Eltern reagieren zudem verständnislos auf ihren hochbegabten Nachwuchs. In Hannover gibt es für diese Kinder das Jugenddorf. Hier wird den jungen Genies ein vielfältiges Lernprogramm geboten, u.a. Sprachen (Arabisch, Englisch, Chinesisch), Schach, Computer, Bio-Chemie, Fotografie und Theater. Auch kleine Superhirne im Kindergartenalter können ihre besonderen Fähigkeiten entdecken und vor allem Vertrauen in die eigenen Talente entwickeln. Preise für die Kurse auf Anfrage.

Nachhilfe

Der elfjährige Benjamin heult und Mutter und Vater wissen auch nicht weiter. Wieder eine sechs im Diktat! Dabei hatten Mama und Sohn doch so fleißig gepaukt. „Ich bin zu doof zum Schreiben", jammert Benjamin und beschließt, die Schule aufzugeben. Mit diesen Problemen ist der Junge nicht allein. Jedes vierte Kind hat große Schwierigkeiten im Deutsch-, Mathe- oder Fremdsprachenunterricht. Trotz dieser Misere brauchen die Schüler nicht den Mut zu verlieren, denn zahlreiche Nachhilfeinstitute versprechen Hilfe. Zunächst sollten die Eltern überlegen, ob das Kind Einzel- oder Gruppenunterricht bekommen soll. In den Nachhilfeinstituten sollten ausgebildete Lehrer oder Pädagogikstudenten den Nachwuchs unterrichten, sonst lohnt die Ausgabe nicht. Um eine qualifizierte Förderung zu gewährleisten, sollten in den Gruppen nie mehr als sechs Kinder gleichzeitig geschult werden. Achten Sie beim Preisvergleich auch auf die Länge der berechneten Unterrichtseinheit! Suchen Sie eine Nachhilfeschule in Ihrer Nähe aus, und schicken Sie Ihr Kind in eine kostenlose Schnupperstunde.

Hier eine Auswahl von renommierten Nachhilfeinstituten in Hannover:
▶ *LOS, Lehrinstitut für Orthographie und Schreibtechnik, Landschaftstr. 3, 30159 Hannover, Tel. 262 50 71, www.losdirekt.de, E-Mail: los-hannover@losdirekt.de.*
▶ *Schülerhilfe List, Podbielskistr. 96, 30169 Hannover, Tel. 0800-226 14 46, www.schuelerhilfe.de.* Weitere Filialen auf der Website.
▶ *Studienkreis Hannover, Celler Str. 88, 30161 Hannover, Tel. 176 78. www.nachhilfe.de, E-Mail: hannover-mitte@studienkreis.de.* Über diese Tel. erhält man weiteren Informationen über andere Filialen.

KREATIVES LERNEN & SPIELEN

Mentor – Die Leselernhelfer Hannover e.V.
Arnswaldstr. 19, 30159 Hannover, Tel. 61 62 24 32, www.mentor-leselernhelfer.de, E-Mail: info@mentor-leselernhelfer.de.
Nicht erst die Pisa-Studie hat es gezeigt: In Büchern zu schmökern ist nicht bei allen Kindern angesagt. Vielen Schülern fehlt es an Lese-, Schreib- und Sprachkompetenz. Der Verein „Mentor Hannover" hilft, diese Defizite zu beseitigen. Das erste Prinzip der Leselernhelfer ist es, die Freude am Lesen zu wecken. Die ehrenamtlichen Mitarbeiter nehmen sich individuell Schülern mit Lernproblemen zwischen acht und 16 Jahren an und arbeiten mit ihnen ein- bis zweimal pro Woche für 45 bis 60 Minuten. Der Unterricht erfolgt in Kleingruppen mit höchstens zwei Schülern. Bewährt hat sich in den letzten Jahren die Zusammenarbeit mit über 120 Grund- und Hauptschulen aus Stadt und Region. Neue Mentoren sind immer willkommen und können sich in Seminaren bei der Akademie für Leseförderung auf ihren Einsatz vorbereiten.

Kinderuni

Kinder-Uni
Welfengarten 1, 30167 Hannover, Tel. 762 53 55, www.die-kinder-uni.de, E-Mail: info@die-kinder-uni.de.
Seit dem Winter 2003 gehen Schulkinder in Hannover zur Uni. Sechs Hochschulen veranstalten einmal im Monat im Wechsel eine Vorlesung für Acht- bis Zwölfjährige. Dabei stehen Themen auf dem Programm, wie etwa „Der Helm, mein Kopf und ich. Wer schützt wen bei einem Sturz?", „Gibt es Musik, die allen Menschen gefällt?" oder „Warum helfen Medikamente Tieren, wenn sie Schmerzen haben?" Die gut besuchten Vorlesungen dauern etwa eine Dreiviertelstunde, Fragen sind ausdrücklich erlaubt. Alle Kinder erhalten einen echten Studierendenausweis, auf dem sie sich die Teilnahme an den Veranstaltungen abstempeln lassen können. Eine Anmeldung ist für die kleinen „Studenten" nicht erforderlich. Erwachsene sind als Begleitpersonen willkommen, werden aber gebeten, sich im Hintergrund zu halten und ihren Kindern die vorderen Plätze des Saales zu überlassen.

ERZIEHUNG & BILDUNG

Auf dem Hosenboden unterwegs im Schulbiologiezentrum

Umweltaktionsprogramme

 Schulbiologiezentrum
*Vinnhorster Weg 2,
30419 Hannover, Tel. 168-476 65,
www.foerderverein-schulbiologie
zentrum.de, E-Mail: schulbiologie
zentrum@hannover-stadt.de.*
Kommt der Nachwuchs ins Lachen, wenn sich Mamas Pupillen vor dem Mäusekäfig hektisch weiten? Auch ohne Mäuse-Phobie sind die kostenlosen Führungen durch das Zentrum spannend und informativ. Große und kleine Naturfreunde treffen sich von April bis Oktober jeweils sonntags um 10.30 Uhr im Botanischen Schulgarten, der einen Teil des Zentrums ausmacht. Führungen, Experimente und Mitmach-Aktionen zu unterschiedlichen Themen stehen zur Wahl. Das Repertoire reicht von „Kleinen Experimenten mit großen Schnecken" über „Feuermachen aus Naturmaterialien" bis zum „Nistkastenbau für Hummeln". Die Angebote sind für unterschiedliche Altersstufen ausgerichtet. Dreijährige erfahren neue Dinge über Meerschweinchen, Kaninchen oder essbare Kräuter. Erwachsene holen sich Tipps für die Pflege ihres Gartens. Außerdem hält das Zentrum ein breites Angebot für Lehrer und Schulklassen bereit. Arbeitsgeräte, z.B. zur Bepflanzung des Schulgartens, können ausgeliehen werden. Enga-

KREATIVES LERNEN & SPIELEN

gierte Lehrer bilden sich in den Räumen des Zentrums fort oder machen mit ihren Klassen Unterricht in der Freiluftschule Burg.
Öffnungszeiten: Mo-Fr 8-16.30 Uhr (eingeschränkt in den Schulferien), So (April-Okt) 10.30-12 Uhr; Eintritt frei.

Kinderwald
Mecklenheider Forst erreichbar über Schulenburger Landstraße, 30165 Hannover.
Nach einer FerienCard-Aktion des Kinderliedermachers Unmada Manfred Kindel wurde das Gelände zwischen Mecklenheider Forst und Stelinger Straße offiziell zum „Kinderwald" erklärt. Auf sieben Hektar gestalten Kinder und Jugendliche den Wald nach ihren Vorstellungen. Entstanden sind u.a. eine Bobbahn, ein Amphitheater, eine Wasserburg und ein Schlagzeug aus hohlen Baumstämmen. Das Projekt will Kinder einen verantwortungsvollen Umgang mit der Natur lehren. Alle Kinder und Schulklassen aus Hannover und Umgebung sind willkommen. Workshops und Aktionen werden auf die Altersstufen individuell zugeschnitten.
Weitere Infos und Termine: Fachbereich Umwelt und Stadtgrün, Am Pferdeturm 1, 30625 Hannover, Tel. 168-4 57 87, www.kinderwald.de, E-Mail: elisabeth.vondrachenfels@hannover-stadt.de.

Verkehrserziehung

Präventionspuppenbühne der Polizeidirektion Hannover
Am Welfenplatz 1a, 30161 Hannover, Tel. 109 11 19, E-Mail: praeventionspuppenbuehne@pd-h.polizei.niedersachsen.de.
Die Polizeidirektion Hannover betreibt seit 1990 die Präventionspuppenbühne (ehemals Verkehrspuppenbühne). Mit einer mobilen Bühne ist das Polizistenehepaar Gisela und Reiner Tantow unter der Leitung von Polizeioberkommissar Hans-Joachim Homuth im gesamten Stadtbereich und der Region unterwegs, um für Kinder der Grund- und Förderschulen zu spielen. Kindergartenkinder müssen hingegen zum Welfenplatz 1a kommen. Dort verfügt die Puppenbühne über einen eigenen Spielraum, der bis zu 60 Gästen Platz bietet. Hier werden immer mittags Vorstellungen gezeigt. Im Programm sind u.a. Geschichten mit den sprechenden Ampelmännchen Robert Rot und Gregor Grün oder dem Verkehrskaspar und seinem Hund Schnüffel. Die Vorstellungen dauern 30-45 Minu-

ERZIEHUNG & BILDUNG

ten. Für Kinder der 3. bis 6. Schulklasse werden zum Thema Zivilcourage drei Spielszenen angeboten. Danach sprechen die Polizisten intensiv mit den Schulkindern über Fragen wie „Was ist Petzen?" oder „Sind Mutproben wichtig?" Die Aufführungen der Präventionspuppenbühne kosten nichts und sind bei den Kindern beliebt, deswegen müssen sich Klassen auf Wartezeiten einstellen. Bislang haben es die Beamten immer geschafft, alle Einrichtungen zufrieden zu stellen.

Vorschulparlament
*Neue Str. 16, 30880 Laatzen,
Tel. 450 35 18, www.v-s-p.de,
Kontakt: Frau Dangl.*

Jährlich verunglücken ungefähr 300 Kinder auf Hannovers Straßen. Viele dieser Unfälle wären vermeidbar. Aufklärung ist deshalb nötig, damit eine größere Verkehrssicherheit gewährleistet werden kann. Einen wichtigen Beitrag dazu leistet das Vorschulparlament der Verkehrswacht. Dieses Parlament kommt z.B. in Kindergärten oder zu Kindergruppen und informiert die Kleinen über die Gefahren, mit denen sie auf der Straße rechnen müssen. Außerdem bietet das Vorschulparlament Eltern-Kind-Seminare an. Die Mitgliedschaft kostet nur Freizeit und kein Geld. Freiwillige Helfer sind immer herzlich willkommen!

Wichtiger als das Einmaleins: Sicherheit im Straßenverkehr

KREATIVES LERNEN & SPIELEN

KINDER- & JUGENDGRUPPEN

Christliche Gruppen

Die Kirchen gehören zu den Institutionen, die sich seit langem in der Kinder- und Jugendarbeit engagieren. In den Gemeinden trifft man sich in Mutter-und-Kind-Gruppen, in Kinderspielkreisen, in offenen Treffs, zu sportlichen und kreativen Aktivitäten und zu Festen und Discoabenden.
▶ *Evangelische Jugend Hannover, Am Steinbruch 12, 30449 Hannover, Tel. 924 95-40, www.ev-jugend-hannover.de, E-Mail: info@esjd.de.*
▶ *Bund der katholischen Jugend Hannover, Kopernikusstr. 3, 30167 Hannover, Tel. 161 46 65.*
▶ *Christlicher Verein Junger Menschen (CVJM), Limburgstr. 3, 30159 Hannover, Tel. 368 46 80, www.cvjm-hannover.de, E-Mail: info@cvjm-hannover.de.*
Die Angebote richten sich auch an Kinder und Jugendliche, die keine Mitglieder im CVJM sind.
▶ *Pfadfinder (→ S. 164).*

Jugendorganisationen

Die Falken
Walderseestr. 100, 30177 Hannover, Tel. 62 82 97, www.falken-hannover.de, E-Mail: info@falken-hannover.de.
„Die Falken" nennen sich die Kinder- und Jugendgruppen der Sozialistischen Jugend Deutschlands. Die Gruppen unternehmen Fahrten und treffen sich zum Spielen und Reden. Wichtig ist, dass schon in frühen Jahren die Gleichberechtigung von Mädchen und Jungen praktiziert wird. In den Gruppen, die für Kinder ab sechs Jahre offen sind, planen nicht Erwachsene, sondern Kinder und Jugendliche die Aktionen. In den Sommer-, Pfingst-, Herbst- und Weihnachtsferien können sich alle Sechs- bis 18-Jährigen auf den gemeinsamen Touren nach Herzenslust austoben. Zusätzlich betreiben die Falken zwei Jugendzentren und einen Kleinen Jugendtreff, in denen viele Aktivitäten für Jugendliche von zwölf bis 19 Jahren stattfinden.

DLRG – Jugend Bezirk Hannover Stadt e.V.
Karl-Thiele-Weg 41, 30519 Hannover, Tel. 843 74 52, www.bez-hannover-land.dlrg.de, E-Mail: bz.hannover-stadt@niedersachsen.dlrg-jugend.de.
Wer Schwimmkurse und -training, Schnorchelkurse oder eine Ausbildung zum Rettungsschwimmer absolvieren möchte, ist bei der Deutschen Lebensrettungs-Gesellschaft an der richtigen Adresse. Ganz kleine Wasserratten nehmen an der Schwimmausbildung für Anfänger teil, weiter geht es dann für ab Sechsjährige mit einem

KINDER & JUGENDGRUPPEN

In der Kindergruppe: Gemeinsam sind wir stark

Schwimmtraining, in dem die verschiedenen Schwimmabzeichen gemacht werden können. Von der DLRG-Jugend werden Schnupperwochenenden, Feriencamps und sogar Fernreisen zu günstigen Preisen für Kinder ab acht Jahren angeboten. Darüber hinaus gibt es an den Wochenenden ein Bildungsangebot wie z.B. Jugendleiterausbildungen oder Kreativworkshops. Das Jugendbüro der DLRG ist jeden Mo, Di u. Do 9-12 Uhr und jeden Mi 14-18 Uhr geöffnet.

Schreberjugend
Maschstr. 24, 30169 Hannover,
Tel. 88 24 84, www.schrebers.de,
E-Mail: mail@schrebers.de.
„Schreberjugend" – wem fallen bei diesem Stichwort nicht Begriffe wie Kleingarten, Unkrautjäten, Rasenmähen und Laubenfest ein?

Die wirkliche Arbeit der „Schreberjugend" hat damit allerdings wenig zu tun. In fast allen Stadtteilen finden regelmäßige Gruppentreffen statt, in denen Kinder und Jugendliche spielen, basteln, tanzen und sportlich aktiv sein können. Neben diesen Gruppen gibt es noch so genannte Neigungsgruppen, in denen z.B. Tischtennis gespielt, für den Fanfarenzug geprobt oder ein Videofilm gedreht werden kann. In den Familienfreizeiten und Ferienmaßnahmen der „Schreberjugend" haben Eltern die Gelegenheit, sich Zeit für ihre Kinder zu nehmen. Außerdem werden ein Spielmobil, eine Kletterwand und ausgefallene Spiel- und Sportgeräte (z.B. Button-, Schokokusswurf- und Luftballonaufblasmaschinen) verliehen.

KREATIVES LERNEN & SPIELEN

Jugendzentren

In den Jugendzentren und Jugendtreffs wird jungen Leuten ab zehn Jahren ein buntes Programm geboten. Die Palette reicht von Breakdance- über Computergruppen bis zur Hilfe bei Schulproblemen. Für Entspannung sorgen Billard, Tischfußball, Werkstätten und Musikkeller. In der Teestube trifft man sich zum Klönen, zum Schachspielen oder, um mit den Sozialarbeitern Probleme zu besprechen. Mädchen haben die Möglichkeit, an bestimmten Tagen unter sich zu sein. An den Wochenenden wird in der Disco getanzt. In den Ferien finden außerdem viele Zusatzangebote statt.

▶ *Jugendzentrum Feuerwache, Am Kleinen Felde 28, 30167 Hannover, Tel. 16 84 38 95.*
▶ *Jugendzentrum Stöcken Opa Seemann, Eichsfelder Str. 32, 30419 Hannover, Tel. 16 84 76 92.*
▶ *Jugendzentrum Bunker Mecklenheide, Mecklenheidestr. 26, 30419 Hannover, Tel. 75 64 74.*
▶ *Jugendzentrum Camp Vahrenheide, Peter-Strasser-Allee 5-7, 30179 Hannover, Tel. 16 84 81 70.*
▶ *Jugendzentrum Buchholz, Podbielskistr. 299, 30655 Hannover, Tel. 16 84 81 93.*
▶ *Jugendzentrum Roderbruch, Rotekreuzstr. 21, 30627 Hannover, Tel. 16 84 87 69.*
▶ *Jugendzentrum Sahlkamp, Dornröschenweg 39, 30179 Hannover, Tel. 16 84 81 74.*
▶ *Jugendzentrum Misburg Villa, Anderter Str. 60 c, 30629 Hannover, Tel. 958 53 35.*
▶ *Jugendzentrum Posthornstraße, Posthornstr. 8, 30449 Hannover, Tel. 44 06 85.*
▶ *Jugendzentrum Auf dem Rohe, Auf dem Rohe 1-5, 30459 Hannover, Tel. 16 84 95 92.*
▶ *Jugendzentrum Mühlenberg, Mühlenberger Markt 1, 30457 Hannover, Tel. 16 84 95 04.*
▶ *Jugendzentrum Döhren, Peinerstr. 5, 30519 Hannover, Tel. 16 84 91 37.*
▶ *Jugendzentrum Mittelfeld, Am Mittelfelde 104, 30519 Hannover, Tel. 16 84 91 37.*
▶ *Jugendzentrum Glocksee, Glockseestr. 35, 30060 Hannover, Tel. 12 35 74 0, www.ujz-glocksee.de, E-Mail: info@ujz-glocksee.de.*
▶ *Falken-Jugendzentrum Wettbergen, In der Rehre 40, 30457 Hannover, Tel. 43 66 31.*
▶ *Falken-Jugendzentrum Lister Turm, Walderseestr. 100, 30177 Hannover, Tel. 696 60 03.*
▶ *Kleiner Jugendtreff Anderten,*

KINDER & JUGENDGRUPPEN

Krumme Str. 5a, 30559 Hannover, Tel. 529 47 97.
▶ *Kleiner Jugendtreff GoHin, Hinrichsring 12, 30177 Hannover, Tel. 920 52 12.*
▶ *Kleiner Jugendtreff Wülfel, Hildesheimer Str. 375, 30519 Hannover, Tel. 920 17 59.*
▶ *Kleiner Jugendtreff Südstadt, Börnestr. 2, 30173 Hannover, Tel. 807 76 34.*
▶ *Kleiner Jugendtreff Inner Burg, Innersteweg 7, 30419 Hannover, Tel. 965 13 10.*

Pfadfinder

Pfadfinder

Jeden Tag eine gute Tat – das ist das Motto der Pfadfinder. Ganz so streng sieht man das heute nicht mehr. Es geht darum, sich kritisch und rücksichtsvoll gegenüber anderen Menschen und der Natur zu verhalten. Sieben- bis elfjährige Pfadfinder heißen Wölflinge. Sie lernen, Bäume und Blumen zu benennen, können nähen, Feuer machen und kleine Wunden verarzten. Mit zwölf Jahren wird man dann Jungwolf und betreut die kleineren Wölflinge. Am Wochenende und in den Ferien brechen die Pfadfinder zu gemeinsamen Touren auf. Auch Mädchen sind sehr willkommen. Die Pfadfinder treffen sich in der Regel einmal pro Woche.
▶ *Pfadfinderring Hannover, Papenkamp 35, 30539 Hannover, Tel. 985 96 90.*
▶ *Bund der Pfadfinderinnen und Pfadfinder, Landesverband Niedersachsen, Milchstr. 17, 26123 Oldenburg, Tel.0441-88 23 04, www.nds.pfadfinden.de, E-Mail: nds@pfadfinden.de.*
▶ *Verband christlicher Pfadfinderinnen und Pfadfinder, Am Steinbruch 12, 30449 Hannover, Tel. 924 95 52, www.vcphannover.de, E-Mail: zentrale@vcphannover.de.*

Stadtteilzentren

Freizeitzentren

Wenn das Repertoire des Privatveranstalters „Eltern" erschöpft ist, haben die Freizeitheime und Kulturtreffs für jedes Alter etwas zu bieten. Kleine Kunsthandwerker besuchen Töpfer-, Bastel-, Mal- oder Werkstatt-Kurse, rhythmische Kids vergnügen sich beim Tanz oder in Singgruppen. Mit Begeisterung werden die Filme des kommunalen Kinos oder die Musik- und Theateraufführungen, die das Kulturamt organisiert, angeschaut. Außerdem gibt es Faschings- und Sommerfeste, Laternenumzüge und Weihnachtsfeiern.
▶ *Kulturtreff Plantage, Plantagenstr. 22, 30455 Hannover, Tel. 49 64 14.*
▶ *Kulturtreff Bothfeld, Klein-Buchholzer Kirchweg 9, 30659 Hannover, Tel. 647 62 62.*
▶ *Kulturtreff Hainholz, Voltmerstr. 40, 30165 Hannover, Tel. 350 45 88.*
▶ *Kulturtreff Roderbruch, Rotekreuzstr. 19, 30627 Hannover, Tel. 549 81 80.*

KREATIVES LERNEN & SPIELEN

- *Kulturtreff Vahrenheide, Wartburgstr. 10, 30179 Hannover, Tel. 67 18 12.*
- *FZH Döhren, Hildesheimer Str. 293, 30519 Hannover, Tel. 16 84 91 12.*
- *FZH Linden, Windheimstr. 4, 30451 Hannover, Tel. 16 84 48 97.*
- *FZH Lister Turm, Walderseestr. 100, 30177 Hannover, Tel. 16 84 24 02.*
- *FZH Mühlenberg, Weiße Rose, Mühlenberger Markt 1, 30457 Hannover, Tel. 16 84 96 12.*
- *FZH Ricklingen, Ricklinger Stadtweg 1, 30459 Hannover, Tel. 16 84 95 95.*
- *FZH Stöcken, Eichsfelder Str. 101, 30419 Hannover, Tel. 16 84 35 51.*
- *Haus der Jugend Hannover, Maschstr. 22-24, 30169 Hannover, Tel. 16 84 43 95.*

Umweltgruppen

Jugendumweltbüro Hannover – Janun e.V.
Seilerstr. 12, 30171 Hannover, Tel. 590 91 90, www.janun-hannover.de, E-Mail: buero@janun-hannover.de.
„Janun" ist ein Zusammenschluss von Kinder- und Jugendgruppen. Gemeinsam wandern sie, engagieren sich für den Klimaschutz, machen Radio und geben eine Zeitung heraus, bieten Stadtführungen zu globalen Themen an, führen Wochenendseminare und jährlich rund zwölf internationale Jugendbegegnungen durch. Wöchentlich kommen die Kids zusammen. Es gibt Angebote für Grundschulklassen und Kindergartengruppen. Mit ihnen fahren ehrenamtliche Mitarbeiter in die Naturforscherstation oder in das Umwelthaus am Deister. Jeder darf kostenlos mitmachen.

Naturfreundejugend Hannover
Maschstr. 24, 30169 Hannover, Tel. 809 45 66, www.naturfreundejugend-hannover.de, E-Mail: post@naturfreundejugend-hannover.de.
Die Naturfreundejugend spricht Kinder ab acht Jahre an, die mehr über Umwelt und Natur erfahren möchten. Organisiert werden Fahrten zum Naturfreundehaus in Mellendorf. Hier forschen, experimentieren und spielen die „Umweltdetektive" ein Wochenende lang und bekommen den beliebten Umweltdetektivausweis. Seminare zu umwelt- und jugendpolitischen Themen sind für alle Interessierten offen. Weltweit stehen den Naturfreunden über 1.000 Häuser zur Verfügung.

Kinderumweltgruppe Löwenzahn
Freizeitheim Lister Turm, Walderseestr. 100, 30177 Hannover, Tel. 168-424 02.
Viele Kinder interessieren sich für Umweltthemen. Sie möchten mit Gleichgesinnten Tiere und Pflanzen beobachten. Dieses Erlebnis wird bei der Kinderumweltgruppe Löwenzahn durch Spielen, Basteln und Werken abgerundet. Acht- bis zwölfjährige Umweltschützer treffen sich mittwochs 16-18 Uhr.

FERIEN

FERIEN IN DER STADT

FerienCard

FerienCard-Büro
*im Haus der Jugend,
Maschstr. 22-24, 30169 Hannover,
Tel. 16 84 90 52, E-Mail:
doris.wesche@hannover-stadt.de.*
Ausflüge unternehmen, basteln, kochen, kostenlos schwimmen, Tennis oder Badminton spielen – mit diesen Aktivitäten können sich Großstadtkids die Sommerferien in heimischen Gefilden versüßen. Benötigt werden: ein Passfoto, die Unterschrift der Eltern und die FerienCard, die alle Schulkinder bis 15 Jahre in Freizeitheimen, Schwimmbädern und Stadtbüchereien und vielen anderen Einrichtungen erwerben können. Kein Kind muss den Kopf hängen lassen, wenn es nicht in den Urlaub fährt, denn mit der FerienCard kann es an tollen Aktionen teilnehmen und jeden Abend bei den Eltern sein. Jedes Jahr lassen sich die Mitarbeiterinnen des Fachbereiches Jugend und Familie in Zusammenarbeit mit Einrichtungen, die Angebote für Kinder im Programm haben, etwas Neues einfallen. Die „Cardkinder" können an einer Vielzahl von kostenlosen oder vergünstigten Aktionen teilnehmen, z.B. den Flughafen besichtigen, Theater- oder Zirkusworkshops besuchen, Naturkosmetik herstellen oder Schnupperstunden in einem Tennisverein buchen. Selbstverständlich stehen Entdecker- und Fahrradtouren, Übernachtungen in der Natur, Klettern im Hochseilgarten, Aktionen mit der Polizei und Feuerwehr im Programmheft. Viel zu schnell naht das Ferienende und damit die riesige Abschlussparty im Haus der Jugend. Die Anmeldungen für die Aktionen laufen vor den Ferien schriftlich. Während der Ferien kann man von Montag bis Freitag im FerienCard-Callcenter anrufen und nach Restplätzen fragen. Die FerienCard kostet in den Sommerferien € 9. In den Osterferien gibt es das Osterposter, mit dem kind freien Eintritt in einige Schwimmbäder hat. Das Osterposter kostet € 1,50.

Feriencamp

Hannovercamp El Dorado
*Kreisjugendwerk AWO Region Hannover, Fössestr. 47, 30451 Hannover,
Tel. 44 44 11, www.kjw.de,
E-Mail: kjw@kjw.de.*
Sommerurlaub auf Ibiza oder Mallorca? Eigentlich ganz schön lang-

FERIEN IN DER STADT

weilig und gar nicht nötig, denn das El Dorado liegt mitten in Hannover. Während 14 Tagen im August wird das Außengelände des Badenstedter Jugendtreffs „El Dorado" zum Abenteuercamp. Das Gelände bietet Platz für ein abwechslungsreiches Sportangebot mit Fußball, Basketball oder Volleyball. Darüber hinaus stellen die Teamer ein Programm mit Holz- und Bastelarbeiten zusammen. Discoabende nach dem Geschmack der Kids und Shows gehören zum kulturellen Teil der Freizeit. Sollte der Sommer heiß werden, sorgen Ausflüge ins Schwimmbad und Wasserschlachten für die nötige Abkühlung. Alle Teilnehmer werden in sechs Zelten oder den Gemeinschaftspavillons auf dem Gelände untergebracht. Die Verpflegung wird gemeinsam unter Anleitung zubereitet. Eine Woche verbringen Sieben- bis Zwölfjährige und anschließend Zwölf- bis 16-Jährige zusammen im Camp. Kosten: € 125 für Hannoveraner, € 140 für andere, € 15 Geschwisterrabatt.

Veranstaltungen

Maschseefest
Hannover Tourismus Service, Prinzenstr. 6, 30159 Hannover, Tel. 12 34 51 11, www.hannover.de, E-Mail: verkehrsverein@hannover-stadt.de.
Ab Ende Juli wird seit über 20 Jahren rund um den Maschsee (→ S. 75) für drei Wochen gefeiert – und fast zwei Millionen Menschen wollen dabei sein. Auf den

Sommerferienspaß für die ganze Familie

FERIEN

Bühnen treten Gruppen auf, Kleinkünstler präsentieren Tricks, Stände sorgen für kulinarische Vielfalt und überall finden Aktionen für Kinder statt: Kletterwand, Kinderschminken, Zirkus-Auftritte oder Streetdance-Shows. Die meisten sind sogar kostenlos. Wenn man zum Abschluss des Tages über das Wasser blickt und ein kühles Getränk zu sich nimmt, drängt sich die Frage auf, warum man in den Urlaub fahren sollte.

Hannover Kids
Hinrichsring 29, 30177 Hannover, Tel. 31 33 66, E-Mail: hannover-kids@gmx.de. Kontakt: Birgit Trümper, Sylke Battmer.
In den Sommerferien bringt die „Hannover Kids"-Redaktion ein dickes Heft heraus, in dem alle Veranstaltungen, Aktionen und Termine für kleine Leute und ihre Eltern zu finden sind. Damit kann die ganze Familie schon im Voraus planen, wo es an den Ferien-

Der ideale Sommerferien-Snack: ein Stück Wassermelone

FERIEN IN DER STADT

Endlich Zeit zum Faulenzen

Das Magazin „Hannover Kids" wird kostenlos verteilt. Das Schülerferienticket kostet € 24 und ist in allen Fahrkarten-Vorverkaufsstellen oder über die Website www.schuelerferienticket.de erhältlich.

Zirkus

Mitmachzirkus KIMAREK
Verein zur Förderung der offenen Jugendarbeit, www.kimarek.de, Kontakt: Elisabeth Hauenschild, Tel. 05334-71 08.
Eine Woche lang schnuppern Kinder zwischen acht und zwölf Jahren hier Zirkusluft und üben in den Sommerferien eine Vorstellung ein, die dann vor Eltern und Freunden aufgeführt wird. Die Zirkus-Kids wohnen stilecht im Zeltlager, deshalb kostet das attraktive Angebot auch nur € 150. Viele junge Leute betreuen die Nachwuchs-Artisten, die den Ablauf ihrer Zirkusnummer selber planen, sich ein Kostüm auswählen und natürlich einen tollen Namen aussuchen. Neben den täglichen Proben in der Manege bleibt genügend Zeit für spannende Spiele, Nachtwanderungen oder Wasserschlachten. Nach zwei Vorstellungen zum Abschluss fahren alle wieder nach Hause – meist mit einer ordentlichen Portion Wehmut und dem festen Vorsatz, nächstes Jahr wieder dabei zu sein.

wochenenden hingehen soll. Auch an normalen Wochentagen muss den Kindern die Decke nicht auf den Kopf fallen. Viele Veranstalter organisieren für kleine Stadturlauber Sonderaktionen, die Spaß machen und nicht viel kosten. Neben dem Veranstaltungskalender sind in den „Hannover Kids" zahlreiche Ausflugstipps zu finden. Übrigens, clevere Kinder besorgen sich ein Schülerferienticket, mit dem sie sechs volle Wochen lang kostenlos durch Niedersachsen und Bremen brausen können. Mal sehen, ob die Freundin aus Mallorca nach dem Urlaub genauso viel zu erzählen hat wie die daheim gebliebenen Entdecker!

Handfeste Höhenflüge mit Mama und Papa

FERIEN AUSSERHALB

Eltern-Kind-Reisen

Eurocamp
Heimhuder Str. 72, 20148 Hamburg, Tel. 040-45 09 70, E-Mail: info@eurocamp.de, www.eurocamp.de.
Eurocamp ist kinderfreundlicher Familienurlaub. Die Idee: Nur wenn die Kinder glücklich sind, können sich die Eltern auch richtig erholen. Eurocamp vermietet fix und fertig eingerichtete Bungalowzelte und sogar Luxus-Caravans auf rund 170 Top-Campingplätzen in den schönsten Urlaubsgebieten Europas. Darüber hinaus bietet Eurocamp einige sehr attraktive Serviceangebote: So fängt z.B. der Urlaub schon zu Hause an, denn die Kinder bekommen ihre eigenen, altersgerecht konzipierten Reiseunterlagen. So ausgerüstet, schaffen Sie auch die längste Autofahrt einigermaßen stressfrei. Und vor Ort geht es dann gleich weiter: Für € 4 kön-

FERIEN AUSSERHALB DER STADT

nen Sie für Ihre Kinder ein extra Juniorzelt buchen. In besonderen „Bambino-Wochen" gibt es Hochstuhl, Babybett und z.T. auch den Superbuggy kostenlos dazu. Die Minis treffen sich auf vielen Plätzen im Krabbelclub und auf alle Kinder ab vier Jahren warten ideenreiche Spielleiter. Und die Eltern? Die können endlich relaxen und ihren Urlaub genießen.

KUF-Reisen
Kippenhorn 4, 88090 Immenstaad, Tel. 07545-60 77, E-Mail: info@kuf-reisen.de, www.kuf-reisen.de.
KUF-Reisen ist der Spezialist für den Urlaub mit Kindern. Vom „Babyhotel" bis zur Klubanlage mit Teenagerprogramm, vom urigen Bauernhof bis zum Vier-Sterne-Hotel finden Familien mit Kindern dort ca. 50 sorgfältig geprüfte Ferienziele in Dänemark, Deutschland, Österreich, Ungarn, der Schweiz, Italien, Frankreich und auf den spanischen Inseln. Alle Angebote umfassen natürlich familiengerechten Service: liebevolle Kinderbetreuung, praktische Kleinkindmöbel etc. Sogar Kreuzfahrten für Familien sind im Programm.

unterwegs
Bültenweg 93, 38106 Braunschweig, Tel. 0531-34 74 27, E-Mail: braunschweig@unterwegs-reisen.de, www.unterwegs-reisen.de.
Wenn man isoliert in einer Ferienwohnung oder im Hotelzimmer sitzt, kann der Familienurlaub schnell langweilig werden. Kinder wollen eben auch im Urlaub mit Altersgenossen toben, und Eltern plaudern in der Freizeit gerne mit anderen Paaren. Auf den Eltern-Kind-Reisen von „unterwegs" ist reger Austausch garantiert. Seit 25 Jahren organisiert das Buskollektiv Reisen in alle Welt und hat dabei viele Erfahrungen gesammelt. Übrigens, wer sein Zelt lieber abseits aufschlagen will, kann dies ohne Probleme tun. Gruppenveranstaltungen sind kein Pflichtprogramm, sondern als Vorschlag gedacht. Gereist wird in komfortabel ausgestatteten Bussen, je nach Entfernung wird auch mal eine Nacht unterwegs verbracht. Am Zielort geht es auf einen ausgesuchten Campingplatz, manchmal stehen auch Appartements zur Verfügung. Reiseziele sind unter anderem die Bretagne, Schweden und Korfu.

Vamos
Hindenburgstr. 27, 30175 Hannover, Tel. 348 19 17, www.vamos-reisen.de, E-Mail: kontakt@vamos-reisen.de.
„Vamos" hat sich auf Eltern-Kind-Reisen spezialisiert. Im Mittelpunkt stehen naturnahe Familienferien in kleinen Hotels mit Kinderbetreuung in Deutschland, Italien, Frankreich oder Spanien. Die Angebote finden vor allem bei jungen Familien mit akademischem Hintergrund Anklang. Es lohnt, einen Blick in die aufwändig produzierten Kataloge zu werfen und dann in aller Ruhe zu ent-

FERIEN

scheiden, ob etwas für Ihre Familie dabei ist.

Kinder- und Jugendreisen

Jugendwerk der AWO Niedersachsen
Körtingsdorf 34, 30455 Hannover, Tel. 49 28 63, www.jw-niedersachsen.de, E-Mail: hannover@jw-niedersachsen.de.
Campen in der Toskana, Englisch lernen in der Grafschaft Kent, Kanu fahren auf schwedischen Seen – so abwechslungsreich und spannend klingen die Angebote aus dem Programm des Jugendwerkes der AWO. Auf den Fahrten sollen die jungen Teilnehmer vor allem Spaß haben, die neue Umgebung entdecken und neue Freundschaften schließen. Für acht- bis zwölfjährige Kinder, die noch nie ohne ihre Eltern verreist sind oder das Jugendwerk erst kennen lernen möchten, ist der Urlaub im Hannovercamp „El Dorado" (→ S. 168) ein guter Einstieg. Es gibt auch noch zahlreiche andere Angebote in der näheren Umgebung. Die ausführliche Ferienbroschüre mit allen Angeboten und Preisen erhalten Erholungssuchende direkt beim Jugendwerk oder als Download im Internet. Für einkommensschwache Eltern oder Alleinerziehende können die Kosten teilweise übernommen werden. Scheuen Sie sich nicht, nach Unterstützung zu fragen.

Wandern einmal ohne Eltern

Kinder- und Jugend-Reisebörse des Landkreises Wolfenbüttel, Jugendamt
Landkreis WF, Kreisjugendpflege, Harztorwall 25, 38300 Wolfenbüttel, Tel. 05331-841 80, E-Mail: info@kreisjugendpflege.de, www.kreisjugendpflege.de.
Wenn Ihre Sprösslinge ihre Ferien im Zeltlager, beim Segeln oder Reiten verleben wollen, schauen Sie am besten in die „Kinder- und Jugend-Reisebörse" des Landkreises Wolfenbüttel. Viele Veranstalter fassen darin ihre Angebote zusammen.

Die Möwe – Jugenderholungswerk Niedersachsen e.V.
Bortfelder Stieg 6, 38116 Braunschweig, Tel. 0531-33 33 83, E-Mail:

FERIEN AUSSERHALB DER STADT

info@moewe-jugendreisen.de, www.moewe-jugendreisen.de.
Ob Skikurse in den Oster- und Weihnachtsferien, eine große Auswahl an Sprachreisen nach England und Frankreich – „die Möwe" hat einiges zu bieten. Sehr übersichtlich präsentiert sich der Katalog, in dem genau aufgelistet ist, wann es wohin für welche Altersklasse geht. Kinder ab acht Jahren reisen beispielsweise nach Cuxhaven und machen eine Wattwanderung, Zehnjährige können auf Rügen das Segeln und Surfen erlernen oder lernen Englisch im britischen Bexhill. In der Gruppe machen die gemeinsamen Aktivitäten um so mehr Spaß. Weitere Reiseziele sind Österreich, Italien, Spanien und Malta.

Glückliche Ferien-Farmerin

Fotos: Rubberball

Reisemesse

Reisepavillon
Messehalle 2, 30521 Hannover, Tel. 169 41 67, www.reisepavillon-online.de, E-Mail: info@reisepavillon-online.de, Kontakt: Frau Biedenkapp (Stattreisen).
Spätestens wenn der Weihnachtsstress bewältigt ist, beginnen viele Familien, Urlaubspläne zu schmieden. Der Vater träumt von europäischen Städtereisen, die Mutter schwärmt von tropischer Blütenpracht und das Kind will einfach am Sandstrand toben. Das familiäre Fernweh kann Anfang Februar, wenn der Reisepavillon seine Pforten öffnet, ein wenig gemildert werden. Über 300 Aussteller aus 30 Ländern informieren bei dieser parallel zur ABF stattfindenden Messe über unzählige Reiseziele, wobei besonderer Wert auf umweltbewussten Tourismus gelegt wird. Drei Tage dauert die Veranstaltung mit vielen Anregungen und Ideen, mit Musik, Diskussionen und Kleinkunst. Für Kinder wird ein buntes und kostenloses Rahmenprogramm angeboten. Die Messe findet jedes Jahr am ersten Wochenende im Februar statt, Fr 12-18 Uhr, Sa u. So 9.30-18 Uhr. Eintritt: Kinder ab 7 Jahre € 5, Erwachsene € 9.

Sprachcamps

Berlitz Kids
Coole Ferien verbringen und ne-

FERIEN

benher noch in der Gruppe die Englischkenntnisse aufpolieren – das können Kinder ab sieben Jahren in den Ferien-Camps von Berlitz Kids. Da heißt es „learning by doing" – Englisch sprechen von morgens bis abends. Und ganz nebenbei bereiten die sieben- bis 16-jährigen Teilnehmer in Workshops ein nettes Unterhaltungsprogramm vor, z.B. spielen sie die Show „Who wants to be a millionaire?" nach. Dabei bleiben weit mehr Vokabeln hängen als beim trockenen Pauken in der Schule. Englische Muttersprachler sorgen für die Betreuung, untergebracht sind die kleinen Englisch-Fans während der ein bis zwei Wochen dauernden Camps in Jugendherbergen oder Ferienheimen. Für eine Woche auf Langeoog zahlen Sie z.B. € 525. Wo in Ihrer Nähe ein solch spannendes Ferien-Camp stattfindet, erfahren Sie im Internet unter www.berlitz.de.

Weitere Anbieter von Sprachcamps → S. 155

Urlaub auf dem Bauernhof

AG Urlaub auf dem Bauernhof in Schleswig Holstein
*Holstenstr. 106/108,
24103 Kiel, Tel. 0431-97 97-345,
www.bauernhof-erlebnis.de, E-Mail:
info@bauernhof-erlebnis.de.*
Urlaub im Land zwischen den Meeren – das klingt geheimnisvoll. Kaum zu glauben, dass mit diesem rätselhaften Ort Schleswig-Holstein gemeint ist. Für Familien aus Hannover ist das „Land" zwischen Nord- und Ostsee ein optimales Ferienziel, denn es ist nicht weit entfernt und man kann dort zu jeder Jahreszeit erholsamen und spannenden Urlaub auf einem Bauernhof verbringen. Viele kleine und große Höfe bieten ihren Gästen alles, was man sich nur wünschen kann: preiswerte Zimmer, Ferienwohnungen oder Häuser in gesunder Luft. In diesen Ferien haben Sie viel Zeit zum Wandern, Reiten, Radfahren, Baden oder einfach nur zum Faulenzen. Kinder laufen hier ausgelassen durch Wälder und Wiesen, sie füttern Kaninchen und Schweine und lernen so manches Feder- oder Rindvieh kennen. Wer den Landurlaub vor der Haustür in Niedersachsen haben möchte, ist hier richtig:

▶ *AG Urlaub und Freizeit auf dem Lande e.V., Lindhooper Str. 63, 27283 Verden, Tel. 04231/966 50, www.bauernhofferien.de, E-Mail: info@bauernhofferien.de.*

TIPPS & ADRESSEN

TIPPS & ADRESSEN

EINKAUFEN & DIENSTLEISTER

Bücher

Ausgewählte Buchhandlungen

Es muss nicht immer „Harry Potter" sein, jede Buchhandlung hat selbstverständlich die Abenteuer des Zauberschülers vorrätig. Daneben sind Klassiker wie „Pippi Langstrumpf" oder „Räuber Hotzenplotz" bei Kindern weiterhin sehr beliebt. Die Auswahl an Literatur für junge Leser ist schwer zu überschauen. Um sich durch das große Angebot wühlen zu können, braucht man Zeit, eine gut sortierte Buchhandlung mit guter Beratung und die Erlaubnis, so lange zu blättern, wie man möchte. Diese Voraussetzungen werden in den folgenden Geschäften erfüllt:

▶ *Bücherwurm, Kollenrodtstr. 55, 30163 Hannover, Tel. 62 01 71.*
Eine sehr gut ausgestattete Buchhandlung für Kinder und Jugendliche mit Spielecke.

▶ *Schmorl u. v. Seefeld, Bahnhofstr. 14, 30159 Hannover, Tel. 367 50.*
Wer nicht lange suchen will, schaut in diesem großen Buchkaufhaus vorbei. Kinder und Jugendliche finden eine eigene Abteilung mit Büchern und Spielen.

▶ *Buchhaus Weiland, Georgstr.10, 30159 Hannover, Tel. 35 77 13-0.*

▶ *Decius, Marktstr. 52, 30159 Hannover, Tel. 364 76 10.*
Im Laden finden Sie ein umfangreiches Sortiment und eine großzügige Kinderecke.

▶ *Leuenhagen & Paris, Lister Meile 39, 30161 Hannover, Tel. 31 30 55.*

▶ *Bücher-Konertz, Lister Meile 88, 30161 Hannover, Tel. 66 39 18.*

▶ *Sternschnuppe, Silberstr. 7, 30655 Hannover, Tel. 54 01 45.*

▶ *Annabee, Gerberstr. 6, 30169 Hannover, Tel. 131 81 39.*

Comix

Goseriede 10, 30159 Hannover, Tel. 169 40 44, www.comix-hannover.de, E-Mail: comix@comix-hannover.de.
Asterix trifft Captain America, Tim und Struppi stehen gleich neben Superman. Bereits zweimal wurde „Comix" als Comic-Buchladen des Jahres auf der Frankfurter Buchmesse ausgezeichnet. Auf 60 Quadratmetern finden die Fans der gezeichneten Helden ein liebevoll zusammengestelltes Sortiment an Comics, Cartoons, Action-Figuren,

EINKAUFEN & DIENSTLEISTER

Vorgelesen ist's am schönsten

Fantasy- und Science-Fiction-Literatur, Poster, Postkarten sowie Merchandising-Artikeln.
Öffnungszeiten: Mo-Fr 9.30-19 Uhr, Sa 9.30-18 Uhr

Friseure

Kinderfreundliche Friseure wissen, wie sie ihren kleinen Kunden die Angst vor der Schere nehmen. Beruhigend wirken der Entenfön, der Autokindersitz, Bollos, Geschenke und Geschichten. Haben die Kids einmal Vertrauen gefasst, kommen sie immer wieder. Auch in Hannover gibt es Edel-Friseure, die ungern Kinder in ihren Räumen begrüßen. Es gibt jedoch genug Salons, in denen man Kindern gerne den Kopf wäscht. Hier einige Adressen:

▶ *Frisierstübchen, Moltkeplatz 11, 30163 Hannover, Tel. 62 20 61.*
Auf einem roten Autokindersitz thronen die Kids und lassen sich frisieren. Sitzt der Schnitt, wird auf das Motorrad gewechselt.

▶ *Patric's, Sedanstr. 37, 30161 Hannover, Tel. 33 22 00.*
Kinder sind in diesem Salon gern gesehen. Besonders beliebt: die Schüssel voller Gummibären!

▶ *Claas Friseursalon, Jakobistr. 52, 30163 Hannover, Tel. 62 51 32.*

▶ *Creativ Frisuren, Isernhagener Str. 30, 30161 Hannover, Tel. 33 11 73.*
Preiswerte Schnitte für kleine Kunden: Kids zwischen 0 und 13 Jahren zahlen pro Lebensjahr € 1.

▶ *Friseurstudio Monika Biebrach, Heinrich-Heine-Str. 25, 30173 Hannover, Tel. 88 43 35.*

Holzmöbel

Concept Naturhaus
*Aegidientorplatz 2 b,
30159 Hannover, Brabeckstr. 169,
30539 Hannover, Tel. 950 88 68,
www.concept-naturhaus.de, E-Mail: wohnen@concept-naturhaus.de.*
Fast alles, was in diesen Läden steht, wurde aus naturbelassenem Vollholz aus heimischen Wäldern hergestellt. Nach der Fertigstellung werden die Möbel (Betten, Hochstühle, Schreibtische, Schränke oder Regale) biologisch geölt und nicht lackiert. So kön-

TIPPS & ADRESSEN

nen die Kunden sicher sein, dass die Möbel keine Schadstoffe enthalten und viele Jahre halten. Wenn die kleinen Racker eine Delle in das Holz schlagen, ist das kein Problem. Man schleift die Stelle einfach ab, ölt sie wieder ein, und schon ist der Schaden behoben. Viele Concept-Möbelstücke lassen sich leicht umfunktionieren. Ein Bett kann ohne weiteres in ein Sofa verwandelt werden. Öffnungszeiten: Di-Mi 10-18 Uhr, Do-Fr 10-19 Uhr, Sa 10-14 Uhr.

Kinderfahrräder

„Gibt es nicht etwas Billigeres?", fragen viele Eltern entsetzt, wenn sie im Fachhandel ein Kinderfahrrad kaufen wollen. Ein sicheres und stabiles Rad kostet zwischen € 250 und € 400. Im Kaufhaus, im Baumarkt oder im Supermarkt sind preiswertere Räder zu finden, die jedoch meist von schlechterer Qualität sind. Kinder beschweren sich meist nicht über minderwertiges Material. Oft sind schwere Räder, zu breite Lenker oder eine schwergängige Handbremse für die kleinen Radler ungeeignet. Kinder fahren fast jedes Rad – Hauptsache, Farbe und Styling des neuen Flitzers stimmen. Um Unfälle zu vermeiden, sollten die Eltern jedoch unbedingt auf eine gute Ausstattung des Kinderrades achten.

Das Eis nach dem Essen schmeckt doch immer noch am besten

EINKAUFEN & DIENSTLEISTER

Kompetente Beratung und ein gut sortiertes Angebot erwartet Sie im Fahrradfachhandel:

▶ *Radgeber, Limmerstr. 32, 30451 Hannover, Tel. 44 26 94, www.radgeber-linden.de, E-Mail: info@radgeber-linden.de.*
Dieses Team kennt sich mit Rädern sehr gut aus. Eine versierte Beratung ist selbstverständlich. Außerdem: Eltern-Kinder-Tandems, Anhänger, Helme, Zubehör.

▶ *Räderwerk, Hainhölzer Str. 13, 30159 Hannover, Tel. 71 71 74, www.raederwerk.com, E-Mail: info@raederwerk.com.*
Im Räderwerk kann man ungewöhnliche Rädern und Skippy, das mitwachsende Kinderrad, kaufen.

▶ *Keha-Sport, Goseriede 1, 30159 Hannover, Tel. 161 27 59, www.keha-sport.de, E-Mail: info@keha-sport.de.*
Hier sind vor allem sportliche Räder, z.B. Trekking-, BMX- und Rennräder, erhältlich.

▶ *2-Rad Burckhardt, Podbielskistr. 183, 30177 Hannover, Tel. 69 17 71, www.burckhardt.zeg.de, E-Mail: info@zeg-Burckhardt.de.*

Leckere Sachen

Elbers Hof
An der Kirche 5, 29596 Nettelkamp, Tel. 05802-40 49, www.elbers-hof.de, E-Mail: info@elbers-hof.de. Anfahrt: B3, Ri. Celle, B191, Ri. Uelzen.
Dieser Bauernhof liefert Gemüsekisten im Abonnement in alle Haushalte der Stadt. Ein Gemüse-

Abo ist die bequemste Möglichkeit, an die biologisch einwandfreien Waren direkt vom Bauern zu kommen. „Elbers Hof" liefert Baby- und Stillkisten ohne blähendes Gemüse, Singlekisten, Kinderkisten und Fleisch- und Wurst frei Haus. Die Abos werden mit saisonalen Produkten bestückt. Alles, was die Familie nicht mag, wird vorher angegeben. In den Lieferungen finden sich immer wieder in Vergessenheit geratene Gemüsesorten, z.B. rote Bete oder Kürbis. Der Vorteil: Man entdeckt Neues, was nicht oft auf den Tisch kommt, und ernährt sich gesund. Zusätzlich können Joghurt, Eier, Käse und Wurst bestellt werden. Preise pro Kiste ab € 12,50, das Abo ist jederzeit kündbar. Es können individuelle Bestellungen aufgegeben werden. Das Angebot steht im Online-Shop.

Pfannkuchenhaus
Calenberger Str. 27, 30169 Hannover, Tel. 171 13, www.pfannkuchenhaus.de.

TIPPS & ADRESSEN

Ein Schlaraffenland für Pfannkuchenfans: Nirgends gibt es köstlichere und größere Pfannkuchen. Kinder lieben die süßen Dinger mit Schoko, Marmelade, mit Eis und Himbeeren. Erwachsene bevorzugen die herzhafteren Varianten mit Fleisch oder Gemüse. Auch Steaks und Salate stehen auf der Karte. Das Essen ist gut und nicht sehr teuer. Serviert werden die Pfannkuchen in origineller Atmosphäre. Alte Sammlerstücke und Spielzeug sind im Restaurant verteilt, über allem thront Karl Jotho, der erste Motorflieger der Welt. Einmal quer durch das Restaurant segelt der legendäre Flieger in seiner tollkühnen Kiste. Sobald Karl Jotho angeflogen kommt, fallen die Gabeln der Kinder aus der Hand, und das Kauen wird vergessen. So manch einer versuchte schon, die Runden des Spielzeugs zu zählen! Pfannkuchen ab € 2,70.
Öffnungszeiten: Mo-Do 18-24, Fr, Sa bis 0.30, So 12-15 u. 17.30-23 Uhr.

Bahlsen-Fabrikladen
Podbielskistr.11, 30163 Hannover, Tel. 960-0.
An dieser Stelle wollen wir schweren Herzens ein gut gehütetes Geheimnis verraten: In Hannover gibt es tatsächlich einen Fabrikverkauf für süße Sachen. Was, das wussten Sie schon? Viele Hannoveraner kaufen regelmäßig und ganz preiswert im Bahlsen-Fabrikladen im Podbi-Park ein. Bruchware, Kekse und Salzstangen der zweiten Wahl schmecken übrigens genauso gut, wie die einwandfreie Ware aus dem Supermarkt um die Ecke.
Öffnungszeiten: Mo-Fr 9-18 Uhr, Sa 9-13 Uhr.

Weitere Bahlsen-Fabrikläden:
▶ *Walsroder Str. 194, 30853 Langenhagen.*
▶ *Sutelstr. 54, 30659 Hannover.*

Puppenklinik

Puppenklinik
Schlägerstr. 10, 30171 Hannover, Tel. 85 41 10. Kontakt: Herr Werner.
Vor vielen Jahren war der Puppendoktor in der Südstadt ein ganz normaler Friseur. Er fertigte aus abgeschnittenen Haaren Puppenperücken und reparierte nebenher Spielzeug. Als der Friseur in den verdienten Ruhestand ging, gab er sein Wissen über die Reparatur von Spielzeug an seinen Nachfolger weiter. Der kann zwar keine

EINKAUFEN & DIENSTLEISTER

Schick für das große Fest

Haare schneiden, dafür aber hervorragend Puppen „verarzten". Der „Doktor" repariert Puppen und Teddys der unterschiedlichsten Art. Wenn die Lieblingspuppe keine Haare oder Stimme mehr hat, wenn Arme, Beine oder Augen fehlen, dann kommt sie in die Puppenklinik und wird nach einer kleinen Weile „geheilt" entlassen. Nicht nur Kinder haben Lieblingsteddys und -puppen. Viele Erwachsene kommen zum Doktor und geben ihre Schätze zur Generalüberholung ab. In dem niedlichen Laden finden sich außerdem viele Puppenkleider und Zubehör, z.B. Reisetaschen und Rucksäcke für Puppen und Teddys.
Öffnungszeiten: Mo-Fr 9-12 u. 15-18 Uhr, Sa 10-12 Uhr, Mi geschlossen.

Spielzeug

Bärenhöhle

Flüggestr. 26, 30161 Hannover, Tel. 31 32 93, www.baerenhoehle-mahnke.de, E-Mail: baerenhoehle-mahnke@gmx.de. Kontakt: Herr Mahnke.
Bärenparty in der Flüggestraße: Frisch gestriegelt, mit Fliege oder Hütchen, sitzen die Bären im Schaufenster, und ihre menschlichen Fans drücken sich von außen am Fenster die Nasen platt. In der Bärenhöhle sieht man überall Bären, als Plüschtiere und Schmuckstücke, auf Schachteln, Spielen, Masken und Kleidungsstücken. Das Ladenteam kennt die besten Bärenratschläge und repariert angeschlagene Stofftiere in der gut ausgerüsteten Bärenklinik. Wer eigene Bären basteln will, findet hier Materialien und Anleitungen. Geöffnet: Di-Fr 10-13 u. 15-18 Uhr, Sa 10-13 Uhr, Mo geschlossen.

Fridolin's

Lister Meile 21, 30161 Hannover, Tel. 31 23 56, E-Mail: fridolin@htp-tel.de.
Aus dem ehemaligen Drachenladen ist ein Spielzeuggeschäft geworden, in dem schon mal Gerhard Schröder und seine Frau einkaufen. Neben Flugobjekten stehen nun bei „Fridolin's" Zirkusartikel, Holzspielzeug, Spiele sowie ein kleines Buchsortiment im Regal. Preiswerte Kleinigkeiten für Geburtstagstüten und Bastelartikel ergänzen das Angebot.

TIPPS & ADRESSEN

Öffnungszeiten: Mo-Fr 10-19 Uhr, Sa 10-16 Uhr.

Globo Weltladen
*Leinstr. 32, 30159 Hannover,
Tel. 30 64 82, www.globo-fairtrade.de,
E-Mail: globo@t-online.de,
Kontakt: Herr Winkler.*
Die Sorgenpüppchen aus Guatemala helfen bei Kummer. Wenn ein Kind Probleme hat, erzählt es einfach den drei Sorgenpüppchen davon und legt sie dann unter das Kopfkissen. Am nächsten Morgen finden ausgeschlafene Kids nur noch die Püppchen, und die Sorgen sind weg. Die niedlichen Vertreiber aller Sorgen werden von südamerikanischen Familien hergestellt, die von dem Kauf der kleinen Figuren direkt profitieren. Genau das ist das Ziel des Weltladens Globo. Hier finden Kinder und Erwachsene unzählige Dinge aus aller Welt, z.B. Holzspielzeug, Hängematten, Freundschaftsbänder, so genannte Wutbälle und Schmuck. Viele Produkte kommen aus Lateinamerika, Afrika und Asien, und jedes Teil hat seine besondere Geschichte.
Öffnungszeiten: Mo-Fr 10-18 Uhr, Sa 10-14 Uhr.

Spielzeiten
*Celler Str. 85, 30163 Hannover,
Tel. 397 17 63.*
Gutes Spielzeug muss nicht teuer sein: Bei Spielzeiten finden Kunden neben Neuware eine Riesenauswahl an Secondhand-Artikeln. Auf Qualität wird dabei geachtet.

Hauptsächlich befinden sich preiswerte Markenprodukte im Angebot. Playmobil, Duplo, Holz- und Kunststofftiere, Siku-Autos, Puppen, Dreiräder, Roller, Bücher Kassetten, Spiele und Puzzles sind nur ein Teil des umfangreichen Sortiments. Wer im Kinderzimmer ausgemistet hat, ist hier an der richtigen Adresse: Gut erhaltene Ware wird jederzeit angekauft.
Öffnungszeiten: Mo-Fr 10-18 Uhr, Sa 10-14 Uhr.

Toys 'R' Us
Opelstr. 3-5, 30916 Hannover-Altwarmbüchen, Tel. 261 44 00.
Beim US-amerikanischen Spielzeugmulti „Toys 'R' Us" kann die unheimliche Begegnung mit der dritten Spielzeug-Art erlebt werden. Hier türmt sich billig-bunter Ramsch neben hochwertigen Produkten von Markenherstellern. Kinder sind ganz vernarrt in dieses gigantische Angebot, und die Eltern müssen einfach bis zur Kasse durchhalten – irgendwie

EINKAUFEN & DIENSTLEISTER

können die Kleinen nämlich einfach alles gebrauchen. „Toys 'R' Us" hat die größte Auswahl zu bieten. Zum Preisvergleich lohnt allerdings mitunter ein Blick in den benachbarten Real-Markt.

Kleidung & Schuhe

Hennes & Mauritz (H&M)
Georgstr. 14, 30159 Hannover, Tel. 123 48 88, www.hm.de.
Die Kinderabteilung von H&M bietet Familien Bekleidung aller Art – von Babygröße 50 bis Kindergröße 170. Für kleine Kunden, denen das Einkaufen zu langweilig ist, werden auf dem H&M-Fernseher Filme gezeigt. Darüber hinaus finden Mütter und Väter in vielen Filialen einen Wickelraum.

Weitere Filialen:
▶ *Bahnhofstr. 14, 30159 Hannover, Tel. 307 75 10.*
▶ *Leine-Einkaufscenter, 30880 Laatzen, Tel. 98 20 29.*

Kinderboutiquen
Wer Alternativen zu H&M sucht, sollte eine Kinderboutique aufsuchen, die auch Designerlabels führt. Natürlich ist diese ausgefallenere Ware nicht immer ganz preiswert. Dafür hält die Markenkleidung für Kinder oft länger als Kaufhausware, ist nicht so alltäglich und beglückt später noch so manches Geschwisterkind.

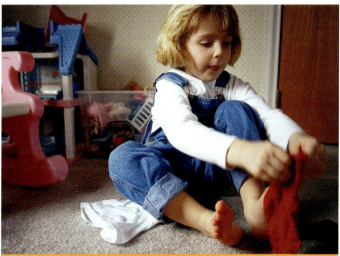
Alleine Socken anzuziehen ist gar nicht so einfach!

TIPPS & ADRESSEN

Kinderzimmer-Baumeister

▶ *Von klein auf, Edenstr. 42, 30161 Hannover, Tel. 397 00 93, www.vonkleinauf.de, E-Mail: info@vonkleinauf.de.*
Neben Markenkleidung von Petit Bateau ergänzen Spielzeug und Accessoires das Angebot.
▶ *Prinzen & Piraten, Flüggestr. 14, 30163 Hannover, www.prinzenundpiraten.de, E-Mail: info@prinzenundpiraten.de.*
Der Schwerpunkt liegt auf hochwertiger Kleidung und Spielzeug für Jungs von zwei bis acht Jahren. Die Artikel haben meist mit Abenteuer, Autos oder Fußball zu tun.
▶ *Lister Wundertüte, Voßstr. 59, 30163 Hannover, Tel. 39 24 65.*
▶ *Pinocchio, Luisenstr. 2-3, 30159 Hannover, Tel. 32 89 05.*
▶ *Noa Noa, Lister Meile 52, 30163 Hannover, Tel. 920 86 55.*

Schuhe

Es gibt einige Fachgeschäfte in Hannover, die sich voll und ganz auf kleine Füße eingestellt haben. Bevor hier auch nur ein Schuh verkauft wird, misst eine freundliche Verkäuferin zunächst die Füße der kleinen Kunden. Erst nach der Vermessung werden die verschiedenen Modelle anprobiert. Besonders wichtig: In den Fachgeschäften werden die Schuhe nicht nur in verschiedenen Längen, sondern auch in verschiedenen Breiten (eng, mittel oder weit) angeboten.

Hier finden Sie den passenden Schuh für Ihren Sprössling:
▶ *Der Kinderschuh, Eckerstr. 7, 30161 Hannover, Tel. 388 26 29, www.derkinderschuh.de, E-Mail: info@derkinderschuh.de.*
Im kleinen Laden in der Oststadt werden Eltern auf der Suche nach passenden Schuhen garantiert fündig. Inhaberin Anette Caesar hat immer Modelle der Größen 17-41 vorrätig. Kleidung und Accessoires von nicht ganz günstigen Marken wie Oilily oder Petit Bateau ergänzen das Sortiment.
▶ *Kinder Kinder, Grupenstr. 9, 30159 Hannover, Tel. 353 85 19.*
Hier werden Kinderfüße nach dem WMS-Verfahren vermessen. Weitere Filialen: Berenbostel (Fockestr. 15, Tel. 05131-44 71 88) und Wunstorf (Südstr. 2, Tel. 51 55 35).
▶ *Gisy-Schuhe, Georgstr. 27-29, 30159 Hannover, Tel. 36 09 00.*
Kinder ziehen ihre Eltern gerne in dieses Schuhgeschäft, denn hier

EINKAUFEN & DIENSTLEISTER

schreiten sie nicht die Treppe zur Kinderabteilung herunter, sondern benutzen eine Rutsche.

▶ *Schuh-Neumann, Seilwinderstr. 7, 30159 Hannover, Tel. 32 78 75.*
Das große Schuhhaus verfügt über eine gut ausgestattete Baby- und Kinderschuhabteilung.

▶ *Salamander, Große Packhofstr. 12, 30159 Hannover, Tel. 36 36 22.*

Secondhand-Läden

Wenn die Babypuppe neue Kleider braucht, weiß die Puppenmutter genau, wo sie die bekommt: im Secondhand-Laden. Schließlich passen vielen größeren Puppen kleine Babysachen ganz prima. So ist die Puppe modisch auf dem neusten Stand, und die komplette Garderobe ist nicht teurer als ein gutes Kinderbuch. Natürlich erhält man aus zweiter Hand auch für Kinder gute Kleidung. Oft werden Textilien verkauft, die so gut wie neu und durchaus noch trendy sind. Man muss sich nur mit ein wenig Geduld durch das Angebot wühlen. Hilfreich sind jene Läden, in denen die Kleidung nach Größen sortiert wurde. Viele Secondhand-Läden bieten außerdem preiswertes Spielzeug, Kinderwagen oder Kinderkostüme an. Fragen Sie einfach nach, welche Vorräte im Hinterzimmer lagern. Oft finden sich hier echte Schätze zu günstigen Preisen!

Hier eine Auswahl empfehlenswerter Secondhand-Shops:
▶ *déjà vu, Engelbosteler Damm 85,*

Für jede Kinderparty wichtig: Lutscher nicht vergessen!

TIPPS & ADRESSEN

30167 Hannover, Tel. 70 44 23.
Damen- und Kinderbekleidung, Auto- und Fahrradsitze, Kinderwagen und -räder.
▶ *Hose wie Jacke, Tiestestr. 42, 30173 Hannover, Tel. 283 27 38.*
Kinderkleidung und Spielzeug.
▶ *La-Le-Lu, Am kleinen Felde 10, 30167 Hannover, Tel. 270 98 88.*
Kinderkleidung und Spielzeug.
▶ *Lottekids, Podbielskistr. 8, 30163 Hannover, Tel. 908 88 27.*
Kleidung, Schuhe und Spielzeug für Babys und Kleinkinder.
▶ *Plitsch Platsch, Tempelhofweg 34, 30179 Hannover, Tel. 60 32 26.*
Babykleidung bis Gr. 152, Kinderwagen, Karren und Autositze.

Versteigerung

Städtisches Fundbüro
Herrenstr. 11, 30159 Hannover, Tel. 16 84 24 57.
„Eine rotes Kinderfahrrad für € 10 – wer bietet mehr?" 60 Schnäppchenjäger sind zur Auktion in die Tellkampfschule (Altenbekener Damm 83) gekommen, mehrere Arme schnellen in die Höhe. Am Ende erhält ein Bieter bei € 25 den Zuschlag. Diesmal kommen unter anderem 150 Fahrräder, 100 Regenschirme, mehrere Kinderwagen und Fahrradanhänger unter den Hammer. Gegen Höchstgebot und Barzahlung, wie sich das gehört. Eine Garantie für die gebrauchten Sachen übernimmt das Fundbüro nicht. Es lohnt sich also, das vermeintliche Schnäppchen vorher gründlich unter die Lupe zu nehmen. Eine Vorbesichtigung ist eine Stunde vor Auktionsbeginn möglich. Die Versteigerungen finden mehrmals im Jahr statt. Genaue Termine finden Sie in der Tagespresse.

Weihnachtsmänner

Arbeitsamt Hannover
Brühlstr. 4, 30169 Hannover, Tel. 919-15 08.
„Mama, der Weihnachtsmann hat ja Papas Schuhe an, und die Brille kenne ich auch!" Wenn Sie sich derartige Bemerkungen am Heiligen Abend ersparen wollen, bleibt nur eines: Sie mieten sich einen Weihnachtsmann beim Arbeitsamt. Pünktlich zur abgesprochenen Zeit erscheint er dann in seinem prächtigen roten Mantel, mit weißem Rauschebart und einem dicken Sack auf den Schultern. Bevor es die Geschenke gibt, hört sich der alte Geselle gern noch ein Gedicht an oder singt mit den Kindern festliche Lieder. In einem ausführlichen Telefonat mit den Eltern hat sich der Weihnachtsmann außerdem vor der Bescherung über die Vorlieben und Schwächen der Kinder informiert. In einer kleinen Ansprache wird dieses Wissen den erstaunten Sprösslingen unterm Tannenbaum mitgeteilt. Was der alles weiß! Ein Besuch vom Mann im roten Mantel kostet etwa € 35. Wichtig: Frühzeitig buchen!

BETREUUNG

Allround-Agentur Mary Poppins

Drostestr. 4, 30161 Hannover, Tel. 551 01 10, www.agenturmary poppins.de, E-Mail:hannover@ agenturmarypoppins.de.
Tagesmutter, Nanny oder Babysitter gesucht? „Mary Poppins" hilft weiter. Einige 100 kindererfahrene Aushilfskräfte hat die Personalvermittlungsagentur mit Hauptsitz in Hannover in ihrer Kartei, viele davon mit pädagogischer Qualifikation. Und das Beste dabei: Fast in jeder zweiten Straße der Stadt wohnt eine gute Fee, die hilft, wenn es bei der Betreuung eng werden sollte. Babysitter und Nannies kosten ab € 6, Tagesmütter ab € 2,50 pro Stunde. Hinzu kommt eine monatliche Grundgebühr. Darüber hinaus bietet die Agentur auch die Vermittlung von Personal für Haushalt, Garten, Tierbetreuung, Umzüge, Nachhilfe und einiges mehr an.

Ambulante Krankenpflege

Ambulante Kinderkrankenpflege Regina Sugint – Andrea Scherf GmbH

Groß Buchholzer Str. 30b, Tel. 825 05 24, www.ambulante kinderkrankenpflege.de.
„Pflege so, wie du selbst gepflegt werden möchtest", lautet die Philosophie der Ambulanten Kinderkrankenpflege. Kommen Kinder nach einem Krankenhausaufenthalt wieder nach Hause und brauchen weiterhin Pflege, dann kümmern sich ausschließlich examinierte Kinderkrankenschwestern um die kleinen Patienten und gehen dabei auf ihre individuellen Bedürfnisse ein. Das Team berät außerdem Eltern bei der Pflege langfristig erkrankter Kinder und weist sie in die Versorgung ein. Dazu gehören auch Hilfe bei der Zubereitung von Diät- und Heilnahrung sowie die Ausarbeitung von Esstherapien.

Gut versorgt beim Babysitter

TIPPS & ADRESSEN

Au-pair-Vermittlung

Wenn Sie eine Betreuung für Ihre Kinder oder eine Hilfe bei leichten Hausarbeiten brauchen, und wenn Sie nichts gegen ein weiteres Familienmitglied haben – wie wär's dann mit einem Au-pair-Mädchen oder -Jungen aus einem anderen Land? Die Arbeitszeit der Au-pairs beträgt 30 Stunden pro Woche. Die Gastfamilie bezahlt dafür ein monatliches Taschengeld von € 260, stellt eine Monatsfahrkarte für Bus und Bahn zur Verfügung und schließt eine Krankenversicherung für € 30-50 ab. Die Dauer eines Au-pair-Aufenthaltes beträgt in der Regel ein Jahr. Das hat den Vorteil, dass die Kinder ein wenig Zeit haben, das neue Haushaltsmitglied als Bezugsperson zu akzeptieren.
Ausführliche und seriöse Informationen bekommen Sie bei folgenden Organisationen:
▶ *Verein für Internationale Jugendarbeit e.V., Emdenstr. 14, 30167 Hannover, Tel. 131-72 94.*
Öffnungszeiten: Mo, Mi 15-18 Uhr, Di, Do 9-12 Uhr. Die Vermittlungsgebühr beträgt € 250.
▶ *Au pair + Familie, Alleestr. 35, 30167 Hannover, Tel. 70 32 39.*
Beratungstermine nach telefonischer Absprache, Gebühr € 300.

Babysitter

Träumen Sie schon länger davon, wieder einmal gemütlich essen zu gehen, einen neuen Kinofilm anzuschauen oder ein paar Stunden einen Stadtbummel zu machen? Doch wer kümmert sich dann um Ihren Nachwuchs? Nicht alle haben das Glück, einen Teenager in der Nachbarschaft wohnen zu haben, der darauf brennt, sich durch Babysitting ein zusätzliches Taschengeld zu verdienen. Auch Oma und Opa sind oft nicht immer in der Nähe und haben manchmal keine Zeit. Im Internet unter www.familien-treffpunkt.de gibt's nach Postleitzahlen geordnete Betreuungsangebote von Babysittern und Tagesmüttern.

Folgende offizielle Stellen vermitteln direkt Babysitter:
▶ *Studenten-Arbeitsvermittlung, Agentur für Arbeit, Brühlstr. 4, 30169 Hannover, Tel. 919-15 08.*
Die Agentur für Arbeit verlangt keine Vermittlungsgebühr. Kosten für einen Babysitter: ab € 7,50 pro Stunde.
▶ *Stadt Hannover, Fachbereich Jugend und Familie, Ihmeplatz 5, 30449 Hannover, Tel. 16 84 99 98.*

BETREUUNG

Einkaufen

IKEA
Hannover Expo-Park, Straße der Nationen, 30539 Hannover; Isernhägener Str. 14, 30938 Großburgwedel, Tel. 0180-535 34 35, www.ikea.com.
Bei IKEA kann man in aller Ruhe Möbel anschauen, ohne dass ein kleiner Quälgeist drängelt. Am Eingang gibt es das Småland für drei- bis zehnjährige Kids. Nette Betreuerinnen achten auf die Kinder, die sich kostenlos in bunten Bällen kugeln, basteln oder Bücher anschauen können. Wenn ein Kind die Trennung nicht mehr aushält, werden die Eltern über den Lautsprecher ausgerufen.

Initiativen

Freiwilligenzentrum Hannover e.V.
Karmaschstr. 30-32, 30159 Hannover, Tel. 300 34 46, www.freiwilligen zentrum-hannover.de, E-Mail: info@freiwilligenzentrum-hannover.de.
Freiwilliges Engagement boomt in Hannover: Erste Kontaktstelle für ehrenamtliche Arbeit ist das Freiwilligenzentrum in der Innenstadt. Wer sich für eine Tätigkeit im Kinder- und Jugendbereich interessiert, hat hier viele Möglichkeiten. Ehrenamtliche Helfer lesen in Kindertagesstätten, Horten und anderen Einrichtungen vor oder unterstützen Schüler bei den Hausaufgaben. An Privathaushalte wird aber niemand vermittelt.

Kinderladen Initiative
Melanchthonstr. 45, 30165 Hannover, Tel. 70 88 27, www.kila-ini.de, E-Mail: info@kila-ini.de
„Freche Rübe", „Die Rotznasen" oder „Die kleinen frechen Muckmäuse" – diese einfallsreichen Namen tragen Kinderläden, Krabbelgruppen oder Schülerläden in Hannover. Aus Mangel an Kindergarten- oder Hortplätzen sind bereits über hundert private Betreuungsgruppen entstanden. Viele Eltern entscheiden sich bewusst für eine solche Einrichtung, weil sie mehr Einfluss auf das jeweilige pädagogische Konzept nehmen

TIPPS & ADRESSEN

Papa muss leider zur Arbeit

▶ *Stadt Hannover, Fachbereich Jugend und Familie, Ihmeplatz 5, Tel. 16 84 99 98.*
▶ *Arbeiterwohlfahrt (AWO), Körtingsdorfer Weg 8, 30455 Hannover, Tel. 495 22 96.*
▶ *Caritas, Leibnizufer 13-15, 30169 Hannover, Tel. 12 60 00.*
▶ *Gemeinnützige Gesellschaft für Paritätische Sozialarbeit, Gartenstr. 18, 30161 Hannover, Tel. 96 29 10.*
▶ *Deutsches Rotes Kreuz, Zeißstr. 8, 30519 Hannover, Tel. 84 20 60.*
▶ *Diakonisches Werk, Moorhoffstr. 28, 30419 Hannover, Tel. 374 79 86.*
▶ *Waldorfkindergärten, Podbielskistr. 374, 30659 Hannover, Tel. 64 93 55.*

wollen. Die privaten Gruppen stellen in diesem Fall eine echte Alternative zu den bestehenden Kindertagesstätten dar. Väter und Mütter sollten sich allerdings darüber im Klaren sein, dass ein Teil der anfallenden Arbeiten von den Eltern geleistet werden muss.

Kindergärten

In jedem Stadtteil Hannovers finden Sie mehrere Kindertagesstätten. Die Angebote der Einrichtungen können sehr verschieden sein. Um sich einen Überblick zu verschaffen, informieren Sie sich am besten bei einer der folgenden Institutionen:

Kinderhaus

Kinderhaus
De-Haen-Platz 6, 30163 Hannover, Tel. 62 45 91, www.kinderhaus-hannover.de, E-Mail: info@kinderhaus-hannover.de.
Dienstag, 9.20 Uhr. Wie so oft poltert Mike als erster die Treppe hinauf. In den folgenden zehn Minuten trudeln auch die anderen Rabauken zwischen zwei und vier Jahren ein. Zehn Kinder, zwei von ihnen behindert, ziehen sich um und kommen an den Frühstückstisch des integrativen Spielkreises. Dieser wird von einer Fachkraft betreut und findet zweimal in der Woche (Di, Do) vormittags als Vorbereitung auf den Kindergarten statt. Dienstags nachmittags tref-

BETREUUNG

fen sich Fünf bis Achtjährige mit ihren Eltern zur Musikwerkstatt, um spielerisch die ersten Erfahrungen mit Instrumenten zu machen. Einmal im Jahr wird das Ergebnis mit einem Konzert präsentiert. Montags und donnerstags trifft sich die Deutsch-Spanische Krabbel- und Spielgruppe. Hier kommen Familien aus Spanien, Süd- und Mittelamerika mit deutschen Familien zusammen, die spanisch sprechen. Die Gruppe bringt ihren Kindern die spanische Sprache und Kultur näher. Grundsätzlich steht das Haus täglich von 10-13 Uhr allen kleinen Gästen und ihren Eltern offen. Wenn eilige Besorgungen zu erledigen sind, trifft man hier immer wieder andere Eltern, denen man einmal kurz die Kinder anvertrauen kann. Wenn die offenen Vormittage um 13 Uhr enden, besteht die Möglichkeit, ein gemeinsames Mittagessen einzunehmen. Weitere Angebote, für die teilweise eine vorherige Anmeldung erforderlich ist: Spielkreise und Krabbel- und Stillgruppen, Vater-Kind-Treff, Selbsthilfegruppe Verwaiste Eltern. Informationen unter o.g. Tel.

Tagesmütter & Co.

Tagesmütter

Was tun, wenn für den Sprössling kein Platz in einem Hort oder in einer Kindertagesstätte zu finden ist, wenn die jeweiligen Betreuungszeiten nicht ausreichen oder das Kind zu jung für den Kindergarten ist? In diesen Fällen ist es notwendig, sich um eine kompetente Tagesmutter zu bemühen. Mit ihr können die Betreuungszeiten individuell abgestimmt werden. Außerdem kann vereinbart werden, ob das Kind in der eigenen Wohnung oder der der Tagesmutter beaufsichtigt werden soll. Häufig werden mehrere Kinder von einer Person betreut – ein Vorteil gerade für Einzelkinder, die Freunde zum Spielen brauchen. Tagesmütter findet man durch Inserate, Aushänge am Schwarzen Brett oder durch folgende Vermittlungsdienste:

▶ *Agentur für Arbeit, Brühlstr. 4, 30169 Hannover, Tel. 919 15 05, www.arbeitsagentur.de.*
▶ *Stadt Hannover, Fachbereich Jugend und Familie, Ihmeplatz 5, 30449 Hannover, Tel. 16 84 99 98.*
▶ *Tagespflegebörse, Lindener Marktplatz 1, 30449 Hannover, Tel. 16 84 47 45.*
▶ *Interessengemeinschaft Tagesmütter e.V., Lister Platz 2, 30163 Hannover, Tel. 62 33 02.*

INDEX

A Abenteuerland 116
Adlerwarte Berlebeck 44
aha – Abfallwirtschaft Region Hannover 107
Albertturm 132
Allround-Agentur Mary Poppins 189
Altes Magazin (Kindertheater) 101
Altes Rathaus 62
Altwarmbüchener See 125
Ambulante Kinderkrankenpflege Regina Sugint 189
Apollo (Kinderkino) 97
aquaLaatzium 119
Arbeitsamt Hannover 188
Atrium Bowling 127
Au-pair-Vermittlung 190
Aussichtstürme 59
Autostadt Wolfsburg 105

B Babysitter 190
Badeland Wolfsburg 120
Bahlsen-Fabrikladen 182
Ballett 150
Bärenhöhle 183
Ben Guri Theater 98
Bergbaumuseum 82
Berggarten 32
Berlitz Kids 155, 175
Bilderbuchkino 148
Bomann-Museum Celle 83
Bootsverleih am Maschsee 72
Bowling 126
Britta und Manuel Hoge (Mitmachtheater) 100
Buchdruck-Museum 105
Buchhandlungen 178

C Campo Aktiv-Arena 116
Can e.V. 74
Caribbean Dance Salsa 149

Celler Badeland 121
Cinemaxx 97
CircO – Zentrum für Zirkuskünste 152
CJD Jugenddorf Hannover 156
Comix (Comikbuchladen) 178
Compagnie Fredeweß 99
Computerschulen 154
Concept Naturhaus 179

D Deister Freilichtbühne 48
Deister Wasserräder 76
Der rote Faden 71
Designer Haltestellen Stiftung Niedersachsen 60
Deutsches Erdölmuseum Wietze 93
Deutsches Pferdemuseum 88
Die Complizen 99
Die Falken 162
Die Möwe – Jugenderholungswerk Niedersachsen e.V. 174
Dinosaurierpark Münchehagen 25
DLRG – Jugend Bezirk Hannover Stadt e.V. 162

E Eilenriede 58
Eisflächen 138
Eisstadien 139
Elbers Hof 181
enercity – Stadtwerke Hannover 110
enercity network 143
Erlebniswelt Steinzeichen Steinbergen 56
Erse-Park Uetze 25
Erste Museumseisenbahn Deutschlands 50

INDEX

Escaladrom 130
Eurocamp 172

F Fahrradtouren 77
Familienbildungsstätten 154
Familienpark Sottrum 26
Farbtraum Kunstschule 144
FerienCard-Büro 168
Feuerwehrmuseum Hannover 94
Figurentheater Marmelock 99
Figurentheater Seiler 99
Figurentheaterhaus Hannover 102
Filou Fox Figurentheater 100
Fischer- und Webermuseum Steinhude 84
Flohmarkt am Leineufer 60
Flughafen Hannover 106
Freibäder 122
Freiwilligenzentrum Hannover e.V. 191
Freizeitpark Sommerrodelbahn 135
Freizeitzentren 165
Fridolin's 183
Friseure 179
Fundbüro 188

G Georgengarten 33
Globo Weltladen 184
Große Stadtrundfahrt 70

H h1 Bürgerfernsehen 147
Hallenbäder 123
„Hannover Kids" Kinderzeitung 142, 170
Hannovercamp El Dorado 168
Happy Party 113
Happy-Family-Park 118
Heide-Park Soltau 28
Hennes & Mauritz (H&M) 185
Hermann-Löns-Park 33
Herrenhäuser Gärten 34
Hessisch-Niedersächsische-Getränke GmbH & Co. KG 105
Historisches Museum 83
HNF Heinz Nixdorf MuseumsForum 106
Hochseilgarten Springe 131
Hollywood- und Safaripark 40
Hubschraubermuseum Bückeburg 95

I Iberger Tropfsteinhöhle 57
Ice House, Eisstadion Mellendorf 138
IKEA 191
Inlineskating & Skateboard 129
Ith-Sole-Therme 126

J J.A.G. Pole Postition 130
Jugendumweltbüro Hannover – Janun e.V. 166
Jugendwerk der AWO Niedersachsen 174
Jugendzentren 164

K Kanutouren 74
Kart-O-Mania 130
Kestnergesellschaft 86
Kestner-Museum 84
Kids-Treff im Kaiser-Center 137
Kinder Kultur 142
Kinder- und Jugend-Reisebörse des Landkreises Wolfenbüttel 174

INDEX

Kinder- und Jugendtheater-Workshops 143
Kinderboutiquen 185
Kinderfahrräder 180
Kinderfilmfeste 98
Kindergärten 192
Kinderhaus 192
Kinderladen Initiative 191
Kinder-Radio Floh 146
Kinderumweltgruppe Löwenzahn 166
Kinder-Uni 158
Kinderwald 160
Kinderzirkus Chiccolino 152
Kinderzirkus Giovanni 152
Kino am Raschplatz 97
Kino im Sprengel 97
Klecks Theater 100
Kleiner Zoo am Krater 46
Klettern im Kirchturm 131
KUF-Reisen 173
Kulturbüro Hannover, Kindertheaterreihe 101
Kunstmuseum Wolfsburg 87
Kunstschule KunstWerk e.V. 145
Kunstschule Noa Noa e.V. 145
Kunstverein 86

L Landesbühne Hannover 103
Level up 132
Luftfahrt-Museum 95

M Magic Park Verden 27
Maschpark 34
Maschsee 75
Maschsee Strandbad 126
Maschseedampfer 73
Maschseefest 169
Mentor – Die Leselernhelfer Hannover e.V. 158
Merz Theater 103

Minigolf 132
Misburger Wald 58
Mitmachzirkus KIMAREK 171
Museum für Energiegeschichte(n) 94
Museumsdorf Hösseringen 51
Musikschule Hannover 146
MusikZentrum Hannover 146

N Nachhilfe 157
Nanas 61
Natur-Aktiv 74
Naturerlebnispfad 53
Naturfreundejugend Hannover 166
Neues Rathaus 63
Niedersächsisches Landesmuseum 88
Niedersächsisches Museum für Kali- und Salzbergbau 82
Niedersächsisches Staatstheater 103
Norddeutsches Spielzeugmuseum Soltau 90

O Otter-Zentrum Hankensbüttel 38
Outdoor-Spielpark 118

P Pfadfinder 164
Pfannkuchenhaus 181
Pferdemarkt 39
Pferdeomnibus 70
phaeno 106
Pif Paf Pavillon – Kinderkarneval 153
Planetarium Wolfsburg 109
Polizeiliche Sammlung

INDEX

Niedersachsen 90
Ponys & Pferde 38
Potts-Park 30
Präventionspuppenbühne der Polizeidirektion Hannover 160
Puppenklinik 182

R Rasti-Land 30
Rattenfänger Freilichtspiele 49
Reisepavillon 175
Rennverein Neue Bult 38
Ricklinger Kiesteiche 124
Rodelpisten 140
Roemer- und Pelizaeus-Museum Hildesheim 85

S Sagen-und Märchental Bad Grund 36
Scharniertheater 100
Schlangenfarm Schladen 40
Schloss Bückeburg 54
Schloss Celle 55
Schloss Hämelschenburg 55
Schloss Marienburg 56
Schoko-Museum 92
Schreberjugend 163
Schuhe 186
Schulbiologiezentrum 159
Schulenburger See 126
Schützenfest Hannover 64
Schwimmkurse 124
Sea Life 37
Secondhand-Läden 187
Segel- und Yachtschule 134
Serengeti Safaripark Hodenhagen 41
Silbersee 125
Snow Dome 140
Soltau Therme 126
Sommerrodelbahn St. Andreasberg 136
Spielmobile 115
Spielparadies Happy Indoor 116
Spielparks 115
Spielplatz Georgengarten 112
Spielplatz Liliencronplatz 113
Spielplätze 112
Spielzeiten 184
Spielzeugmuseum 90
Sport- & Freizeitcentrum Empelde 137
Sportvereine 136
Sprachreisen 155, 156
Sprengel Museum 87
Stadtpark 36
Stadtrallye 66
Stadtreporter 147
Stars and Fun Center 127
Stattreisen Hannover 71
Steinhuder Spielzeugmuseum 91
Step by Step 150
Sternschnuppe 148
Straßenbahn-Museum 110

T Tagesmütter 193
Tanzschule Bothe 149
Tanzschule Quintus 150
Tanzschule Teichert 150
Theater an der Glocksee 104
Theater zwischen den Dörfern 104
TheaterErlebnis 100
Theatermuseum Hannover 96, 104
Theaterpädagogisches Zentrum (TPZ) 144
Theaterwerkstatt 104
Tiergarten Hannover 42
Tierpark Essehof 43
Toys 'R' Us 184

197

INDEX

Tropfsteinhöhle 57
Tropicana 121
Tumultus Fun Park 118

U unterwegs 173
Urlaub auf dem Bauernhof in Schleswig Holstein 176

V Vamos 173
Verkehrserziehung 160
Vogelpark Heiligenkirchen 44
Vogelpark Walsrode 46
Volkssternwarte 109
Vorschulparlament 160

W Wakitu 113
Waldstadion Eilenriede 47
Wasser-Lehrpfad 53
Wasserparadies 121
Wasserräder 76
Weihnachtsmänner 188
Westfalen Therme 122
Wilhelm-Busch-Museum 82
Wind- und Wassermühlenmuseum 54
Winser Museumshof 52
Wintersport 138
Wisentgehege im Saupark Springe 43

Y Yachtschule Hannover 134

Z Zirkus 152, 171
Zoo Hannover 47, 138

IMPRESSUM

Verlag: COMPANIONS GmbH,
Rödingsmarkt 9, 20459 Hamburg,
Tel. 040-306 04-600, Fax 040-306 04-690,
E-Mail: info@companions.de, Internet: www.companions.de

Redaktion: André Buron, Karen Roske, Katja Eggers
Lektorat: Anne Beyer
Schlussredaktion: Pia Richter

Gestaltung: Cornelia Prott
Illustrationen: Désirée Peulecke

Wir danken Marie Fischer und Mia Wiskemann für ihre Mitarbeit.

Druck und Bindung: Druckerei zu Altenburg

ISBN 978-3-89740-509-7

© 2007 COMPANIONS GmbH, Hamburg. Alle Rechte vorbehalten, auch die der auszugsweisen sowie fotomechanischen und elektronischen Vervielfältigung sowie der kommerziellen Adressen-Auswertung und Übersetzung für andere Medien. Anschrift für alle Verantwortlichen über den Verlag. Alle Fakten und Daten in diesem Buch sind sehr sorgfältig vor Drucklegung recherchiert worden. Sollten trotz größtmöglicher Sorgfalt Angaben falsch sein, bedauern wir das und bitten um Mitteilung. Herausgeber und Verlag können aber keine Haftung übernehmen.

Hat Ihnen „Kind in Hannover" gefallen? Vielleicht haben Sie liebe Freunde mit Kindern, denen Sie beim nächsten Besuch etwas originelleres als Blumen mitbringen möchten? Dann verschenken Sie den praktischen Familienfreizeitführer doch ganz einfach. Er ist frisch aktualisiert für folgende Städte und Regionen erschienen: Berlin, Braunschweig und Harz, Düsseldorf, Hamburg, Heilbronn, Köln und Bonn, München, Ostwestfalen-Lippe, Rhein-Main-Gebiet, Ruhrgebiet, Stuttgart